Próxima estação, Paris

LORÀNT DEUTSCH
Com a parceria de Emmanuel Haymann

Próxima estação, Paris

Uma viagem histórica pelas estações do metrô parisiense

Tradução Alcida Brant

PAZ & TERRA

Editora Paz e Terra Ltda.
Rua do Triunfo, 177 — Sta. Ifigênia — São Paulo
Tel: (011) 3337-8399 — Fax: (011) 3223-6290
http://www.pazeterra.com.br

Texto revisto pelo novo Acordo Ortográfico da Língua Portuguesa.

4ª impressão

CIP-BRASIL. CATALOGAÇÃO NA FONTE
SINDICATO NACIONAL DOS EDITORES DE LIVROS, RJ.

Deutsch, Lorànt
Próxima estação, Paris : uma viagem histórica pelo metrô parisiense / Lorànt Deutsch com a parceria de Emmanuel Haymann ; tradução Alcida Brant. -- São Paulo :
Paz e Terra, 2011.
Título original: Métronome : l'histoire de France au rythme du métro parisien.

ISBN 978-85-7753-180-6

1. Estação de metrô - Paris (França) - História
2. Metrô - Paris (França) - História 3. Paris (França) - Descrição e viagem 4. Paris (França) - História - Miscelânea I. Haymann, Emmanuel. II. Título.

11-06992 CDD-944.09

A Eddy Mitchell, o primeiro a despertar meu interesse pela história com sua *Dernière séance*.

A minha irmã e a meus pais que, por mim, se submeteram a esse encontro televisivo semanal.

Sumário

- 9 — INTRODUÇÃO — *Antes da travessia*
- 13 — Século I — **Cité** — *O berço de César*
- 29 — Século II — **Place d'Italie** — *Todos os caminhos levam a Roma...*
- 43 — Século III — **Notre-Dame-des-Champs** — *O martírio de são Denis*
- 57 — Século IV — **Saint-Martin** — *Paris, residência imperial*
- 73 — Século V — **Louvre–Rivoli** — *Paris, capital franca*
- 177 — Século XI — **Arts et Métiers** — *O mito do ano 1000*
- 193 — Século XII — **Philippe Auguste** — *Paris, capital da França*
- 209 — Século XIII — **Maubert-Mutualité** — *A universidade decola*
- 225 — Século XIV — **Hôtel de Ville** — *O nascimento do Terceiro Estado*
- 243 — Século XV — **Château de Vincennes** — *Paris perigosa*
- 263 — Século XVI — **Palais-Royal–Musée du Louvre** — *Sombras e luzes do Renascimento*

Século VI — **Saint-Michel–Notre-Dame** *Os Merovíngios, primogênitos da Igreja* — 91

Século VII — **Saint-Germain-des-Prés** *De uma abadia a outra...* — 107

Século VIII — **Basilique de Saint-Denis** *O último fausto dos reis* — 125

Século IX — **Châtelet–Les Halles** *A hora dos condes* — 143

Século X — **La Chapelle** *O triunfo dos Capetíngios* — 163

Século XVII — **Invalides** *O preço do Grande Século* — 279

Século XVIII — **Bastille** *A cólera das ruas* — 295

Século XIX — **République** *Em cinco atos e em coups de théâtre* — 309

Século XX — **Champs-Élysées – Clemenceau** *Os caminhos do poder* — 327

Século XXI — **La Défense** *A volta às origens* — 341

Introdução
Antes da travessia

Um vilarejo à margem do Sarthe, tão longe de Paris... Foi lá que passei minha infância. Às vezes, dávamos uma escapada durante as férias, para subir até a capital e visitar meus avós... Mal chegava ao anel do Périphérique, observava de longe as luzes da cidade, fascinantes. Atravessando a fronteira do "Périph", penetrávamos em Paris. Éramos imediatamente sorvidos por um torvelinho de multidões apressadas, de cores berrantes, de neons ofuscantes. Lembro-me das placas verdes das farmácias, das "cenouras" vermelhas das tabacarias, lembro-me do cintilar das luzes que me deslumbravam. Era Natal em pleno verão! E eu entrava, deliciado, naquela selva que me amedrontava e me atraía.

Quando tinha quinze anos, vim morar em Paris, imbuído de uma paixão pela História. Paris, tão anônima, tão impessoal, tão desmesuradamente grande, pareceu-me então uma espécie de livro aberto...

Nessa cidade onde eu era um estrangeiro, onde não conhecia praticamente ninguém, meus primeiros companheiros foram os nomes das ruas. E descobri essas ruas com o metrô. É verdade. O metrô me fornecia as instruções necessárias para desvendar o formigueiro fervilhante, abissal, que se oferecia ao pequeno provinciano que eu era. Mergulhei naquele universo desconhecido com gula e sofreguidão... Percorri Paris em todos os sentidos, parei em cada estação, indaguei a mim mesmo... Por que os Inválidos? O que é Châtelet? Que República? Quem era Étienne Marcel? O que quer dizer Maubert? Definitivamente, as estações de metrô desembocaram na História.

O mapa do metrô nos revela a coluna vertebral de Paris, e podemos acompanhar o modo como a cidade foi construída partindo de uma ilhota no meio do Sena. Com efeito, cada estação, pela sua localização, pelo seu nome, evoca uma fatia do passado e do futuro, não só de Paris, mas da França. Da île de la Cité a Défense, o metrô é uma máquina do tempo; ao longo de suas estações, revivemos os séculos passados. Os 21 séculos que fizeram a cidade. Durante todo esse tempo, Paris acompanhou, às vezes precedeu, a emergência e as transformações da França para se tornar a capital que nós conhecemos.

Aprendi assim a história da França e a história de Paris. Paralelamente, comecei a fazer teatro, depois cinema. Percebi que ali também dispunha de uma máquina do tempo... Um após o outro, La Fontaine, Fouquet, Mozart, e, de certa forma, a História tornou-se meu trabalho, ou, pelo menos, posso fazer História com meu trabalho.

Quando criança, a história da França inspirava as mirabolantes aventuras de meus soldadinhos de chumbo. Hoje, nada mudou, a História continua a ser o motor de minha vida e de meus desejos, ela se tornou para mim um campo de escavações, uma matéria sem cessar revisitada, uma fonte de enigmas, de contradições, de interrogações...

Na verdade, por que este título?

Meu livro quer ser, de alguma forma, um instrumento que marque a medida e o ritmo do tempo. Proponho-lhes, portanto, avançar século após século, através das estações do metrô: uma estação para cada século, a fim de melhor nomear e situar a história...

Gostaria de seguir com vocês as linhas de metrô como se fossem fios de Ariadne. Elas nos levariam a estações cujas entradas tagarelas se lembrariam das esperanças, dos sobressaltos, dos arrebatamentos da capital. Tomem seus lugares, atenção ao fechamento das portas, direção Lutécia...

Lorànt Deutsch

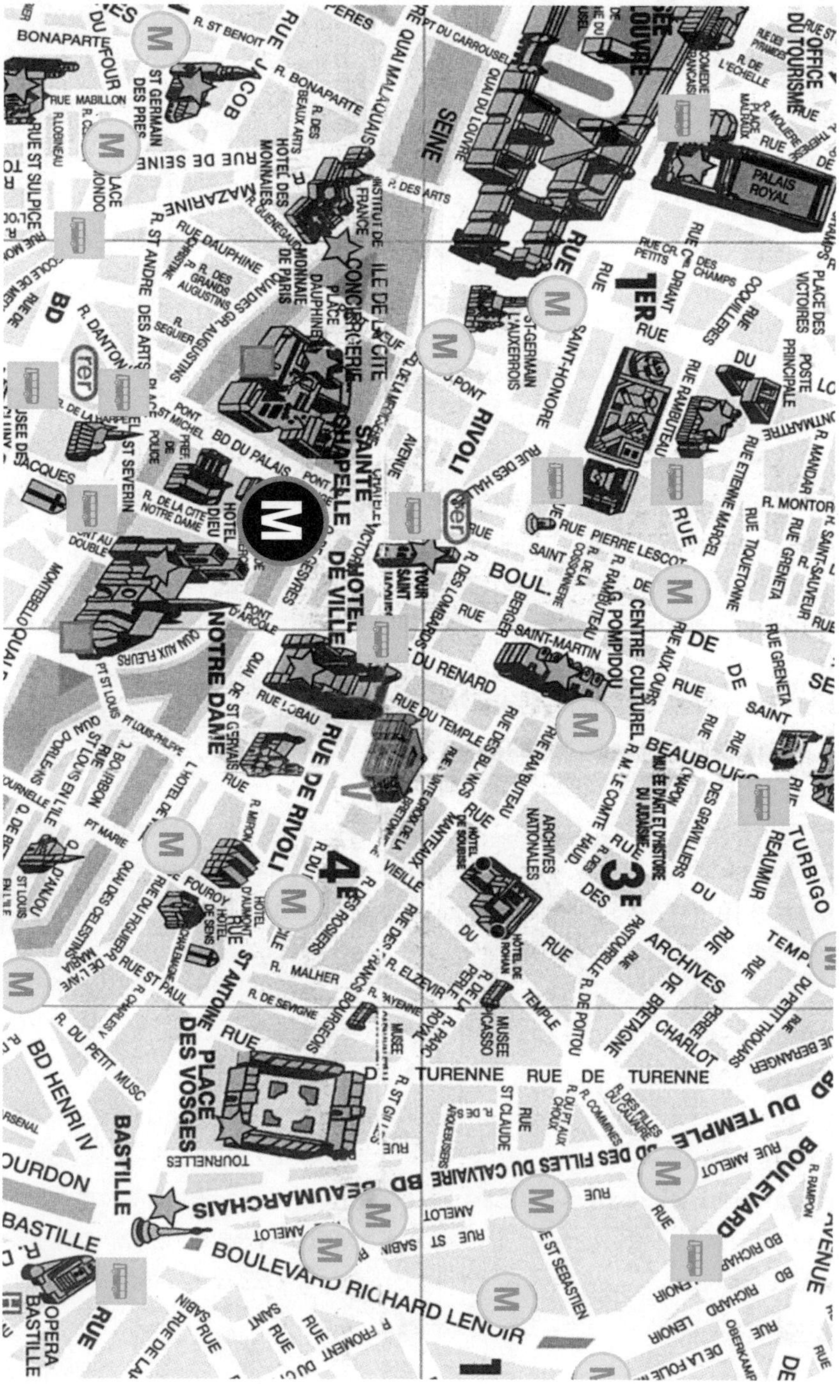

SEINE
QUAI MALAQUAIS
QUAI DU LOUVRE
PALAIS ROYAL
OFFICE DU TOURISME
RUE DE SEINE
MAZARINE
RUE JACOB
RUE DAUPHINE
HOTEL DES MONNAIES
INSTITUT DE FRANCE
ILE DE LA CITE
CONCIERGERIE
SAINTE CHAPELLE
NOTRE DAME
HOTEL DE VILLE
HOTEL DIEU
TOUR SAINT JACQUES
RIVOLI
RUE DE RIVOLI
RUE SAINT-HONORE
1ER
CENTRE CULTUREL G. POMPIDOU
BOUL. DE SEBASTOPOL
BEAUBOURG
MUSEE D'ART ET D'HISTOIRE DU JUDAISME
ARCHIVES NATIONALES
3E
4E
RUE DE TURENNE
MUSEE PICASSO
PLACE DES VOSGES
BD BEAUMARCHAIS
BD DES FILLES DU CALVAIRE
BOULEVARD DU TEMPLE
BOULEVARD RICHARD LENOIR
BASTILLE
OPERA BASTILLE
BD HENRI IV
RUE ST ANTOINE
QUAI DES CELESTINS
RUE DU TEMPLE
RUE DES ARCHIVES
RUE DE BRETAGNE
RUE TURBIGO
REAUMUR
RUE ETIENNE MARCEL
ST GERMAIN DES PRES
BONAPARTE

Século I

Cité

O berço de César

— O senhor vai descer na próxima? — pergunta a velhinha com voz tímida, empurrando-me levemente para ter certeza de que não iria perder sua estação.

O metrô freia com um grande rangido metálico. Na próxima? Por que não? Seria ótimo começar minha viagem pelo berço de Paris, a île de la Cité. Aliás, talvez não seja por acaso que essa ilha tem mesmo a forma de um berço... Aqui está a própria essência da capital. "A cabeça, o coração e a medula de Paris", escrevia Gui de Bazoches no século XII.

A estação é construída como um poço nas entranhas da cidade: estamos a mais de vinte metros abaixo do nível do Sena. Como Júlio Verne em sua *Viagem ao centro da terra*, tenho a impressão de recuar no tempo até as origens. E sem precisar da cratera de um vulcão para penetrar nessas entranhas subterrâneas, sem precisar do *Nautilus* para passar sob as águas... Eu tenho o metrô!

Sempre seguido pela velhinha, subi quatro a quatro os degraus da escada interminável que me conduz à luz. A velhinha se distanciou. No exterior, esbarro em um cipreste raquítico. Tento me esquivar e dou com o nariz numa oliveira sem azeitonas... Ah! Um vestígio do Sul, eco frágil de uma paisagem italiana, cheguei ao fim.

O mercado das Flores corrói as bordas da entrada do metrô, como se o passado e a natureza procurassem desesperadamente reaver seus direitos. Conquista ilusória, na verdade: à esquerda, os carros zumbem numa descida sem fim do boulevard Saint--Michel; à direita, o mesmo fluxo contínuo, mas em sentido oposto, para subir a rue Saint-Jacques.

Tenho a impressão de estar no meio de uma encruzilhada. A artificial rue de Lutèce agoniza, espremida entre essas duas artérias vitais, cercada pelas austeras fachadas do século XIX dos edifícios administrativos caros ao barão Haussmann. Deixo o mais rápido possível a rue de Lutèce para encontrar, depois do mercado das Flores, o Sena que carrega lentamente suas águas escuras...

Mais alguns passos e estou no cais. Um pouco mais longe se alinham as caixas verdes dos *bouquinistes*... Nelas mergulho avidamente e pesco velhas obras sobre a história da minha cidade querida. Paris é um pouco minha mulher; em todo caso, é uma mulher! André Breton diz isso em *Nadja*: o triângulo da Place Dauphine seria o púbis dessa forma sonhada, a matriz original de onde tudo teria nascido. Gostaria de reviver esse parto.

E se esse ronronar de veículos parasse? E se os edifícios cinzentos se evaporassem? E se as margens do Sena voltassem a ser selvagens para dar lugar às encostas verdejantes, aos mangues lamacentos, aos arbustos que cobriam a ilha?

* * *

No ano 701 da fundação de Roma, ano 52 a.C., ainda não há nada na île de la Cité... Nenhum vestígio da Lutécia de que nos fala rapidamente Júlio César em *Guerra das Gálias*! "Lutécia, o *oppidum* dos *Parisii*, situado numa ilha do Sena", escreve ele. É um pouco vago, evidentemente. Na verdade, o procônsul passou apenas um dia nessas paragens, mais preocupado em assistir à assembleia dos chefes gauleses do que em visitar os arredores desse *oppidum*. E, quando chega a hora de escrever, César faz alusão à cidade dos *Parisii* por ouvir dizer, apoiando-se em boatos e relatos militares malfeitos. Repete o que ouviu desordenadamente de seus legionários, eles mesmos bastante imprecisos em suas descrições.

É verdade, lá onde se espera encontrar a grande cidade dos *Parisii*, não há nada! Aliás, a futura île de la Cité está ainda dividida em seis ou sete ilhotas, sobre as quais se avista com dificuldade um pequeno templo, algumas cabanas redondas cobertas de junco e um punhado de pescadores jogando calmamente suas redes na água... Do outro lado do rio, na margem direita, estendem-se mangues e, a oeste, há uma densa floresta. Na margem esquerda, mais mangues, e, mais longe, um espigão rochoso. Um dia, o chamarão montanha Sainte-Geneviève.

Para encontrar a vasta aglomeração gaulesa, devemos seguir o rio... Nessa época, a estrada é o rio, será preciso esperar os romanos para ver surgirem as grandes estradas terrestres. Por ora, tomemos uma dessas embarcações que os gauleses apreciam tanto: o esquife frágil e alongado feito de galhos trançados que desliza rápido sobre as águas.

O barco é o meio de transporte ancestral para aqueles que se instalaram aqui. Logicamente, os primeiros vestígios de ocupação sedentária no período neolítico (5 mil anos a.C.) foram as pirogas descobertas na escavação da vila de Bercy: Bercy, o protoberço de Paris! Essas pirogas estão hoje expostas no museu Carnavalet, refúgio da memória parisiense.

Para encontrar a Lutécia gaulesa — a verdadeira — é preciso seguir o curso do Sena cinco ou seis léguas. Lá, o leito do rio efetua uma curva quase fechada, o que pode fazer algum romano distraído pensar que se trata de uma ilha... E, nesse vasto meandro, uma cidade inteira se estende e se agita. Uma verdadeira cidade, com ruas, bairros de artesãos, setores residenciais e porto. Bem-vindos a Lutécia! Ou, mais exatamente, em língua gaulesa, a *Lucotecia*, nome tão vago e incerto quanto o local da aglomeração... César decidirá. Chamará a cidade Lutécia, aproximando assim o latim *lutum*, lama, do gaulês *luto*, mangue. A cidade saída dos mangues... Pensando bem, o termo corresponde perfeitamente à situação.

Vinda do norte, a tribo se fixou à beira do rio, do qual tira sua prosperidade. Para ela, o rio é uma deusa, Sequana, capaz de curar todos os males, e que dá seu nome às águas que correm ao lado de Lutécia. O rio fornece aos homens uma verdadeira riqueza. Não somente lhes fornece o peixe que alimenta, a água que faz crescer o trigo e que mata a sede dos homens e do gado, mas também lhes serve de meio de comunicação. Aliás, suas moedas de ouro estão entre as mais belas da Gália, com o rosto de Apolo no lado cara, e, no lado coroa, um cavalo a galope. Mais longe, além da cidade, a fertilidade da terra garante a opulência dos *Parisii*, que se tornam agricultores, criadores de gado, ferreiros ou lenhadores.

↓ Ⓜ ① Mas afinal onde se situava a Lutécia original?

Durante séculos, os historiadores repetiram que Lutécia se situava na île de la Cité... Entretanto, um pequeno detalhe incomodava os eruditos: cavava-se e cavava-se, mas jamais se descobriu o menor vestígio dessa famosa cidade gaulesa.

"Bah", diziam os velhos sábios, "os gauleses só construíam cabanas de palha... Tudo isso desapareceu com as grandes devastações das invasões militares e dos movimentos de populações."

É verdade, a ilha foi tantas vezes destruída, reconstruída, remodelada que qualquer vestígio original foi apagado. E, quando se vê a última grande transformação do barão Haussmann no século XIX, que arrasou ou modificou a quase totalidade da Cité, tem-se dificuldade em descobrir aqui um vestígio do passado. A única certeza: vá à ponta do Vert-Galant, desça sete metros e você se encontrará ao nível dos lugares no tempo dos Parisii*... Sete metros de elevação em 2 mil anos!*

Não se descobriu nada? Calma! Para permitir a circulação dos veículos parisienses foi preciso construir o A86, superperiférico que desenha um vasto circuito ao largo da capital... E lá, bingo, as escavações feitas em 2003 revelaram os restos de uma importante e próspera aglomeração gaulesa sob a cidade de... Nanterre! Tudo está aí: as habitações, as ruas, os poços, o porto e até as sepulturas.

No meio das casas, os arqueólogos identificaram um espaço vazio cercado de fossos e de paliçadas: a presença de um espeto para assar e de um garfo para caldeirão, nesse lugar, remete a um local reservado para banquetes comunitários. A implantação de Lutécia em Nanterre, no meandro fluvial de Gennevilliers — que era muito mais acentuado do que é hoje — respondia a uma dupla exigência: uma segurança geográfica oferecida pelo rio e pelo monte Valérien, mas, sobretudo, um duplo acesso à água, fonte de riquezas e eixo de trocas.

É preciso concordar, mesmo que nosso coração de parisiense sofra com isso: a primeira Lutécia se encontra soterrada no subsolo de Nanterre!

Os *Kwarisii*, povo celta das pedreiras, tornaram-se os *Parisii* gauleses por volta do século III a.C., o "k" celta tendo se transformado no "p" gaulês. Eles tanto navegaram em seus barcos antes de se instalarem nesse local que sua origem será mais tarde confundida com a de outros povos e com outras lendas. Procurando uma origem sensacional para seus ancestrais, os descendentes dos quebradores de pedra e de modestos pescadores vão enfeitar sua árvore genealógica com toda espécie de ornamentos...

Os *Parisii* se tornarão os descendentes de Ísis, deusa egípcia, ou os filhos de Páris, príncipe de Troia e filho caçula de Príamo... Esse príncipe mitológico tinha raptado Helena, esposa de Menelau, provocando assim uma guerra terrível entre gregos e troianos. Páris escapou aos golpes do marido ciumento graças à deusa Afrodite, que conseguiu esconder seu protegido entre as brumas nebulosas dos céus. Mas Troia foi arrasada. Helena voltou para Menelau, de quem fora roubada, e Páris fugiu para as margens do Sena... onde deu origem a um novo povo. Linda fábula, sem nenhum fundamento, mas que permitiu aos sucessores dos *Parisii* legitimar sua origem prestigiosa e divina. No século XIII, são Luís encorajou fortemente a difusão desse mito, que perdurou por todo o reinado dos Capetíngios.

— Nossa civilização não nasceu de um bando de viajantes celtas, nós temos a mesma nobre ascendência que os romanos — pareciam repetir os reis francos.

Porém, por enquanto, são justamente os romanos os mais poderosos, os que impõem sua cultura e sua língua, que se apropriam de mitos e lendas para justificar suas pretensões sobre o mundo. Não, os romanos não representam os restos de uma tribo qualquer indo-europeia que se instalou na futura Itália no século VIII a.C.

— Nós somos — afirmam eles — originários da raça dos deuses e dos heróis!

Fora esse o raciocínio seguido por Homero na *Ilíada* e na *Odisseia*, legitimando a supremacia dos gregos sobre os povos mediterrâneos. Virgílio, escrevendo *Eneida*, no primeiro século antes de nossa era, seguiu o movimento. Esse relato é apenas a cópia da obra de seu ilustre predecessor, salvo que seus heróis não são gregos, mas troianos, e um troiano em particular: Enéas, filho da deusa Afrodite. Depois da queda de Troia, ele foge para fundar Roma, levando consigo seu filho Iule, ancestral de Júlio César (Júlio é o nome de família daquele que apelidamos César; provém de Julia: em latim o "i" e o "j" se confundem). César, descendente dos deuses, pode então pretender dominar o mundo.

Nesse ano 52 antes de nossa era, os romanos estão prontos para atacar os modestos *Parisii* e invadir seu território das margens do Sena... Esse povo gaulês errou ao se aliar, entre os primeiros, a um certo Vercingetórix, chefe arverno, decidido a reunir as tribos gaulesas para expulsar o invasor. Júlio César, preocupado em disciplinar essas fronteiras do império, envia para as margens do rio seu melhor general, Titus Labienus.

O oficial romano avança à frente de quatro legiões e de uma tropa de cavalaria. Do lado dos lutécios, é uma loucura! Como se defender contra o poder surgido da loba? Mandam vir precipitadamente de Mediolanum Aulercorum — hoje Évreux —, um velho chefe que todo mundo chama respeitosamente Camulogenos, o que significa "filho de Camulus", filho do deus gaulês da guerra. Com um nome tão marcial, o homenzinho deveria poder garantir dignamente a segurança da cidade. Em todo caso, os habitantes lhe confiam unanimemente o destino: a ele cabe organizar a resposta, a ele cabe expulsar o inimigo.

Mas o que pode fazer o bom velhinho? Ele é colocado à frente de um pequeno exército mal treinado, cujos soldados, mais corajosos que eficientes, se preparam para combater nus até a cintura, armados somente com alguns machados e pesadas espadas feitas de um metal ruim...

Labienus e seus legionários avançam inexoravelmente. Camulogenos, entretanto, crê em sua boa estrela e prepara a defesa. Não é na cidade que ele espera os romanos, mas nos arredores, num acampamento montado no meio dos mangues, no centro da zona úmida que encerra Lutécia.

Logo Labienus se encontra diante do campo improvisado dos gauleses. O confronto é inevitável. Os romanos, perfeitamente disciplinados, com seus capacetes de bronze e suas couraças de aço, avançam em fileiras compactas. Mas esses legionários, guerreiros de terra firme, com suas táticas acostumadas a vastas extensões de planícies, são rapidamente desestabilizados por esses terrenos movediços entre terra e água. Aqui os barcos se atolam e os homens se afogam! Já a cavalaria, fica de fora: os cascos dos cavalos prendem na lama.

Os gauleses, ao contrário, estão à vontade nessa gleba instável... Precipitam-se sobre as tropas inimigas, e os orgulhosos soldados de Roma mal conseguem se defender contra essa multidão desordenada. Até o cair da noite, os combatentes se estripam e tingem de vermelho a água estagnada dos mangues. Labienus, porém, sabe que não conseguirá forçar a passagem. Finalmente, faz soar o longo lamento do clarim e ordena a retirada.

Lutécia explode de alegria! A cidade está salva, acreditam. O invasor expulso, esperam. Por outro lado, fulo de raiva, Labienus quer se vingar desses gauleses indomáveis e, prosseguindo ao longo das margens do Sena, apressa-se em ir atacar Metlosedum — atual Melun — outra cidade estabelecida num dos meandros do rio.

Essa cidade está com falta de efetivos: a maioria dos homens válidos fora juntar-se às tropas de Camulogenos, na Lutécia... Triste vitória dos legionários! Só encontram à frente mulheres e alguns velhos, pequena multidão que tenta se opor, desarmada, a guerreiros perfeitamente treinados. Não há nem mesmo batalha, não se assiste a nenhum afrontamento impetuoso, a nenhuma cavalgada intrépida, vê-se apenas correr um rio de sangue numa orgia infame de cabeças cortadas e de peitos transpassados. Os romanos desfilam, enfiando as lanças no ventre daqueles que parecem querer se opor à nova ordem, pilhando as reservas de trigo, derrubando os altares das divindades, saqueando algumas ricas habitações. Depois vão embora, deixando uma cidade devastada.

Mas Labienus quer sua revanche contra os lutécios. Não pode reaparecer diante de César ostentando na fronte a vergonha da derrota. Reúne em sua tenda seus oficiais em plena noite e lhes fala com a linguagem viril de um general romano:

— Não podemos esperar nenhum reforço, somos nós e nossas quatro legiões que temos de esmagar os gauleses e tomar Lutécia. Triunfareis dos bárbaros para a glória do império, e Roma vos coroará de louros...

Imediata agitação no acampamento romano. As tropas ladeiam a margem direita do Sena, contornam a zona pantanosa, se dirigem para o norte, ultrapassam o meandro do rio que abriga Lutécia e descem bruscamente em direção ao sul, para chegar à cidade pela frente. Enquanto isso, uma flotilha romana com uns cinquenta barcos alcança, por sua vez, a altura da cidade dos *Parisii*.

Antes mesmo da chegada do inimigo, os sobreviventes do massacre de Metlosedum, desorientados e aterrorizados, tinham vindo prevenir Camulogenos:

— Os romanos retrocederam, retornam a Lutécia.

Para evitar o cerco, Camulogenos decide incendiar a cidade e as pontes e depois subir o Sena pela margem esquerda.

— Queimem nossas duas pontes sobre o Sena, queimem suas casas, o rio da deusa Sequana nos protegerá! — decreta ele.

De madrugada, Lutécia é apenas um campo de cinzas desertado por seus habitantes. Restam somente ruínas das belas casas que ainda ontem se sobrepunham às margens do Sena. Restam somente ruínas das ruelas que se entrelaçavam, ladeadas por casas modestas de paredes de taipa. Restam somente ruínas dos armazéns de trigo e de vinho que se estendiam nas colinas.

Nesse alvorecer sinistro prepara-se o afrontamento final, para possuir uma cidade que não mais existe. O chefe gaulês e sua corte sobem o curso do Sena, invocando Camulus, deus munido de uma lança e um escudo, detentor de um poder temido, mestre da guerra e da morte violenta. Para os gauleses, morrer pela pátria já é o destino mais belo, e eles vão para o combate decididos a se oferecer em sacrifício ao apetite sangrento do terrível Camulus. As tropas romanas, por sua vez, estão no encalço dos gauleses. Os legionários invocam Marte, seu deus da guerra, mas não têm a menor intenção de morrer hoje. Querem lutar até o fim de suas forças, para obter a vitória e receber o soldo.

Os romanos alcançam os gauleses na planície de Garanella, na beira do Sena... Garanella, a pequena *garenne*, onde provavelmente, em tempos mais felizes, aí se caçavam coelhos, cervos e javalis. Mas é a uma caçada bem diferente que os céus trêmulos assistem nesse dia. Milhares de homens se enfrentam numa terrível confusão.

O silvo sinistro das flechas e dos longos dardos parece fender o ar. A infantaria romana atira suas lanças aterradoras, e os cavaleiros, do alto de suas montadas, enviam com seus arcos nuvens de traços mortíferos que caem sobre os gauleses ceifados aos montes. Nenhum tiro parece errar o alvo, alguns combatentes são mesmo atingidos por inúmeras flechas e desabam espetados pelos dardos mortais. Enxames intermináveis são assim lançados, as densas nuvens estriadas freiam por um instante o avanço dos *Parisii*, mas esses, desejando a morte, continuam sua marcha, indiferentes. E centenas de homens são derrubados, como se a morte chovesse sobre eles.

O velho Camulogenos, sabre em punho, galvaniza seus homens, gritando-lhes que devem morrer por Camulus... Durante um momento, os gauleses chegam a penetrar nas linhas romanas; protegidos por seus grandes escudos, atravessam as quadras inimigas. São os romanos, agora, que vacilam e recuam.

Mas eis que uma legião romana, ostentando seus estandartes, se desloca no fundo da planície... Quatro mil mercenários que estavam de reserva vêm surpreender os gauleses pela retaguarda. Não há mais possibilidade de retirada. O choque é tremendo, a carnificina horrível. Os pesados sabres gauleses se quebram ao primeiro contato com as espadas romanas, mais leves e melhor temperadas. O sangue corre regando a terra, o longo lamento dos feridos sobe da planície de Garanella...

De ambos os lados, luta-se com a mesma ferocidade, para morrer ou receber o soldo. Pois os *Parisii* não fogem. Não procuram na derrota uma sobrevivência vã. E quando o sol se põe, a planície está coberta de milhões de cadáveres gauleses entrelaçados. O próprio Camulogenos encontrou a morte nessa última defesa. Por uma Lutécia já destruída...

↓ (M) (1) Onde estão os restos dos guerreiros gauleses?

A planície de Garanella tornou-se a comuna de Grenelle, anexada a Paris sob o Segundo Império. Mas os romanos, impressionados pela valente defesa dos gauleses, batizaram "Campo de Marte" o local preciso onde se desenrolou a batalha entre os legionários de Labienus e os soldados de Camulogenos. Campo de Marte... o campo da guerra.

Muito mais tarde, no lugar onde repousam os restos do chefe gaulês e de seus homens, elevou-se a Torre Eiffel... como um túmulo que tivesse sido erguido para honrar esses guerreiros. Os parisienses, indiferentes, aí se agitam aos domingos, sem saber que pisam numa terra que, há mais de vinte séculos, soterrou as ossadas desses Parisii *que ofereceram a seu povo o sacrifício supremo.*

Alguns meses depois do incêndio da primeira Lutécia, engajou-se uma batalha decisiva entre as tropas de Júlio César e as de Vercingetórix. Em pleno verão, o procônsul subiu para o norte com seis legiões, para ir ao encontro de Labienus vitorioso. O chefe gaulês e sua cavalaria atacaram os romanos, mas mercenários germanos que vieram ajudar as tropas do império rechaçaram os gauleses.

Vercingetórix retirou-se então para as cercanias de Alésia, talvez na Borgonha, com um exército impressionante, ao qual vieram juntar-se 8 mil combatentes *Parisii*. A cidade foi sitiada por uma dezena de legiões romanas, mas os assaltantes eram menos numerosos que os sitiados. Os romanos tiveram que renunciar à ofensiva, o que não os impede de tentar esfaimar os gauleses, construindo em torno do *oppidum* de Alésia uma dupla linha de fortificações.

Quando o verão estava quase findando, chegou, em reforço, um exército gaulês. Esse novo contingente atacou na calada da noite. Lutou até a madrugada, sem contudo conseguir atravessar as linhas inimigas. Foi então que um outro exército atacou o campo superior dos romanos, enquanto Vercingetórix e seus homens deixavam a cidade. Sob a violência do assalto, os romanos começaram a recuar. César enviou novas tropas e conseguiu finalmente fazer recuar as tropas gaulesas. Foi a debandada. Os gauleses que não tiveram a "sorte" de morrer ali mesmo procuram fugir. Os cavaleiros romanos cortam-lhes a retirada, prelúdio de um terrível massacre. Tudo acabou. No dia seguinte, Vercingetórix saiu do campo a cavalo e veio depor suas armas aos pés de César... Três anos mais tarde, o chefe arverno será estrangulado em sua prisão romana.

* * *

Nessa Gália agora galo-romana, os romanos decidiram rapidamente reconstruir Lutécia. Mas por que não escolher um local diferente daquele meandro do Sena? Por que não optar por uma posição mais propícia à defesa? Uma verdadeira ilha no Sena, por exemplo. Justamente, não muito longe do Campo de Marte, onde se deu a vitória de Labienus, há pequenas ilhas. Na maior delas, eleva-se um modesto templo aos deuses gauleses: Cernunno, deus da abundância; Smertrios, protetor dos rebanhos; Esus, demiurgo das florestas... Nuvens brancas de gaivotas planam sobre a humilde construção, essas alvas nuvens barulhentas descem para vir catar algumas migalhas das oferendas depositadas pelos fiéis.

Os gauleses de Lutécia, incitados pelos romanos vitoriosos, passam a se agrupar em torno desse templo, lugar de fé e de devoção. As ilhotas, logo interligadas por pontes, já desenham o esboço de uma nova cidade... E é assim que Lutécia, cidade galo-romana, emerge nessa língua de terra perdida no meio das águas; será um dia a île de la Cité.

Como no passado, os *Parisii* vivem aqui do rio e pelo rio. Pois é o que continua a lhes trazer prosperidade. Os novos lutécios fazem com que os viajantes paguem taxas para atravessar as pontes ou passar em suas embarcações. Lutécia representa uma cidade-ponte, um pedágio para atravessar o Sena. Mais tarde, a divisa de Paris, *fluctuat nec mergitur*, ela flutua, mas não afunda, vai se considerar a herdeira desse elo original e necessário com o rio.

No primeiro século de nossa era, a ilhota já se articula em volta dos símbolos da autoridade terrestre e do poder celeste: a oeste, um palácio fortificado, sede das autoridades romanas; a leste, o lugar do culto dos *Parisii*. Mas o templo de Lutécia foi aumentado, embelezado, aberto assim aos deuses do panteão romano, misturando desse modo as duas culturas... E é sobre o Sena que foi erigido esse primeiro monumento importante da cidade. Os nautas, confraria de marinheiros que navegavam sobre os cursos de água, dão testemunho de seu agradecimento oferecendo uma coluna de sustentação do edifício, uma coluna de quase cinco metros de altura, constituída de quatro blocos em forma de cubo com a efígie das divindades gaulesas Cernunno, Smertrios, Esus, mas também dos deuses romanos Vulcano e Júpiter... É justamente ao deus dos deuses romanos e ao imperador Tibério, que reinou de 14 a 37, que essa coluna é dedicada: "A Tibério César Augusto e a Júpiter, muito bons, muito grandes, que os nautas do território dos *Parisii*, às expensas de sua caixa comum, erigiram esse monumento." A civilização galo-romana doravante está inscrita na pedra.

Lutécia fixou-se para sempre, podemos iniciar nossa história de Paris, tudo pode começar, estamos na época em que um homem chamado Jesus se prepara para acertar os relógios do tempo, como para festejar de longe esse nascimento.

↓ Ⓜ ① O que aconteceu com a coluna dos nautas?

Em 1711, quando se escavou o solo sob o coro da catedral de Notre-Dame para construir uma cripta destinada a encerrar as sepulturas dos arcebispos de Paris, descobriram a coluna dos nautas, entre duas paredes. Restaurada entre 1999 e 2003, ela está exposta no museu de Cluny.

Os lugares sagrados continuam sagrados para além das crenças... Não é por acaso que essa obra foi descoberta nos subterrâneos de Notre-Dame, não é por acaso que a catedral continua a ser o centro do culto católico dos parisienses: foi nesse local da île de la Cité que se erigiram os primeiros templos votivos dos gauleses tornados depois galo-romanos e, enfim, cristãos.

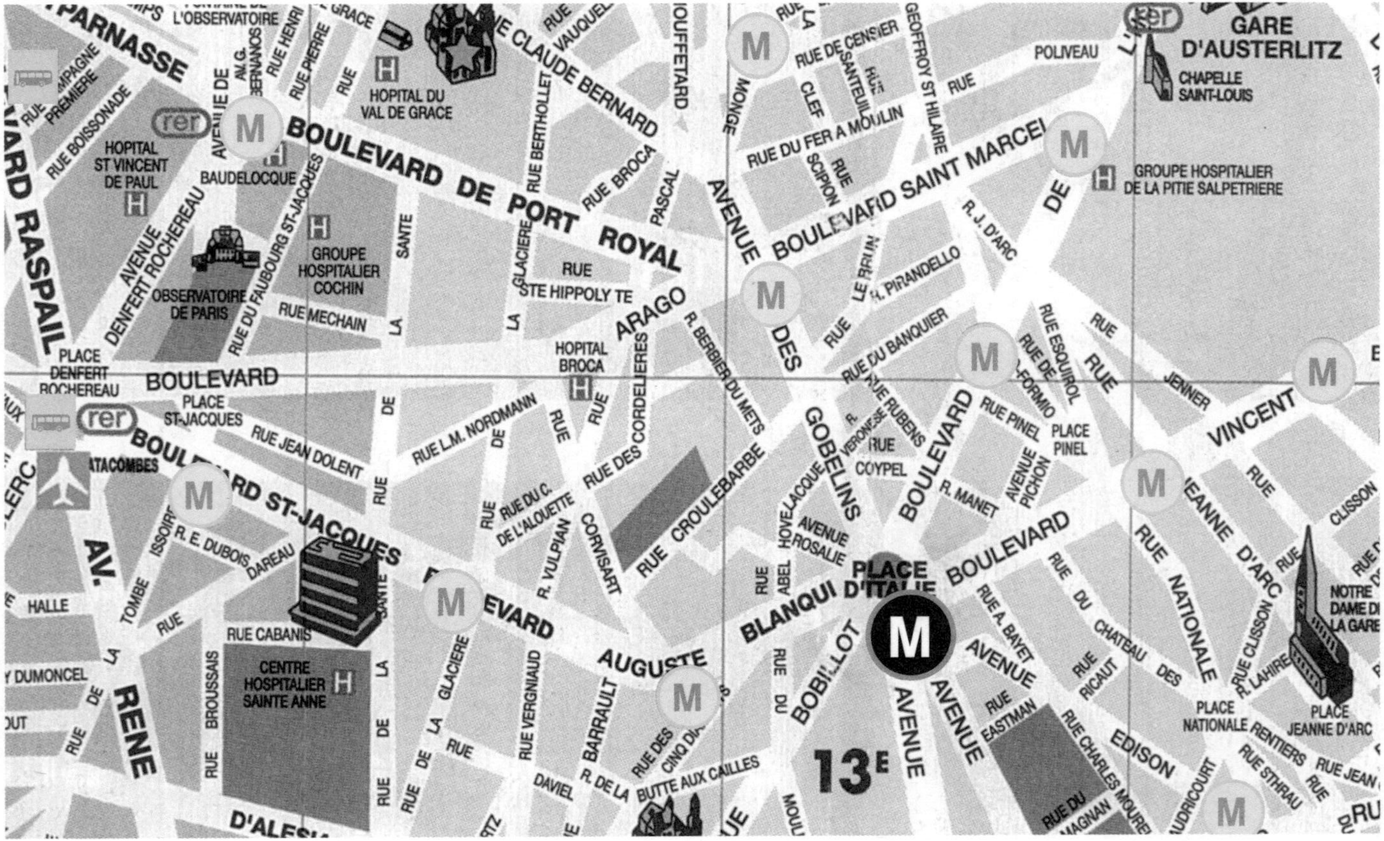

BOULEVARD DE PORT ROYAL
BOULEVARD SAINT MARCEL
BOULEVARD RASPAIL
BOULEVARD ST-JACQUES
AVENUE DENFERT ROCHEREAU
PLACE DENFERT ROCHEREAU
PLACE ST-JACQUES
OBSERVATOIRE DE PARIS
GROUPE HOSPITALIER COCHIN
HOPITAL ST VINCENT DE PAUL
HOPITAL DU VAL DE GRACE
HOPITAL BROCA
CENTRE HOSPITALIER SAINTE ANNE
GROUPE HOSPITALIER DE LA PITIE SALPETRIERE
GARE D'AUSTERLITZ
CHAPELLE SAINT-LOUIS
NOTRE DAME DE LA GARE
PLACE JEANNE D'ARC
PLACE NATIONALE
PLACE D'ITALIE
PLACE PINEL
13E
RUE CLAUDE BERNARD
RUE MONGE
RUE DE CENSIER
RUE DU FER A MOULIN
RUE GEOFFROY ST HILAIRE
RUE POLIVEAU
RUE BROCA
RUE BERTHOLLET
RUE PASCAL
RUE DU FAUBOURG ST-JACQUES
RUE MECHAIN
RUE STE HIPPOLYTE
ARAGO
RUE DES CORDELIERES
RUE CROULEBARBE
AVENUE DES GOBELINS
RUE DU BANQUIER
RUE ESQUIROL
RUE JENNER
VINCENT
RUE NATIONALE
RUE DU CHATEAU DES RENTIERS
RUE CLISSON
AVENUE DE CHOISY
BOULEVARD AUGUSTE BLANQUI
RUE BOBILLOT
RUE DE LA GLACIERE
RUE VERGNIAUD
RUE BARRAULT
RUE DE LA BUTTE AUX CAILLES
RUE DE LA SANTE
RUE BROUSSAIS
RUE CABANIS
RUE DE LA TOMBE ISSOIRE
RUE JEAN DOLENT
RUE L.M. NORDMANN
RUE CORVISART
R. VULPIAN
RUE EDISON
RUE EASTMAN
AVENUE PICHON

Século II

Place d'Italie

Todos os caminhos levam a Roma...

A Place d'Italie sempre me pareceu bizarra, para dizer a verdade, malfeita. Quando se sai do metrô, nada parece equilibrado e harmonioso. No século XIX, a prefeitura do 13º *arrondissement* parece querer se manter à distância, como se estivesse apavorada com o fluxo ininterrupto de carros que contornam a rotunda num balé inconveniente e desregulado. Em frente, sobre os telhados do centro comercial laboriosamente hipermoderno, arranjos futuristas imitam involuntariamente os guindastes imóveis de um canteiro de obras abandonado. Do outro lado da avenida, os fast-foods regorgitam seus odores de batatas fritas rançosas ao pé de uma aglomeração de cubos acinzentados. Mais adiante, altos edifícios sem alma esticam suas formas sinistras.

A única coisa que acho apropriado é a placa esmaltada azul, enquadrada de verde e que anuncia: "Place d'Italie". A Itália, de fato, está por aqui! No século II, quando a Lutécia desejada pelo ocupante romano se estabelecia na île de la Cité, o lugar era atravessado por uma estrada que conduzia a Roma... Na Gália, era a época da paz romana. A nova cidade dos *Parisii* se desenvolvia ao sul do Sena. Poderosas vias de comunicação eram criadas na direção de Roma, para interligar as partes esparsas do mais extenso dos impérios. A Place d'Italie se encontrava justamente sobre essa via romana que levava a Lyon e a Roma.

Talvez devêssemos rebatizar esse espaço e chamá-lo "praça de Roma" e nos lembrarmos assim da dívida que a Paris que nós conhecemos e amamos contraiu com aqueles que vieram conquistar a Gália há mais de 2 mil anos.

É verdade que destruíram muito da Paris original. Nunca avaliamos suficientemente o cataclismo que representou o incêndio de Lutécia e a derrota de Alésia. Foi a morte de uma cultura, o desaparecimento de uma língua. Todo um modo de vida com suas lendas, sua história, suas divindades, suas adorações, sua mística, submergiu na noite do esquecimento. Fechou-se um livro inacabado... Entretanto, os poucos vestígios que conhecemos dela nos foram transmitidos pelos romanos. Bem simpáticos, eles quiseram, por meio de seus escritos, nos deixar a lembrança daqueles bárbaros submetidos a seu poderio. Mas foi esse mesmo poderio que destruiu a identidade gaulesa. Destruiu-a tão bem que, durante muito tempo, os historiadores olharam com certo desprezo essa antiga nação ou, pelo menos, com uma condescendência desdenhosa. O que se via dela nos livros de História? Populações meio selvagens, homens bigodudos vestindo calças coloridas e comendo javalis. Felizmente, Júlio César veio trazer a civilização a esses brutos, pensava-se. Porém, em nossos dias, os historiadores reviram seu julgamento. É verdade que os gauleses não nos transmitiram obras-primas literárias, também não construíram imponentes monumentos que fariam a felicidade dos turistas do terceiro milênio. Mas nem por isso eles eram matutos! Pertenciam a uma civilização desenvolvida, que tinha seus rituais, suas divindades, suas lendas e seus heróis.

Podemos também nos perguntar agora o que teria acontecido com os *Parisii* e sua cidade se os romanos não tivessem vindo atacá-los. O povo do Sena teria mantido sua independência e sua originalidade? Sem dúvida que não. A Germânia estava em marcha. Ao norte, uma outra conquista já começara. E, sem Júlio César, seríamos todos germanos! Era essa a alternativa para os *Parisii*: se latinizar ou se germanizar. A história e a força militar de César foram decisivas. Os gauleses deram lugar aos galo-romanos.

A cidade que se construiu então não era mais uma grande aglomeração puramente *Parisii*, mas uma cidade construída à moda romana. Eis porque essa Place d'Italie adquire a meus olhos uma importância que um espírito racional poderia julgar desproporcionada...

É verdade, estamos realmente muito longe das margens do Sena onde se refugiavam as primeiras habitações lutécias, mas meus passos seguem com emoção os passos das legiões romanas, dos comerciantes romanos, dos construtores romanos. Aqui repercutia o eco distante da cidade. Aqui, sobre esse chão coberto de grandes pedras irregulares, oscilavam as grandes carroças de trigo. Aqui ressoavam os passos dos soldados. Aqui passavam os gauleses que se dirigiam a Roma, capital do mundo.

Para mim, é certo que a estrada começa nesse lugar. E que estrada! A que ligava a Gália à sua nova fonte. Pode-se lastimar, também ali, a catástrofe que representou a vitória romana para a memória gaulesa. Mas, em vez de chorar sobre o passado, quero ver na latinização dos gauleses uma chance a agarrar pelos cabelos. Dessa derrota completa, dessa total humilhação, emergiram uma cultura reinventada e uma nação recomeçada.

↓ M 2 Os gauleses sempre foram os ancestrais da França?

A resposta é: não! Sob o Antigo Regime a história da França começava em 481, com a coroação de Clóvis, rei cristão dos francos. Essas origens religiosamente puras e monarquicamente indiscutíveis, satisfaziam plenamente os soberanos de direito divino. Tudo mudou no século XIX. Napoleão III procurou ancorar seu império numa crônica menos marcada pelo selo da realeza. Era preciso uma ruptura. Essa lhe seria fornecida pelos gauleses. Ele se apaixonou tanto por esses antepassados hipotéticos que fez deles um estudo em vários volumes intitulado sobriamente História de Júlio César. *Mas o propósito do imperador dos franceses vai bem além da análise da personalidade do ditador romano.*

Na verdade, Napoleão III restituiu aos gauleses seu justo lugar na nossa História. Em 1861, ordenou escavações arqueológicas no suposto local de Alésia, na Borgonha, e os cientistas a seu soldo se esfalfaram para satisfazê-lo. Tratava-se, para o imperador, de ver se era possível encontrar no solo vestígios materiais da famosa batalha, tornada repentinamente um acontecimento importante da história da França. É claro que os pesquisadores procuraram e os pesquisadores encontraram. Quase quinhentas moedas gaulesas, duas peças de bronze marcadas Vercingetórix, 144 moedas romanas, fossos, paliçadas, uma lápide de pedra onde parece estar escrito "ALISIIA", bela colheita. Bela demais, segundo alguns. Espíritos biliosos imaginaram que os arqueólogos de Napoleão III tinham às vezes feito concessões secretas à realidade para satisfazer o imperador...

Em todo caso, é ele, o imperador dos franceses, que reina doravante sobre Alésia... Em 1865, uma estátua colossal de Vercingetórix foi erigida sobre o campo de batalha transformado em campo de escavações. E o escultor Aimé Millet deu ao chefe arverno as feições de Napoleão III!

Em Lutécia, a concretização da mudança se marca na pedra. O século que se inicia representa uma época inesperada de paz, de conciliação e de construções. Para se fixar em seu cenário das margens do Sena, Lutécia precisa de tranquilidade. A agitação dos períodos passados se acalma, o bastante para permitir o nascimento de uma nova cidade. O destino ciumento parece velar sobre o berço da Paris do futuro. As discórdias dos homens, os excessos dos exércitos, os combates para uma morte gloriosa já cessaram. *Parisii* e romanos põem mãos à obra para construir. Época abençoada pelos deuses: nunca mais a cidade conhecerá um tão longo período de paz.

Meus passos seguem então os passos do cidadão romano vindo de Roma a Lutécia. Ele passou pelo que é hoje a Porte d'Italie, depois o traçado da avenue d'Italie o fez atravessar a futura Place d'Italie, antes de tomar a atual avenue des Gobelins até a Place Saint-Médard, onde começa, pela rue Mouffetard, a subida da montanha Sainte-Geneviève.

A Lutécia romana não está abandonada aos caprichos do rio: a parte especificamente romana da cidade não estaria à vontade em mangues instáveis e lamacentos. Ficará como Roma, sobre um espigão rochoso. É necessário, portanto, subir essa rue Mouffetard, longínqua evocação da apelação romana da montanha Sainte-Geneviève: Mons Cetarius, o monte dos viveiros... a influência do rio nunca está muito longe!

A paz romana que reina nessa época faz de Lutécia uma cidade aberta, sem muralhas. O viajante que chega ao cimo da Mouff' tem, portanto, uma vista surpreendente da cidade que resplandece.

Nesse século II, Lutécia é o lugar de todos os prazeres. Nela as pessoas se divertem, se distraem. Aliás, o viajante tem seu olhar imediatamente atraído por uma construção gigantesca: o anfiteatro. Construído num espaço plano entre a colina e o rio, um pouco afastado da cidade, seus 15 mil lugares se superpõem em arquibancadas em arco de círculo. O local desse monumento foi escolhido pela topografia muito particular do terreno: os arquitetos realizaram uma construção que se beneficia da iluminação do sol nascente. Além disso, os espectadores gozam de uma vista que nunca lhes será tirada do meandro da Bièvre, tendo ao fundo duas colinas arborizadas que serão mais tarde Ménilmontant e Belleville. O lugar é suntuoso.

Esse anfiteatro, o mais belo e o mais rico de toda a Gália, é feito de pedras esculpidas, de colunas cobertas de telhas, de estátuas oferecidas à adoração dos deuses. Sem esquecer a técnica: nichos cavados na parede do fundo do palco favorecem uma acústica perfeita. O conforto é máximo: um toldo é estendido por sobre as arquibancadas para poupar os espectadores dos rigores do sol ou dos inconvenientes da chuva.

A ele acorrem gauleses e romanos, vamos segui-los descendo as escadarias da rue Rollin...

Quando nos aproximamos desse anfiteatro, é todo o poderio de Roma que parece surgir dessa fachada imponente com colunas e arcadas elegantes. Atravessamos a muralha por duas largas entradas encimadas por cariátides, cujos olhos de pedra observam, impávidos, porém doces, a agitação humana.

Um grande casamento à moda romana acontece em Lutécia, na alegria das bacanais, é verdade, mas igualmente na felicidade de assistir ao espetáculo oferecido, aqui, pelos trágicos. Colonizados e colonizadores compartilham o mesmo gosto pelos autores antigos. Quando se quer rir, é a uma comédia de Plauto que se vai assistir. Sua *Comédia da marmita* é sucesso garantido. E todos se divertem com a aventura de um velho avarento muito feliz por ter encontrado uma marmita cheia de ouro. Porém, seu bem encontrado por acaso vai se revelar fonte de tormentos: o ancião é assaltado por uma angústia mortal ao pensar que um ladrão poderia roubar seu querido tesouro!

Sem dúvida também representam, em Lutécia, *As bacantes*, uma das obras mais célebres do poeta grego Eurípides. Os espectadores se apressam enquanto o coro, do fundo da arena, entoa dia chorosa, cujo som se espalha em direção às arqui-

vezes corre sangue na arena do circo de Lutécia. Os anos não são tão pacíficos e inocentes quanto as co- Plauto e as tragédias de Eurípides. Jaulas aprisionam e, uma dessas noites, os gladiadores virão estripar na rgem então na areia tigres e leões enfurecidos. Às ve- acetes, os sabres, as redes dos gladiadores não são suficientes para vencer o animal, e da plateia sobe um longo frêmito quando o combatente é abatido pelas garras poderosas, dilacerado por presas assustadoras.

O que o público prefere, no entanto, é que os gladiadores se matem bravamente entre si. E o povo acorre para ver os astros, esses homens que personificam a força e a beleza viris. Durante um combate leal, que pretende dar a todos uma lição de coragem, os gladiadores oferecem esse espetáculo de superviolência, apreciado em Lutécia como em todo o império. Eles lutam até o extremo limite de suas forças, se esgotam, se ferem... Dentro em pouco, com o corpo transpassado pelas pontas do tridente do adversário, o vencido tomba. O sangue vermelho escorre pela terra da arena, o cadáver é evacuado pela porta de Libitina, a deusa da morte. E a multidão delira, a multidão está de pé. Amanhã, no mesmo lugar, o velho avarento de Plauto vai fazê-los rir. Eram assim, as arenas de Lutécia.

↓ M 2 **Há quanto tempo joga-se bocha nas arenas de Lutécia?**

As arenas de Lutécia foram destruídas durante as invasões bárbaras do ano 280. O anfiteatro tornou-se primeiramente um cemitério, depois foi soterrado após a construção de uma muralha por Felipe

Augusto, no início do século XIII. Depois, o esquecimento fez sua obra...

Mais uma vez, foi preciso esperar o século XIX e seu entusiasmo pela arqueologia. Na ocasião da abertura da rue Monge, por volta de 1860, os operários encontraram coisas bem estranhas ao cavar o solo na altura do número 49 da futura rua... Trouxeram à luz trabalhos de alvenaria e estenderam as buscas a um terreno próximo, adquirido pela Companhia Geral de Ônibus para a construção de um depósito... As arenas de Lutécia voltavam à superfície! Mas a municipalidade não se interessou por essa descoberta extraordinária. O importante era criar uma rua reta e larga! Naquela loucura de construções e remodelações, a Antiguidade não tinha vez. Uma parte foi realmente entregue às picaretas dos demolidores. As arenas de Lutécia arriscavam ter o mesmo destino...

Foi então que Victor Hugo interveio. Em 1883, o autor de Notre-Dame de Paris *enviou esta carta ao Conselho Municipal da capital: "Não é possível que Paris, a capital do futuro, renuncie à prova viva de que foi a cidade do passado. O passado traz o futuro. As arenas são a marca antiga da cidade grande. São um monumento único. O Conselho Municipal que as destruir, destruirá de certo modo a si mesmo. Conservai as arenas de Lutécia. Conservai-as a qualquer preço. Estareis fazendo uma ação útil, o que é ainda melhor, dareis um grande exemplo." O mestre tinha falado. O Conselho Municipal votou a verba necessária à organização de uma pequena praça nas arenas. Esse passeio foi aberto ao público em 1896.*

Essas arenas, tão vastas e tão belas, mostram muito bem a importância de Lutécia na Gália romana. Com apenas um século de existência, a cidade tornou-se muito procurada e bastante povoada. Durante essa idade de ouro, quase 10 mil habitantes se estabelecem apenas na île de la Cité, e a cidade se estende na margem esquerda.

Na margem direita, ao contrário, não há muita coisa. Bem longe, sobre uma colina dedicada à fé — o futuro Montmartre —, elevam-se um pequeno templo e algumas modestas habitações colocadas sob a proteção dos deuses. Porém, essa margem é sobretudo um canteiro aberto e uma reserva de alimentos. Nas pedreiras, procura-se o barro que serve para a fabricação das telhas; nos campos, planta-se trigo, criam-se bovinos... Estamos no outro lado do cenário, no lado organizacional da cidade, o depósito que permite a vida elegante e refinada do outro lado do rio.

Nessa cidade nova, muitos gauleses, à imagem dos romanos, abandonaram as cabanas frágeis de telhado de palha que os abrigavam na antiga Lutécia. Aqui se constrói solidamente, muitas vezes ricamente. Cidade alta e cidade baixa começam a se parecer.

Porque há a Lutécia alta, nas margens, onde se estabeleceram de preferência os romanos, e a Lutécia baixa, na ilha, onde se agruparam os gauleses. Aos poucos, nasceu o hábito de chamar essa Lutécia de *Civitas Parisiorum*, a cidade dos *Parisii*. Não estamos muito longe de "Paris".

O que fazem esses lutécios da cidade baixa? Vivem essencialmente do rio, como eu disse. E a maior parte das profissões exercidas tem ligação mais ou menos direta com as águas. Há os que carregam e descarregam os barcos, os que transportam as cargas ali depositadas por via fluvial e, claro, os indispensáveis pescadores, peixeiros, ferreiros e comerciantes.

Na ilha, a extensão da cidade é evidentemente limitada. É, portanto, na margem esquerda que se pode ganhar espaço. E os arquitetos romanos aí constroem uma cidade. Essa Lutécia jamais foi uma cidade gaulesa. Aliás, à moda romana, é fartamente provida de água. É uma novidade. Foi-se o tempo em que os gauleses pegavam água diretamente no Sena!

Um reservatório construído a uns vinte quilômetros ao sul permite o fornecimento de água graças à suave inclinação de um aqueduto. Na cidade, a água corre numa rede de canalizações, feitas de barro ou de chumbo, para alimentar as fontes e sobretudo as termas. Ah, as termas! Elas são para os romanos, e portanto para os *Parisii*, a quintessência do luxo e do conforto. Nada de importante seria realizado sem os banhos públicos! Há três estabelecimentos em Lutécia. Dois relativamente pequenos: um ao sul, o outro a leste, onde fica atualmente o Collège de France, e que se prolonga sob a rue de Lanneau...

Onde se podem ver as antigas termas?

A adega abobadada do restaurante Le Coupe-Chou é um vestígio emocionante dessas termas do segundo século, a mais antiga cave de Paris! Durante escavações, descobriram-se aí vestígios preciosos, principalmente canos de água quente e uma piscina galo-romana.

Porém o estabelecimento de banhos mais importante, datado também do fim do século II, são as termas de Cluny, ainda hoje conhecidas. Deveríamos talvez manter seu nome primitivo: termas do Norte.

Abertas gratuitamente a todos, essas termas constituem um local de descanso, de lazer, um ponto de encontro, um lugar de higiene. Tudo aqui é feito para o bem-estar do cidadão: mosaicos, mármores e afrescos decoram as paredes com cenas coloridas que evocam o mar... Após um pouco de exercício, passa-se à sala morna, o *tepidarium*, à sala quente, o *caldarium*, depois à sala fria, o *frigidarium*, e enfim, à sala de repouso, onde se encontram os amigos para passar um momento de convívio e conversar um pouco.

Quem mandou construir as termas de Cluny?

Essas termas são evidentemente de influência romana. Seria errado, entretanto, ver nelas uma pura implantação do ocupante sobre uma população ingênua. Os Parisii participaram da construção desse monumento que desafiou o tempo. Uma decoração do frigidarium *nos mostra os barcos carregados de armas e de mercadorias...*

Essa forma de assinar a obra mostra que a poderosa corporação dos nautas colaborou nos trabalhos. Esses homens que dirigem então o comércio fluvial e servem também como Conselho Municipal não quiseram deixar apenas para os romanos a glória de erigir um conjunto de tal envergadura. Os Parisii estavam conscientes da necessidade de tomar em mãos seu destino, e de organizar, também eles, a construção e a gestão da cidade. Foi, sem dúvida, graças a essa vitalidade que Lutécia pôde se tornar Paris.

Apesar da influência gaulesa, a arquitetura urbana continua tipicamente romana. Ruas retilíneas se cortam em ângulos retos e desenham espaços onde se sucedem as casas patriciais e os espaços públicos. A via principal dessa Lutécia romana é o *cardo maximus*. Ele atravessa toda a cidade alta e também conduz, por uma pequena ponte, à cidade baixa. É o nervo da aglomeração, a artéria que a alimenta e lhe dá vida. Tudo o que vai a Lutécia passa pelo *cardo*. Tudo o que parte de Lutécia passa pelo *cardo*. Essa via ensina aos *Parisii* como se constrói uma cidade. E a lição será lembrada quando for preciso, mais tarde, organizar uma cidade que cresceu.

Ao longo desse caminho, encontram-se as duas oficinas de oleiros que abastecem Lutécia. Bem situados entre a cidade e o campo sobre uma via de passagem, esses artesãos podem fornecer suas mercadorias às ricas lojas da cidade, aos camponeses dos arredores e até, eventualmente, ao viajante que se perder por lá.

Seguindo o *cardo maximus*, sobe-se o que será a montanha Sainte-Geneviève. Aqui se situa o epicentro da cidade: o fórum. Trata-se de uma vasta esplanada cercada por um pórtico de colunas. Aqui se vive, aqui se fala, aqui os homens se afrontam em disputas verbais sempre recomeçadas. A muralha que o circunda é ladeada, em dois lados, por uma galeria coberta onde se sucedem as lojas. E as mulheres de Lutécia, que não mudaram, vêm "fazer as compras" para adquirir unguentos delicados, azeite ou broches mais finos e mais brilhantes que os da vizinha.

Para estabelecer esse precioso centro de Lutécia, os construtores procederam com energia: eles desbastaram a colina para obter encostas mais suaves e formas mais graciosas. Grandes construtores, os romanos nunca hesitam em redesenhar a natureza segundo as necessidades de uma urbanização bem pensada. Pode-se imaginar facilmente a estupefação dos *Parisii* diante de tais obras que devem lhes parecer ao mesmo tempo titânicas e misteriosas. Eles, que viveram tanto tempo submissos à natureza em cidades frágeis e modestas e cidadelas facilmente destruídas, veem agora com olhos maravilhados esses romanos edificarem para os séculos vindouros. Os *Parisii* ainda não sabem que sua cidade se constrói para a eternidade.

↓ Ⓜ ② **Onde se situavam o *cardo maximus* e o fórum?**

O cardo *é hoje a rue Saint-Jacques. Prolonga-se, na margem direita, pela rue Saint-Martin. Dizem que essa rua foi traçada segundo o ca-*

minho que tomavam os mamutes para descer as colinas e beber água no Sena. Uma bela lenda, sem dúvida, mas havia uma estrada nesse lugar muito antes da chegada dos romanos, bem antes de Lutécia, uma estrada que vinha da Espanha e conduzia até o mar do Norte.

As pedras romanas da rue Saint-Jacques desapareceram, mas diante da igreja Saint-Julien-le-Pauvre, na encruzilhada entre a via romana da Itália e o cardo *axial de Saint-Jacques, uma pedra antiga foi depositada bem atrás do velho poço de pedra que precede o pórtico. Eis o que resta da mais antiga estrada de Paris!*

Realmente, bem ao lado, na praça Viviani, você encontrará a mais velha árvore da capital, originária da América do Norte, plantada em 1602 pelo botânico Jean Robin, que lhe deu o nome. Essa árvore ainda parece verde, mas não confie muito nisso: o primeiro nível de folhas é apenas hera que sobe numa estranha estrutura de cimento destinada a sustentar a venerável robínia.

Mais longe, no antigo cardo*, no número 254 da rue du Faubourg Saint-Jacques, resta um forno de oleiro, vestígio milagrosamente salvaguardado de um artesão estabelecido à margem da grande via, versão antiga das nossas zonas industriais.*

Por outro lado, na Place de la Sorbonne, um nicho circular rompe a simetria do reservatório: são os restos de um poço que pertencia a duas insulae *(grandes residências romanas).*

Quanto ao fórum, ele também sofrerá as exigências dos homens e das épocas. Sua lembrança repousa hoje no número 61 do boulevard Saint-Michel, no acesso ao estacionamento Vinci: um pedaço do muro que circundava esse fórum foi conservado… Grande consolação.

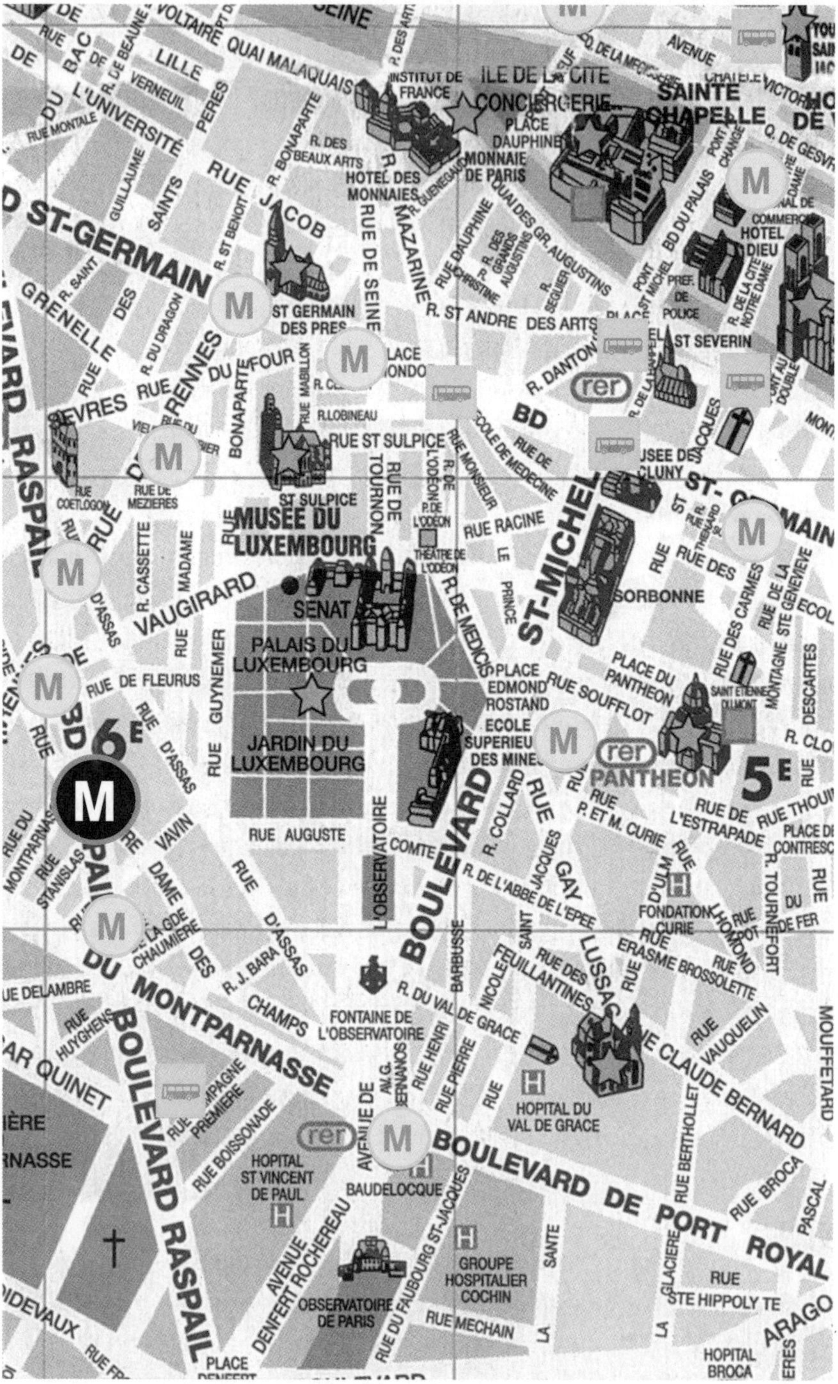

QUAI MALAQUAIS
INSTITUT DE FRANCE
ILE DE LA CITE
CONCIERGERIE
PLACE DAUPHINE
SAINTE CHAPELLE
R. DES BEAUX ARTS
R. BONAPARTE
HOTEL DES MONNAIES
MONNAIE DE PARIS
QUAI DES GR. AUGUSTINS
BD DU PALAIS
HOTEL DIEU
PREF. DE POLICE
RUE DE L'UNIVERSITÉ
RUE JACOB
RUE MAZARINE
RUE DE SEINE
RUE DAUPHINE
R. ST ANDRE DES ARTS
ST GERMAIN DES PRES
BD ST-GERMAIN
GRENELLE
RUE DU FOUR
RENNES
SEVRES
RUE ST SULPICE
ST SULPICE
ST SEVERIN
rer
BD ST-MICHEL
RUE DE L'ECOLE DE MEDECINE
MUSEE DE CLUNY
MUSÉE DU LUXEMBOURG
RUE DE TOURNON
RUE RACINE
THEATRE DE L'ODEON
SENAT
PALAIS DU LUXEMBOURG
JARDIN DU LUXEMBOURG
SORBONNE
RUE DES CARMES
RUE VAUGIRARD
RUE CASSETTE
RUE MADAME
RUE GUYNEMER
RUE DE FLEURUS
R. DE MEDICIS
PLACE EDMOND ROSTAND
RUE SOUFFLOT
PLACE DU PANTHEON
PANTHEON
ECOLE SUPERIEURE DES MINES
6E
5E
RUE VAVIN
RUE AUGUSTE COMTE
AVENUE DE L'OBSERVATOIRE
BOULEVARD ST-MICHEL
RUE GAY LUSSAC
RUE ST JACQUES
R. DE L'ABBE DE L'EPEE
RUE P. ET M. CURIE
RUE DE L'ESTRAPADE
RUE D'ULM
FONDATION CURIE
RUE CLAUDE BERNARD
RUE VAUQUELIN
RUE MOUFFETARD
BOULEVARD DU MONTPARNASSE
RUE DELAMBRE
RUE HUYGHENS
R. J. BARA
FONTAINE DE L'OBSERVATOIRE
R. DU VAL DE GRACE
HOPITAL DU VAL DE GRACE
RUE DES FEUILLANTINES
BOULEVARD RASPAIL
RUE CAMPAGNE PREMIERE
RUE BOISSONADE
HOPITAL ST VINCENT DE PAUL
BAUDELOCQUE
BOULEVARD DE PORT ROYAL
RUE BERTHOLLET
RUE BROCA
AVENUE DENFERT ROCHEREAU
RUE DU FAUBOURG ST-JACQUES
GROUPE HOSPITALIER COCHIN
OBSERVATOIRE DE PARIS
RUE MECHAIN
RUE STE HIPPOLYTE
HOPITAL BROCA
ARAGO
PASCAL

Século III

Notre-Dame-des-Champs

O martírio de São Denis

Notre-Dame-des-Champs: a escada rolante da entrada do metrô derrama seus viajantes bem no meio do boulevard Raspail, e os pedestres não têm outra escolha senão interromper o trânsito para tentar alcançar a tranquilidade de uma calçada. Venho aqui procurar a lembrança da antiga Lutécia, porém nada à minha volta parece evocá-la. Em frente, numa pracinha raquítica, ergue-se a estátua do capitão Dreyfus, aquele oficial judeu falsamente acusado de espionagem no fim do século XIX. Um pouco mais longe, em Montparnasse, a igreja Notre-Dame-des-Champs se envolve em sua fachada rococó fim de século, testemunha da fé que animava os burgueses do Segundo Império.

Nessas paragens um pouco afastadas da cidade de origem, entramos no reino nebuloso da lenda e da mística. Tudo está dissimulado daquele que procura vestígios e exige provas; é preciso penetrar aí no leve sopro da crença e da credulidade.

Em meados do século III, Lutécia tornou-se uma cidade importante, ao menos o bastante para que alguns cristãos sonhassem em evangelizar sua população. Pois ali eram adorados Tutatis e Júpiter, deuses gauleses e romanos misturados nos mesmos altares.

Ora, na Itália, um bispo enérgico, um certo Dionísio — conhecido na França como Denis — queima de inextinguível fervor pelo Cristo. Quer espalhar a verdadeira fé, estender a religião do Deus crucificado e salvar as almas desgarradas no paganismo. Põe-se humildemente aos pés do bispo de Roma, sucessor de são Pedro, para lhe implorar uma missão de catequese... Porém o ilustre prelado tem outras preocupações: antes de mais nada, tem de manter vivo o cristianismo local, apesar das perseguições. A difusão da boa-nova crística é deixada para melhor ocasião. O bispo acredita livrar-se daquele neófito importuno atribuindo-lhe a missão de converter os gauleses... e ele que se vire com isso! Porque essa gente, já é bem sabido, se mostra recalcitrante a qualquer mudança e se agarra obstinadamente a seus velhos ídolos. Essa horrível reputação não amedronta Denis, que se mostra disposto a superar todas as dificuldades, a remover todas as montanhas para fazer triunfar o Cristo Rei.

Com dois companheiros, o padre Rusticus e o diácono Eleutério, Denis chega a Lutécia por volta do ano 250. Os três homens penetram na cidade pelo *cardo maximus* e se dirigem até o fórum. Ficam horrorizados com o que veem: um povo entregue aos prazeres e aos falsos deuses! Tudo aqui revolta os austeros cristãos: as butiques abertas à vaidade das mulheres e os sacrifícios oferecidos às estátuas de pedra. Eles, que sonham com um Deus de bondade e de justiça cujo suave olhar se inclina com solicitude sobre o desespero da alma humana, não compreendem como alguém pode se abandonar a essas vulgares superstições.

Então eles se afastam da cidade e vão se perder nos vinhedos um pouco mais longe, para ensinar e praticar um culto ainda desconhecido de todos. A devoção de Denis atrai pequenos grupos que se deixam converter de boa vontade. Mas o perigo está à espreita, e também aqui os cristãos são perseguidos. Por isso, para se proteger, entra-se um pouco mais na clandestinidade. A evangelização continua, mas no esconderijo de uma pedreira abandonada, num corredor subterrâneo de onde outrora extraíram a pedra que serviu à construção de Lutécia. Os cristãos se escondem para realizar suas cerimônias.

A primeira missa, furtiva, foi cantada num santuário escondido. A tradição lhe deu o nome de Notre-Dame-des-Champs, Nossa Senhora dos Campos, mas poderia ter sido Nossa Senhora das Profundezas... Nesse espaço improvável, afirmou-se a fé dos primeiros devotos; na escuridão desse subterrâneo feito catedral se construiu uma parte do futuro do cristianismo.

À volta de Denis reagruparam-se, temerosas, famílias gaulesas e romanas decididas a aceitar o batismo apesar dos perigos. Envolvido numa obscuridade iluminada apenas pelas chamas vacilantes das pequenas lâmpadas a óleo, Denis fala... Vestido com uma alva branca, olhos brilhantes que parecem perfurar a noite, ele evoca em termos vibrantes Jerusalém e o Gólgota. E a grande cruz de madeira escura, apenas adivinhada nas trevas, embeleza seu relato com uma verdade tangível e dramática.

↓ M 3 O que aconteceu com a primeira catedral de Paris?

Já que são Denis foi o primeiro bispo de Paris, a igreja clandestina na qual ele pregava foi então a primeira catedral. Para encontrar seu lugar ao sair do metrô, é preciso seguir a rue Notre-Dame-des-Champs, a chave do enigma está no final... Depois de atravessar o boulevard Saint-Michel, entra-se na rue Pierre-Nicole, uma pequena via reta que parece adormecida num sono provincial. Apertado contra as paredes de tijolos de um colégio, eleva-se um prédio de madeira e de pedra que exala o perfume da arquitetura modernista dos anos 1960.

Impávido, o porteiro do imóvel impede o acesso ao historiador desgarrado. Propriedade privada, não se pode entrar! Para penetrar no local e encontrar a lembrança de são Denis, é preciso insistir. Ou ter sorte. Pela graça de uma condômina compreensiva, pude visitar o subsolo...

Um elevador, um estacionamento onde os veículos estão bem-estacionados em pequenos compartimentos regulares marcados com tinta branca, e, de repente, uma porta discreta... Atravessando esse obstáculo, penetra-se no passado. Uma escada escura desce nas profundezas da antiga pedreira. Descer os degraus é como voltar no tempo! As abóbadas foram estabilizadas e restauradas no século XIX, mas ainda surgem testemunhos mais antigos. Sob uma lápide dorme são Reginaldo, morto em 1220, de quem se conta que sua vocação sacerdotal foi decidida por uma aparição da Virgem. A longa nave se prolonga até o altar, sobre o qual se ergue a estátua de são Denis. Séculos de devoção reverenciaram a lembrança daquele que outrora pregou nesses lugares.

Os guias destinados aos turistas de cem anos atrás ainda mencionavam essa cripta. Mais tarde ela foi incorporada nas caves do prédio que ali se construiu. O que resta da primeira catedral de Paris continua escondido sob o estacionamento, parte integrante do condomínio que mantém esse local em bom estado, mas reserva a visita desse tesouro a alguns privilegiados. Situação absurda: esse testemunho único dos primeiros cristãos de Paris sobrevive pela boa vontade de alguns particulares! Apesar disso, a história desse local é tão rica...

A catedral clandestina deu lugar a um oratório no século VII, a uma igreja cem anos depois, a um presbitério no século XII. Enfim, no início do século XVII, as carmelitas de Notre-Dame-des-Champs se estabeleceram nesse lugar. O furor revolucionário destruiu o convento, mas a cripta de são Denis, bem escondida nas profundezas, escapou à destruição. Em 1802, quando as irmãs compraram a parcela de terreno sobre a cripta, elas a desobstruíram e construíram um novo conjunto conventual. Essas construções foram demolidas por ocasião do fechamento definitivo do convento em 1908.

Dessa longa história, restam hoje alguns discretos elementos esparsos:

O portal de pedra de uma entrada do convento, conservado, mas inserido numa loja que constitui o andar térreo do prédio moderno do número 284 da rue Saint-Jacques.

Um pequeno oratório fechado nos jardins privados do número 37 da rue Pierre-Nicole.

E, é claro, a cripta situada sob o estacionamento do prédio de número 14 bis da rue Pierre-Nicole, com alguns fragmentos das paredes do convento visíveis na nova construção.

Para reencontrar o espírito dos primeiros cristãos de Paris, é melhor dirigir-se às catacumbas, cuja entrada se situa na Place Denfert-Rochereau. Aqui penetramos na maior necrópole parisiense, exatamente como fazia são Denis.

Na época do santo, a necrópole ocupava, sob o *cardo maximus*, o espaço deixado livre por antigas pedreiras... Esse era o lugar dos desaparecidos, ideal para são Denis e os outros cristãos, para quem a morte é apenas uma passagem para o reino de Deus antes da ressurreição. Pois os corpos repousam no reino das sombras: catacumba não vem do latim *cumbere*, que significa "repousar"? Esse lugar, antes chamado "feudo dos túmulos", deixou uma lembrança durável: uma inscrição "FDT" (feudo dos túmulos) no número 163 bis da rue Saint-Jacques nos lembra disso.

A necrópole que se pode visitar foi criada apenas em 1785; por medida de higiene, ficava na periferia da cidade e devia recolher as ossadas das igrejas da capital. Os restos mortais de 6 milhões de pessoas foram transportados para lá, e a visitação é impressionante. Fouquet, Robespierre, Mansart, Marat, Rabelais, Lully, Perrault, Danton, Pascal, Montesquieu e tantos outros nos observam...

Mas voltemos atrás. O caminho que nos conduz à entrada do ossuário é o do alicerce do antigo aqueduto romano que trazia água de Arcueil. Esse caminho nos convida a voltar à época romana e a são Denis rezando na clandestinidade e na escuridão...

Um dia do ano 257, legionários irrompem na pequena catedral das profundezas. Eles vêm prender aqueles que anunciam a ressurreição de Cristo: Denis, Rusticus e Eleutério. Esses agitadores devem parar de fomentar desordens! De tanto repetir que os ídolos de pedra não são os verdadeiros poderes do universo, esses rebeldes sacodem até os espíritos mais fortes. Se deixarmos esses provocadores falar, é toda a ordem social que arrisca ser perturbada... Os três homens são imediatamente conduzidos à presença do prefeito Sisinnius Fesceninus, representante em Lutécia do imperador Valeriano. O prefeito, como seu mestre em Roma, não suporta a desordem provocada pelos cristãos.

Nos tempos do paganismo, o imperador é objeto de veneração e os cristãos que não praticam esse culto da pessoa imperial são perseguidos. Para eles, é preciso dar a César o que é de César, e a Deus o que é de Deus. Os cristãos não se interessam pelo temporal, é o celestial que os preocupa. Por conseguinte, para o imperador, são maus súditos, de uma lealdade duvidosa, perigosa para a ordem social, pois eles recusam a religião oficial e só reconhecem Jesus Cristo, filho de Deus.

O prefeito Fesceninus está pronto a reprimir com rigor, mas também quer dar prova de magnanimidade para com os arrependidos. Oferece então a escolha aos prisioneiros: a morte ou a submissão ao imperador.

— Ninguém pode me submeter ao imperador, pois o Cristo reina — replica Denis.

Linguagem esotérica da qual Fesceninus não entende nada. Decide calar os delírios desse energúmeno. E, para ensinar-lhe a pensar mais corretamente, manda cortar-lhe a cabeça.

Na prisão, esperando a execução dessa sentença, Denis e seus dois condiscípulos prosseguem seu sacerdócio. Continuam como podem a pregar o grande mistério da Redenção da Humanidade e celebram juntos uma última missa atrás das grades.

Sem tardar, tiram-se os culpados da cela e os arrastam até a maior colina que domina Lutécia. É preciso que o suplício dos condenados seja visto de longe! Levantam uma cruz, sobre a qual amarram Denis, e cortam-lhe a cabeça. Mas o corpo sem vida é transfigurado pela aparição do Salvador, o corpo se anima, o corpo se liberta das suas amarras e o corpo começa a andar... Denis toma sua cabeça nas mãos, vai lavá-la numa fonte e desce a colina de seu martírio. Anda duas léguas e meia e, enfim, confia a cabeça a uma boa romana chamada Catulla. E então, ele cai. Catulla o enterra respeitosamente no mesmo lugar em que caiu. E sobre essa sepultura nasce um trigo de um dourado único, como um último milagre.

M 3 Como foi a grande marcha de são Denis?

A colina onde são Denis foi decapitado recebeu naturalmente o nome de monte dos Mártires, que veio a dar nosso Montmartre. Mas essa colina já era sagrada há muito tempo. Um templo dedicado a Mercúrio aí fora erguido pelos romanos. Em 1133, Luís VI adquire a propriedade de Montmartre e constrói uma abadia beneditina. Essa abadia foi pilhada durante a Revolução, e a abadessa, velha, surda e cega, foi acusada de ter conspirado surdamente e cegamente contra a República!

Hoje, o branco bolo de noiva da basílica do Sacré-Coeur lembra a vocação religiosa de Montmartre. A primeira pedra desse edifício foi posta em 1875, e acreditava-se que a basílica fora edificada "em expiação dos crimes da Comuna". Está errado. A decisão de dar novamente a Montmartre uma vocação religiosa já tinha sido tomada por Napoleão III.

Por seu lado, depois de ter sido decepado na altura da rue Yvonne-le-Tac, 11 (onde a capela do Martírio indica o lugar preciso), são Denis desceu da colina de Montmartre pela rue du Mont-Cenis. Teria dado uma volta pela rue de l'Abreuvoir, para lavar sua cabeça na fonte da Place Girardon, onde uma estátua lembra o acontecimento. Tornou a descer pela rue du Mont-Cenis, onde se pode ver, no número 63, na esquina da rue Marcadet, o torreão de uma casa que data do século XV, a mais antiga construção de Montmartre. Ela oferece um pouco mais de autenticidade do que a pobre Place du Tertre, que deveria estar na Disneylândia.

São Denis andou portanto seis quilômetros com a cabeça nas mãos. O lugar onde foi enterrado é hoje a basílica Saint-Denis.

Em torno de seu túmulo, cujo local exato ainda pode ser visto na cripta da catedral, um mausoléu foi erguido. No século VII, o rei Dagoberto decidiu fundar um mosteiro nesse lugar e fazer do mausoléu do mártir um lugar de sepultura para ele e sua família. Saint-Denis tornou-se assim a necrópole dos reis de França.

Qual foi a repercussão do martírio de são Denis em Lutécia? Na verdade, tal fato passou, sem dúvida, completamente despercebido. As cabeças caem rapidamente nessa época e ninguém se emociona por um acontecimento tão banal.

Os habitantes de Lutécia têm mais com o que se preocupar. Sua cidade, que tinha vivido tranquilamente durante mais de um século, agora enfrenta terríveis perturbações.

Na Roma imperial, nada funciona mais. E há muito tempo. Os imperadores se sucedem, seus partidários se enfrentam e a autoridade passa de mão em mão ao sabor das vitórias, dos conchavos, dos complôs e das traições. Valeriano combateu na Mesopotâmia, mas foi vencido e aprisionado pelos persas. Seu triste destino não comove ninguém. Em Roma, não há interesse pela volta desse imperador decaído, então, recusa-se a negociar com o inimigo, deixa-se o cativo mofar no seu calabouço persa, onde ele acabará por sucumbir, para grande alívio de todos. Belo negócio para seu filho Galiano, que é agora o único imperador legítimo...

Em resumo, Roma não é mais Roma! O imperador não é mais esse homem acima dos outros, ao mesmo tempo adorado e temido. Torna-se um sujeito de conspirações, no centro da corrupção, no meio das pequenas negociações. Essa degradação dos costumes políticos e das mentalidades dirigentes é uma catástrofe para um imenso império que precisa de estabilidade para se manter. Em face dessa debandada, o caos não está longe. O império se divide e os bárbaros o ameaçam. Eles sentem, sabem que os romanos vacilam e que está na hora de esmagá-los. Os germanos atravessam o Reno; a Gália torna-se para eles um campo de rapinas. O inimigo pilha os campos e volta para casa, levando o rico produto do saque.

Por volta do ano 260, Marco Cassiano Latínio Póstumo é um brilhante general romano de origem gaulesa. Quando as populações germânicas atacam a Gália romanizada, Galiano e Latínio Póstumo preparam-se para contê-las. Cada um corre para um inimigo diferente. O imperador empenha-se em rechaçar os alamanos a leste, o general expulsa os francos ao norte.

Latínio Póstumo combate bravamente, aliás tão bravamente que seu prestígio junto às tropas sobe ao zênite: os legionários unânimes se declaram prontos a aclamá-lo imperador. Imperador? Mas imperador de quê? De Roma? Da Gália? Galiano, que sente soprar o perigo para sua dinastia, apressa-se para dar a seu filho Salonin o título invejado de Augusto: ele será o herdeiro, e ninguém mais. Assim ele espera moderar as ambições de seu general gaulês.

Porém, os tempos são duros para os filhos de imperador... Latínio Póstumo, que não suporta a ideia de ver um dia a autoridade romana confiscada pelo insignificante Salonin, ataca

Colônia, captura o novo Augusto e ordena sua execução sumária. Só lhe falta ornar-se com as insígnias imperiais: seus soldados o proclamam imperador da Gália! Sua imagem torna-se familiar a todos, seu bom rosto bonachão, sua barba espessa e sua coroa de ouro ornam as moedas cunhadas para manter a economia da região.

Aos olhos de Roma, Latínio Póstumo não passa de um usurpador, é claro, mas um usurpador com ambições felizmente limitadas. Ele não procura derrubar o imperador de Roma, não atravessa o Rubicão, não tenta se fazer legitimar pelo senado, e não põe em causa o fato de pertencer à "romanidade". Mas enfim, ele quer reinar, mesmo que evite exibir muito ostensivamente o título supremo e prefira se proclamar mais modestamente "o restaurador das Gálias". Contudo, unindo a Gália sob seu poder, ele cava um fosso entre gauleses e romanos. Pela primeira vez em muito tempo, uns e outros se separam politicamente e não respondem mais à mesma autoridade.

Galiano, por seu lado, ainda que a insubordinação o irrite, ocupa-se muito com os alamanos, que tentam novas incursões e que precisam ser constantemente contidos para além das fronteiras. Estabelece-se então entre o imperador de Roma e o restaurador das Gálias um acordo tácito do qual ambos tiram vantagem: Latínio Póstumo se encarrega da defesa do Reno e obtém, em contrapartida, o controle da Bretanha, da Espanha e da maior parte da Gália.

Finalmente, triste sina do primeiro dos gauleses, daquele que venceu tantas provas: ser lamentavelmente morto por seus próprios soldados! Em 268, quando Mayence se revolta contra sua autoridade, Latínio Póstumo marcha contra a cidade sediciosa, aprisiona os chefes dos motins e os executa. Essa justiça expeditiva não basta para as tropas gaulesas, que querem tirar proveito desse combate: elas querem saquear a cidade! Para que guerrear se não se pode levar algumas pequenas vantagens financeiras?

Latínio Póstumo recusa peremptoriamente. Não quer ver devastada uma cidade de seu império, de maneira nenhuma quer ver arrasada uma praça forte como Mayence, tão preciosa para a defesa das margens do Reno. Os soldados ficam surdos a seus argumentos: querem enriquecer, nada mais importa. E já que o restaurador das Gálias os impede, é necessário suprimir o restaurador das Gálias! Assim foi dito, assim foi feito: Latínio Póstumo, seu filho e sua guarda pessoal foram massacrados. Desaparece assim o homem que reinou dez anos sobre a Gália, conseguiu afastar o invasor e assegurou à região uma confortável situação econômica.

Esses acontecimentos, cujas repercussões alcançaram da Bretanha insular até a Espanha, transtornaram profundamente Lutécia. Nas margens do Sena, o drama é palpável. Hordas de bárbaros germânicos com capacetes e armados de machados desembocam nos campos, destroem as colheitas e pilham as riquezas. Prudentemente, não atacam a cidade em si.

Por outro lado, a parte de Lutécia que se estende na margem esquerda do Sena é apenas um bairro afastado, rico e frágil... Essa Lutécia, bela, opulenta, sem defesa, deve ser tomada! Sucessivas hordas investem sobre ela, antes de desaparecer rapidamente.

E quando os germanos se afastam, é preciso temer os *bagaudes* (do termo celta *bagad*, ajuntamento). Esses bandos heteróclitos, formados de malfeitores, de soldados desertores, de escravos fugidos e de camponeses sem terras, não atacam as legiões, evitam as cidades, mas espalham o terror nas fazendas e nos campos.

As colinas não são mais assombradas só por animais selvagens e quimeras, todo um povo em farrapos se esconde em suas encostas. Vivendo nos confins do império, esses bandidos atacam as aldeias e as habitações isoladas, degolando e violando, levando tudo o que parece ter algum valor. É por isso que vemos às vezes, em caminhos afastados, estranhos grupos formados por homens implacáveis, carregados com taças de ouro, armas disparatadas, jarras pesadas contendo os melhores vinhos, empurrando à sua frente carneiros e bois bem gordos e arrastando, como outro rebanho, mulheres aterrorizadas, de mãos amarradas, que sufocam seu pranto para não despertar a crueldade de seus novos senhores.

Sob a ameaça conjunta de bárbaros e *bagaudes*, a aristocracia romana deixa Lutécia lá pelos anos 270. A cidade se transforma. A cidade elegante que se espraiava pela margem esquerda, agora em parte saqueada, se vê abandonada. O *cardo maximum* onde passeavam as belas romanas não tarda a ser invadido pelo mato, as casas ao longo da estrada são abandonadas e caem em ruínas. Um pouco mais abaixo, o fórum, onde ontem queimavam as chamas dos sacrifícios oferecidos aos deuses, o fórum, onde os mercadores vendiam ricas joias e unguentos perfumados, é apenas uma estrutura oca.

Contra qualquer expectativa, o império da Gália não desaba com a morte do "restaurador". Um sucessor se levanta, substitui o senhor assassinado e garante a continuidade: Tétrico, senador romano originário da aristocracia gaulesa fortemente romanizada, toma as rédeas do poder. Contrariamente a seus predecessores, ele não é um militar, mas um "político". Tétrico sabe que seu território voltará, mais dia menos dia, a ficar sob a autoridade única de Roma. Com ele, o império gaulês está condenado a voltar ao seio protetor do império romano. Seu papel resume-se definitivamente a preservar a Gália em um momento em que, atacado em várias frentes, o regime das margens do Tibre apresenta algumas fraquezas.

Com efeito, em 273, o imperador Aureliano começa a reconquista das províncias perdidas. Perto de Châlons-en-Champagne, Tétrico e suas tropas capitulam sem grande resistência. De retorno a Roma, Aureliano celebra suntuosamente seu triunfo. O império foi enfim reunificado! Carros de combate luxuosos e prisioneiros de todas as nações bárbaras são exibidos nas ruas, Tétrico é assim levado pela cidade inteira... O gaulês submisso se transforma em símbolo vivo do poderio de Aureliano, imperador tornado "restaurador do mundo romano".

Depois de seu triunfo sem sombras, o imperador vitorioso se apressa em agraciar Tétrico. O antigo senhor da Gália não é tratado como inimigo vencido: nomeado governador de Lucania, ao sul da Itália, o gaulês recupera seu lugar no senado.

Porém, os bárbaros continuam a ameaçar Lutécia, encolhida na île de la Cité. Decide-se então que a cidade, já protegida pelo rio, será ainda melhor se for cercada por uma muralha fortificada. Tudo serve para elevar esse muro sólido que deve isolar Lutécia. Casas, monumentos, túmulos são despojados de seus ornamentos e blocos vêm se integrar à muralha impressionante que encerra a ilha, transborda sobre o porto, corrói as margens do rio.

Agora, nas extremidades da cidade, estão a postos vigilantes que observam o rio. Ao menor movimento suspeito, é dado o alarme. Lutécia está pronta para se defender! Parece mesmo inexpugnável... Primeiramente com suas águas, seus bosques, seus campos, ela seria capaz de aguentar um longo cerco, se fosse preciso. Em seguida, os exércitos que vêm povoar a cidade, e também a flotilha ancorada no porto, mostram que a cidade torna-se um elemento decisivo do sistema de defesa do norte da Gália.

Por sua própria exiguidade, a aglomeração se encontra perfeitamente isolada e protegida. Lutécia torna-se uma praça-forte, mas, privada de sua margem esquerda, ela não pode mais rivalizar com as grandes localidades do império. Sua população é reduzida, seus mais belos edifícios demolidos. Comparada a Poitiers, por exemplo, a cidade dos *Parisii* faz triste figura.

Lutécia, outrora cidade galo-romana, tornou-se uma cidade gaulesa que agora pode ser chamada Paris, do nome da *Civitas Parisiorum* que sozinha sobrevive, envolvida em suas muralhas. Mas, infelizmente, Paris não tem a graça de Lutécia. É apenas um pequeno burgo que se isola numa ilhota no meio de um rio, tremendo na expectativa de novas razias dos germanos vindos do norte e do leste.

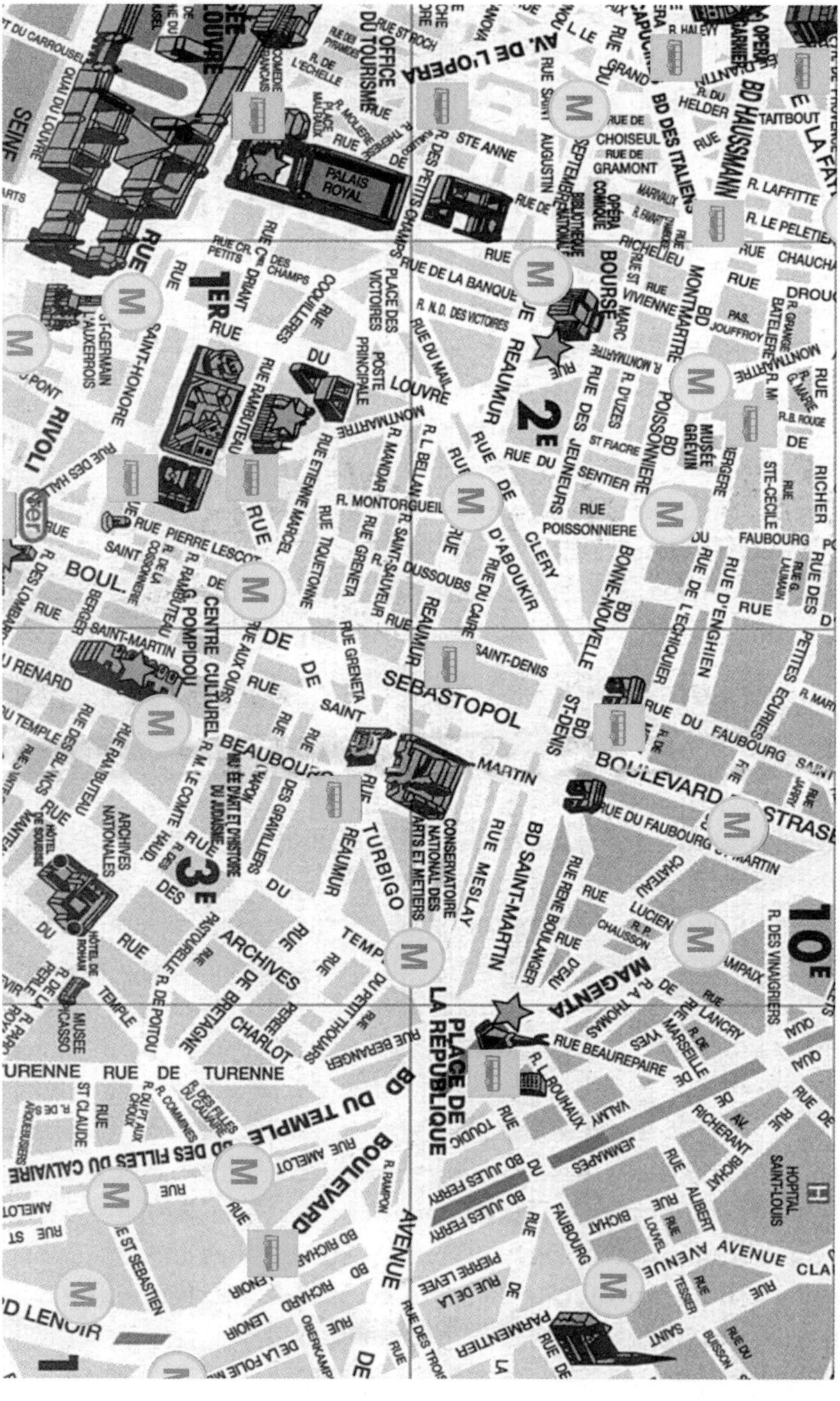

AV. DE L'OPERA
OFFICE DU TOURISME
PALAIS ROYAL
LOUVRE
QUAI DU LOUVRE
SEINE
1ER
2E
3E
10E
BOURSE
BD HAUSSMANN
BD DES ITALIENS
BD MONTMARTRE
BD POISSONNIERE
BD BONNE-NOUVELLE
BD SEBASTOPOL
BD ST-DENIS
BD SAINT-MARTIN
BOULEVARD DE STRASBOURG
RUE RÉAUMUR
RUE DE RIVOLI
RUE SAINT-HONORE
RUE MONTMARTRE
RUE DU LOUVRE
CENTRE CULTUREL G. POMPIDOU
CONSERVATOIRE NATIONAL DES ARTS ET METIERS
ARCHIVES NATIONALES
MUSEE PICASSO
MUSEE GREVIN
RUE DE TURENNE
PLACE DE LA REPUBLIQUE
BD DU TEMPLE
BD DES FILLES DU CALVAIRE
BD JULES FERRY
MAGENTA
RUE TURBIGO
RUE BEAUBOURG
RUE DES ARCHIVES
HOPITAL SAINT-LOUIS
AVENUE PARMENTIER
BD LENOIR

SÉCULO IV

SAINT-MARTIN

PARIS, RESIDÊNCIA IMPERIAL

SAINT-MARTIN, UMA ESTAÇÃO DE METRÔ? Na verdade, não. Em todo caso, em meu itinerário parisiense, não posso descer nela. E com razão: está fechada desde 1939! Administradas nos dias de hoje pelo exército da Salvação, suas plataformas são reservadas à acolhida dos deserdados. Quando os invernos são muito rigorosos na capital, os SDF, sem domicílio fixo, podem passar a noite aí, encontrar refúgio e um pouco de calor. Pela graça dessa estação desativada, os desabrigados se colocam sob a guarda de são Martinho, apóstolo das Gálias, o homem generoso que se consagrou aos pobres durante toda a sua vida...

Durante o inverno de 338-339, quando ainda era um jovem soldado do exército romano, Martinho cruzou, na entrada de Amiens, com um maltrapilho que lhe suplicou uma esmola... Infelizmente o bom cavaleiro já havia distribuído todo o seu soldo. Sacou então da espada, cortou ao meio sua capa e deu a metade ao pobre miserável. Na noite seguinte, o Cristo apareceu e inclinou-se para Martinho. Estava usando a parte da capa dada ao mendigo e pronunciou algumas palavras...

— Martinho, o catecúmeno, deu-me essa roupa.

Sei bem que é ao acaso da rede das estações de metrô que se deve hoje a proteção do santo concedida ao mais pobre dos parisienses, mas não sou insensível àquele encontro, para além dos séculos, entre Martinho, o Misericordioso e os deserdados de nossa civilização.

Acho, aliás, fascinante o contraste entre são Denis, o clandestino, o perseguido, e são Martinho, o bispo triunfante, mestre de inúmeros discípulos. Nesse meio-tempo, mudamos de século. O primeiro acendeu uma fagulha, o segundo queimou uma fogueira! Doravante, a Igreja não precisa mais se esconder, acabaram-se as missas rezadas na escuridão sinistra dos subterrâneos, constrói-se à luz do dia, constrói-se para o futuro. O imperador Constantino movimentou as fronteiras. Os cristãos não mais representam uma minoria perseguida...

* * *

Desde o fim do terceiro século, as invasões bárbaras obrigam o imperador Constantino a confrontar-se em toda a extensão das fronteiras. Ele se vê então forçado a delegar uma parte de seus poderes a césares, pequenos imperadores territoriais. O império se desagrega lentamente, uma divisão Ocidente-Oriente começa a se esboçar... Preocupado, antes de tudo, em manter a unidade do império, Constantino deve combater os romanos dissidentes antes de repelir os bárbaros ameaçadores.

E justamente um tal Maxentius pretende ser o único verdadeiro senhor do império. Decidido a eliminar esse rival, Constantino vai enfrentar esse sedicioso e seu exército na ponte Milvius, perto de Roma.

Nesse ano 312, frente às tropas de Maxentius, o imperador vê uma cruz aparecer no céu acima da confusão em que os homens se estripam. E a visão se anima e pronuncia essas palavras: "*In hoc signo vinces!*", por esse sinal, vencerás.

Efetivamente, Constantino tem uma estrondosa vitória e Maxentius morre afogado nas águas do Tibre. Agora imperador incontestado, Constantino estabelece a nova capital em Bizâncio, evidentemente rebatizada Constantinopla. A nova cidade imperial torna-se o centro da parte oriental do império romano.

Constantino, que se acredita favorecido e protegido por Cristo, pode no mínimo renunciar à política de perseguições anticristãs de seus predecessores; apoia-se até mesmo na nova religião para consolidar a unidade do império.

Um ano após a vitória na ponte Milvius, ele adota em Milão um "edito de tolerância", que faz os cristãos se unirem a ele: "Nós acreditamos que devemos regulamentar primeiramente, entre outras disposições que tenham o objetivo de assegurar, em nossa opinião, o bem da maioria, aquelas sobre as quais repousa o respeito da divindade, isto é, dar aos cristãos, como a todos, a liberdade e a possibilidade de seguir a religião de sua escolha, a fim de que tudo o que há de divino na morada celestial possa ser favorável e propício a nós mesmos e a todos os que se encontram sob nossa autoridade..." Estratégia prudente e oportuna: os cristãos tinham se tornado maioria no império.

Após 31 anos de reinado, Constantino dá seu último suspiro no domingo, 22 de maio de 337. Naquele dia, ele implora ao bispo de Nicomédia:

— Existe uma expiação capaz de absolver todos os meus crimes?

— Nenhuma, a não ser o batismo cristão — responde-lhe o prelado.

O tirano então cede a essa injunção e aceita o batismo, esperando resgatar seus crimes e entrar no paraíso prometido pelo filho de Deus. Ele abraça o cristianismo em seu leito de morte, mas essa conversão de último instante não é aceita por todos e não impõe definitivamente a nova fé. Ainda por muito tempo, paganismo e cristianismo concorrerão entre si.

Uns vinte anos mais tarde, o sobrinho de Constantino, o futuro imperador Juliano, efetua o caminho espiritual inverso... Nascido e criado no cristianismo, porém apaixonado pela filosofia, persuade-se de que a sabedoria de Platão ultrapassa de muito as lições do monoteísmo bíblico. Desde então, volta à adoração dos deuses que povoam o panteão grego e redige uma obra, *Contra os galileus*, na qual ataca violentamente a "seita" cristã: "Pareceu-me bem a propósito expor aos olhos de todos as razões que tive para me persuadir de que a seita dos galileus é apenas uma fraude puramente humana e inventada maliciosamente, que, nada tendo de divino, conseguiu, entretanto, seduzir os espíritos fracos e abusar do gosto que os homens têm pelas fábulas, dando um tom de verdade e de persuasão a ficções prodigiosas." Sua argumentação apoia-se inteligentemente sobre uma simbolização dos mitos antigos: "Consideremos que aquilo que diz Platão deve ser tratado como sonho e visão. Esse filósofo cita deuses que podemos ver, o Sol, a Lua, os Astros e os Céus, mas todas essas coisas são apenas simulacros de seres imortais, que não poderíamos ver. Quando observamos o Sol, vemos a imagem de uma coisa inteligível e que não poderemos descobrir: o mesmo acontece quando observamos a Lua ou outro astro qualquer. Todos esses corpos materiais são apenas simulacros dos seres que só podemos conceber pelo espírito. Platão, pois, conheceu perfeitamente todos esses deuses invisíveis, que existem pelo Deus e no Deus supremo e que foram feitos e engendrados por Ele, o Criador do Céu e da Terra, do Mar e também dos Astros, que representam para nós os deuses invisíveis dos quais são apenas os simulacros."

De fato, o dogma do Deus único, pregado por aqueles que Juliano chama os galileus, levaria à intransigente consequência de "maldizer os outros deuses". Eis justamente o que o jovem filósofo recusa! Talvez ele concordasse em considerar o Pai, o Filho e o Espírito Santo como formas divinas, mas com a condição de arrumar um lugarzinho para eles ao lado dos inumeráveis deuses do paganismo. Para ele, o monoteísmo, o dos cristãos como o dos judeus, procede de uma intolerância que ele não compreende e não aceita. Para demonstrar isso, rompe com a religião em que foi criado, abraça a antiga fé dos gregos e se retira para Atenas. Nessa antiga pátria da filosofia, espera poder continuar sua reflexão e elevar seu espírito ao nível daqueles que o inspiram.

Infelizmente, o pensador deve em breve abandonar seus queridos estudos: o imperador Constâncio, que prefere se ocupar com a parte oriental de seu império, nomeia Juliano vice-imperador e ordena que se estabeleça na Gália para administrar o país e combater os bárbaros que o ameaçam. Para Juliano, essa bela promoção parece uma catástrofe! Como? Seria então necessário entrar na verdadeira vida, abafar as reflexões sobre a posição dos deuses no céu, abandonar a leitura dos dialéticos do passado? Seria necessário vestir a armadura, montar a cavalo, comandar legiões? Juliano sobe ao Partenon, implora à deusa Atenas que lhe evite essa prova e lhe pede para intervir e mudar o curso dos acontecimentos terrestres... Porém, em seu templo, a deusa permanece muda, então o jovem vai tristemente tomar seu lugar de segundo imperador.

Um estranho destino vela sobre esse filósofo tornado guerreiro: na pele desse outro que ele detesta, mostra-se enérgico, brilhante, eficiente. Contra qualquer expectativa, o teórico etéreo se revela raio de guerra! Ousa entrar com suas legiões no seio das florestas germânicas, onde há três séculos nenhuma legião romana ousava se aventurar e onde nenhuma outra se arriscará depois dele. Esmaga os alamanos na batalha de Argentoratum (Strasbourg), expulsa os inimigos da outra margem do Reno e põe fim às incursões e pilhagens... O império inteiro se entusiasma: esse jovem que era visto como um príncipe perdido numa vida contemplativa salvou o espaço romano! Seus soldados que o carregam em triunfo morreriam de bom grado a pedido dele.

Entre batalhas e expedições, Juliano vem descansar em Lutécia, a capital particular que escolheu para si desde o mês de janeiro de 358. Ainda está sozinho: sua esposa Helena ficara em Roma para dar à luz. É verdade que a estadia do general foi entrecortada por saídas forçadas — é preciso ir guerrear um pouco aqui e acolá —, mas, logo que pode, Juliano volta às margens do Sena...

Na ponta extrema da île de la Cité, uma casa romana se eleva como uma muralha, um pedaço da Itália posto no coração da Gália. Paredes ocres e colunas negras enquadram um pátio quadrado onde se plantam figueiras que se estiolam ao lado de um tanque onde corre uma água límpida. No centro dessa residência luxuosa, a sala dos banquetes, ornada com águias douradas e afrescos evocando Baco, acolhe os ágapes que nenhum romano rico ousaria desdenhar. Aqui se reúne a fina flor dos patrícios, todos vestidos com a toga de múltiplas pregas. E sabe-se receber os convidados nessa residência de Lutécia: em cada refeição, três serviços se sucedem. Servem-se primeiro ovos e azeitonas acompanhados de pão e vinho com mel, depois as carnes, e enfim as frutas...

Esse centro do poder se estende às construções adjacentes, onde se agita toda a administração. Realmente, Juliano está rodeado por um grupo de conselheiros e de executores que compõem uma sólida hierarquia sobre a qual se apoia a autoridade do chefe de guerra. Prefeito do pretório, questor, camareiro-mor, mestres militares, mestres secretários, todos fervilham afobados para administrar a Gália, da Bretanha no norte à Espanha no sul. Juliano reina aí como chefe absoluto e reconhecido.

Mas, para conservar sua autoridade, o vice-imperador deve, antes de tudo, permanecer um guerreiro. Regularmente, participa dos exercícios de suas legiões. Um dia, enquanto treinava para o combate, um golpe de adaga arranca-lhe o escudo, e só resta na sua mão o punho da arma... Incidente de pouca importância, se não fossem os romanos tão supersticiosos! Os soldados ficam aterrorizados, vendo nesse acontecimento um sinistro presságio. Então, com uma palavra, Juliano inverte a situação. Ele se volta para seus homens e lança com voz firme:

— Tranquilizai-vos, eu não o larguei!

Essas poucas palavras sossegaram as dúvidas e os temores. Juliano, o espadachim, sabe manejar os homens, e o filósofo começa a apreciar o poder. Mas o que ele ama acima de tudo é passear nessa cidade que ele se obstina a chamar Lutécia, à moda romana, mas que os próprios habitantes já chamam cidade dos *Parisii*, ou Paris...

↓ Ⓜ ④ Desde quando Paris é Paris?

Paris será sempre Paris, é claro. Mas desde quando Paris é Paris? A partir do final do século III, a cidade foi em grande parte abandonada por sua população romana e tornou-se quase exclusivamente uma cidade dos gauleses... Desde aquele momento, parece que o nome de Lutécia foi sendo pouco a pouco abandonado. O primeiro testemunho que temos disso está materializado em um marco de milha romano do ano 307, descoberto em 1877. Ele não indica Lutécia, mas Civitas Parisiorum, *a cidade dos* Parisii... *Desde essa época, Paris emerge de Lutécia. Esse marco, reutilizado num sarcófago na época merovíngia, está exposto no museu Carnavalet.*

Essa cidade dos Parisii, *concentrada a partir do fim do século III na île de la Cité, era cercada de muralhas. Na cripta arqueológica do adro de Notre-Dame, podemos ver um fragmento dessa muralha milagrosamente conservada. Além disso, um traçado nos mostra sua espessura, no número 6 da rue de la Colombe.*

Juliano é, portanto, o primeiro dos flanadores de Paris, o primeiro a amar a cidade para além das contingências da tática militar e das exigências do poderio imperial. Ele ama Paris por sua ilha, ao mesmo tempo próxima e distante, acessível e isolada. Ele ama Paris quando o rio está calmo, ama Paris quando as águas repentinamente impetuosas sobem e vêm lamber as paredes das casas alinhadas nas margens. Ele ama Paris quando passeia como um simples legionário através de suas ruelas lamacentas, quando as lojinhas abertas deixam transbordar seus cachos de presuntos, chouriços, cabeças de porco, quando os peixes pescados há pouco e os queijos se expandem nas prateleiras, quando o doce aroma da cevada fermentada e da menta escapam de um ateliê onde se fabrica a *cervesia*, a cerveja celta, apreciada com paixão pelos *Parisii*. Ele ama Paris quando interpela alegremente o mercador:

— Patrão, você tem vinho condimentado com pimenta?

— Tenho.

— Então me dê e encha meu cantil!

Além disso, o soldado que Juliano se tornou não é indiferente à flotilha de guerra que cruza o rio diante da île de la Cité, e às tropas acantonadas na margem direita do Sena. Essa força militar constantemente demonstrada o tranquiliza: ele se sente protegido, fora dos embates do mundo, deliciosamente abrigado na pequenina pátria que construiu para si. Uma pequenina pátria situada no centro das estradas do império, encruzilhada terrestre e fluvial, ponto nevrálgico e fascinante.

Não só Juliano é o primeiro apaixonado por Paris, mas é também o primeiro a celebrá-la. Ele, que passa as noites escrevendo, vibra com paixão por Lutécia: "É uma ilha de pequena dimensão no meio do rio e a muralha a cerca por todos os lados; pontes de madeira, partindo de cada margem, dão acesso a ela." Quanto ao Sena, Juliano vê nele a fonte da vida e da pureza: "O rio fornece uma água muito agradável e muito pura para se ver e beber, quando se tem vontade. Na verdade, como se vive numa ilha, é sobretudo no rio que se deve pegar água."

Juliano ama tudo em Lutécia, menos a "rusticidade dos gauleses e o rigor do inverno". É verdade, os gauleses talvez não tenham a cultura refinada do jovem, e sobretudo eles possuem uma língua, observam costumes e adoram deuses desconhecidos

dos nobres romanos... Há, portanto, algo de bárbaro que só a grande civilização latina conseguiria erradicar.

Contudo, Juliano não erra em temer a estação fria. O segundo inverno que passa em Lutécia é extremamente gelado e o jovem nos faz um relato apocalíptico: "O rio carregava o que pareciam placas de mármore... os blocos congelados dessa grande massa branca, blocos enormes que se entrechocavam e quase formavam uma passagem contínua, um caminho no meio da corrente."

Portanto, é preciso esquentar a residência da ilha. Acendem-se braseiros, Juliano sempre pede mais outros, pois ele treme de frio nesse clima execrável. Por fim, ele adormece... Porém, logo desperta com um acesso de tosse, ele está sufocado, o quarto está cheio de fumaça, seus olhos ardem, sua garganta arranha, ele perde a respiração, o ar que ele aspira lhe corrói as entranhas. Ele grita, ele urra, depois tudo se embaralha e ele cai num sono profundo... Mas seus gritos foram ouvidos. Escravos se precipitam e levam o corpo inanimado para o pátio. Juliano se reanima ao ar livre. Chamas fumegantes quase interromperam aqui uma ascensão irresistível. O que seria de Paris se aquele importante personagem tivesse morrido asfixiado naquela noite? Uma cidadezinha temida pelos romanos supersticiosos, um modesto burgo gaulês de detestável reputação?

Mas Juliano sobrevive a esse acidente. Quando a primavera faz enfim derreter o gelo, ele volta para o Reno, restabelece as fortalezas, negocia com os pequenos reis bárbaros, faz manobras na fronteira entre alamanos e borgúndios, depois regressa a Lutécia no fim do outono. Dessa vez, podia-se dizer que o efervescente general não tem mais intenção de abandonar sua residência. Sua esposa Helena veio a seu encontro. Ele se contentaria agora com uma existência serena à beira do Sena, se a política não tivesse vindo perturbar a região.

Porque Juliano assegurou tão bem a estabilidade da Gália, seus soldados logo deverão partir para o Oriente para guerrear contra os persas. Deixar o bem-estar de Lutécia? Ir se cansar nos desertos da Mesopotâmia? Nunca! Desde o mês de fevereiro de 360, os legionários se revoltam. Atravessam a cidade jurando jamais se separarem de Juliano; manifestações nas ruas de Paris... nunca se tinha visto isso!

Então o vice-imperador dá provas de autoridade. Dirige-se a seus soldados gauleses: ele os compreendeu e agirá de maneira a evitar a partida para o Oriente.

— Que sua cólera se acalme por um tempo, lhes peço, e será fácil obter sem rebelião nem manobras revolucionárias o que vocês exigem. Já que as atrações de sua terra natal os retêm, e vocês temem os países estrangeiros aos quais não estão habituados, voltem agora para suas casas. Não verão nada para além dos Alpes, já que não desejam isso! Eu os desculparei pessoalmente, com justificativas apropriadas, com o imperador Constâncio, que é um príncipe prudente e ponderado.

Essas boas palavras, consensuais como devem ser, tranquilizam um pouco os soldados, mas, na primavera, as tensões se exacerbam de novo e os legionários, gauleses e romanos reunidos, estão decididos a forçar o destino.

— Juliano Augusto!

Com esse grito unânime, exigem Juliano como imperador. Assim não terão nada a recear das intrigas feitas algures por um imperador que ninguém vê, mas que ameaça sempre.

Os soldados invadem a residência e pedem a seu general que cinja a coroa. A coroa? Que coroa? Qualquer coisa resolverá, contanto que se ponha na cabeça do jovem algo parecido com uma coroa para fazer dele um imperador no lugar do imperador. Alguém propõe o colar de sua esposa Helena. Juliano recusa. Ninguém tocará nas joias da Senhora. E se fosse a placa redonda e dourada que enfeita os arreios dos cavalos? Juliano faz cara feia: os apetrechos de um pangaré, mesmo dourados, lhe parecem indignos de sua grandeza. A situação parece inextricável...

É então que um centurião chamado Maurus retira seu colar espiralado e o coloca com autoridade na cabeça de Juliano. Está feito. Por esse gesto simples, apoiado por todo o exército da Gália, Juliano tornou-se imperador.

— Prometo a cada um cinco moedas de ouro e uma libra de prata! — exclama o novo soberano.

Braços robustos o agarram imediatamente e o levantam sobre um grande escudo de soldado da infantaria levado por quatro homens. É assim que Juliano se apresenta à multidão dos *Parisii*, e esses, por precaução, dão alguns gritos de alegria para acolher seu senhor.

E o imperador Constâncio nessa história? Deposto, pura e simplesmente.

Juliano vai fazer de Lutécia a capital de seu império? Nesse momento, ele tem uma tarefa mais urgente a executar: seu grande problema é deixar crescer a barba, que ele considera o atributo viril indispensável a sua alta posição!

Feito isso, deixa Lutécia no início do verão para fazer uma nova campanha, a quinta, para além do Reno. Ele não sabe ainda, mas nunca mais reverá as margens do Sena...

O que resta da residência imperial de Juliano?

Da residência de Juliano não resta nada, mas o lugar permaneceu um palácio através dos séculos. É hoje o Palácio da Justiça de Paris. Como a maior parte da ilha, o edifício atual remonta essencialmente aos trabalhos do barão Haussmann, na segunda metade do século XIX. A fachada sul, neogótica, é mesmo do início do século XX, e, no entanto, já é marcada pelos vestígios da História, com as numerosas marcas de balas atiradas durante a Libertação da cidade em agosto de 1944.

Antes disso, com os francos, o palácio se tornou residência real, onde, segundo a tradição medieval, o rei dirigia no seu quarto, seu lit de justice... *O trono se firmou sob são Luís, que acrescentou a Sainte-Chapelle, o mais antigo vestígio do local.*

As quatro torres ao longo do Sena têm nome. A primeira, quadrada, é a torre do Relógio, pois nela se encontra o primeiro relógio público, oferecido por Carlos V aos parisienses em 1371, mas seu aspecto atual data de 1585. No alto dessa torre, um cômodo abobadado de onde Carlos V gostava de contemplar a cidade e um campanário que soava três dias e três noites para celebrar o nascimento ou a morte dos reis. Temos em seguida a torre de César (apelação moderna para lembrar que o palácio também foi romano), a torre de Prata (em alusão às riquezas do rei) e a torre Bonbec, a mais antiga, erguida sob são Luís... Aqui se situava a sala das torturas, para fazer falar os tagarelas!

Lutécia, cidade imperial, vai se tornar, nesse mesmo ano, vila eclesial. Os bispos gauleses decidem convocar em Paris um importante concílio, cuja principal finalidade é reunir os fiéis para condenar as heresias cristãs, particularmente o arianismo, que não reconhece nem a divindade de Cristo nem a autoridade do papa. Paris se torna assim, momentaneamente, o lugar da expressão mais dogmática do catolicismo romano.

Durante esse tempo, Juliano leva suas tropas para o combate. Foi nomeado imperador, é verdade, mas, no fundo, o que muda? Ele continua a batalhar contra os francos, os atuários e os alamanos.

Por seu lado, Constâncio não está muito impressionado com essas expedições sucessivas e ainda está furioso com o usurpador. Esse filósofo nanico que ele elevou às mais altas funções não hesitou em traí-lo para agradar a uns poucos legionários! O imperador não está nem um pouco disposto a ser despojado de seu poder sem reagir e quer que esse ambicioso restitua pela força o que tomou ilicitamente. Seu exército imperial marcha contra o exército imperial de Juliano... Imperador contra imperador! Mas não haverá confronto: muito oportunamente, a caminho, Constâncio devolve sua alma e seu cetro ao Pai Eterno.

Feito imperador por inteiro, incontestado e venerado, Juliano promulga um edito de tolerância que não agrada a todo mundo... O filósofo de outrora acorda: autoriza todas as religiões e anula as medidas tomadas contra os pagãos, os judeus e os cristãos dissidentes. Entretanto, logo revela suas preferências pelo paganismo. Na verdade, ele não tem nenhuma confiança nos cristãos; também, para humilhá-los, proíbe-lhes ensinar a poesia clássica, pretextando que ela louva os deuses que eles rejeitam. Contudo, recusa-se a perseguir os seguidores de Cristo.

— Desejo que os cristãos reconheçam seus erros por si mesmos, não quero forçá-los a isso.

Enfim, ele se instala em Antioquia para preparar uma expedição contra os persas. Na primavera de 363, comanda uma vasta campanha militar que o leva vitoriosamente até Ctésiphon, capital da Pérsia. Mas deve organizar rapidamente uma retirada, durante a qual é ferido mortalmente em 26 de junho. Morre assim com a idade de 31 anos, tão longe de sua querida Lutécia.

Na Gália, mudam-se os imperadores mas as inquietações permanecem. Os alamanos ameaçam uma vez mais. Valentiniano, coimperador com seu irmão Valens, vai poder seguir as pegadas de Juliano. Enquanto Valens brinca de imperador em Constantinopla, Valentiniano vem se instalar na cidade dos *Parisii* em 365. Ocupa a residência de Lutécia. Ele conhece o espaço perfeitamente: serviu sob Juliano e frequentava assiduamente o local. Assim, mostra aos olhos de todos que é o sucessor do imperador morto. Lutécia é promovida a capital putativa do império do Ocidente. Durante dois anos, Valentiniano vai fazer dela seu quartel-general, mesmo que a cidade só o acolha esporadicamente, pois ele é chamado sem cessar a outros lugares...

Como parisiense adotivo, Valentiniano não se sai mal. De sua residência na île de la Cité, ele promulga editos imperiais que espalham em todos os lugares o nome de Lutécia. Também recebe nas ruas da cidade, com grande fausto, o general Jovino, que acaba de esmagar os germanos. Vestindo a toga vermelha, montado em seu cavalo branco, Valentiniano avança para o oficial vencedor que entra em Paris em sua montaria. Os dois homens desmontam e se dá a acolada. Quem poderia duvidar, nesse momento, que a cidade dos *Parisii* tinha se tornado o centro do mundo?

Valentiniano acredita ter feito o bastante para imitar Juliano. Mas, do ponto de vista dos *Parisii*, ele não passa de uma pálida cópia do imperador defunto. Imita as atitudes e os entusiasmos de seu modelo, mas não manifesta nem a fineza de sentimentos nem a elevação de pensamento e, menos ainda, uma ligação sincera com a cidade...

É verdade, ele parte com frequência. Faz uma estadia em Reims para reprimir uma revolta, volta a Lutécia para partir novamente para Reims alguns meses mais tarde, retorna a Lutécia, mas corre a Amiens, onde foi assinalada a presença de piratas saxões. Volta a Lutécia, certamente, mas para cair doente, e assim que está curado parte definitivamente para se estabelecer em Trèves, às margens de Mosela, uma cidade grande que lhe parece mais fácil transformar em capital.

* * *

É justamente indo para Trèves que Martinho para em Paris, no iniciozinho do inverno de 385... Não é mais o jovem soldado impetuoso que cortou sua capa às portas de Amiens, o homem envelheceu e foi promovido: tornou-se bispo de Tours e vive no mosteiro que ele mesmo construiu em Marmoutier, cujas regras são a pobreza, a mortificação e a oração.

Numa Gália que adotou o cristianismo, o amigo dos pobres tornou-se um personagem considerável. Entra em Paris seguido por uma grande multidão que o leva e o empurra, porque hoje a própria fé do Cristo parece penetrar com ele na cidade.

O bispo entra pela via romana do norte, e os fiéis acorrem para beijar-lhe as vestes. Mas o prelado não vê a multidão, ele fixa os olhos num miserável leproso encostado nas muralhas, não longe da entrada norte da cidade, com o rosto desfigurado, os braços lacerados e as pernas trêmulas... Aproxima-se do infeliz, todos prendem a respiração. Martinho inclina-se sobre o doente e beija fraternalmente seu rosto escrofuloso, depois põe as mãos sobre a cabeça do pobre homem e o abençoa... No dia seguinte de manhã, o leproso entra na igreja, e todos podem ver o milagre realizado: aquele rosto ainda ontem destruído, hoje está liso e suave. Agora se sabe, Martinho pode operar curas milagrosas. Então o povo se precipita à sua passagem, arranca pedaços de suas vestes para fazer bandagens e compressas capazes de expulsar demônios e doenças, todos têm certeza disso.

Martinho não mais voltará a Paris, mas, em reconhecimento pela cura milagrosa, constrói-se um oratório no lugar em que se realizou o acontecimento. A pequena construção votiva foi poupada pelo incêndio que destruiu a cidade em 585... Os parisienses são unânimes em reconhecer a preservação do oratório como um novo milagre, embora a construção seja de pedra. O que importa! A veneração por Martinho foi mantida ao longo dos séculos. Em sua geografia, a cidade moderna não apagou a lembrança do santo... A via romana do norte, onde ele outrora curou o leproso, é hoje a rue Saint-Martin.

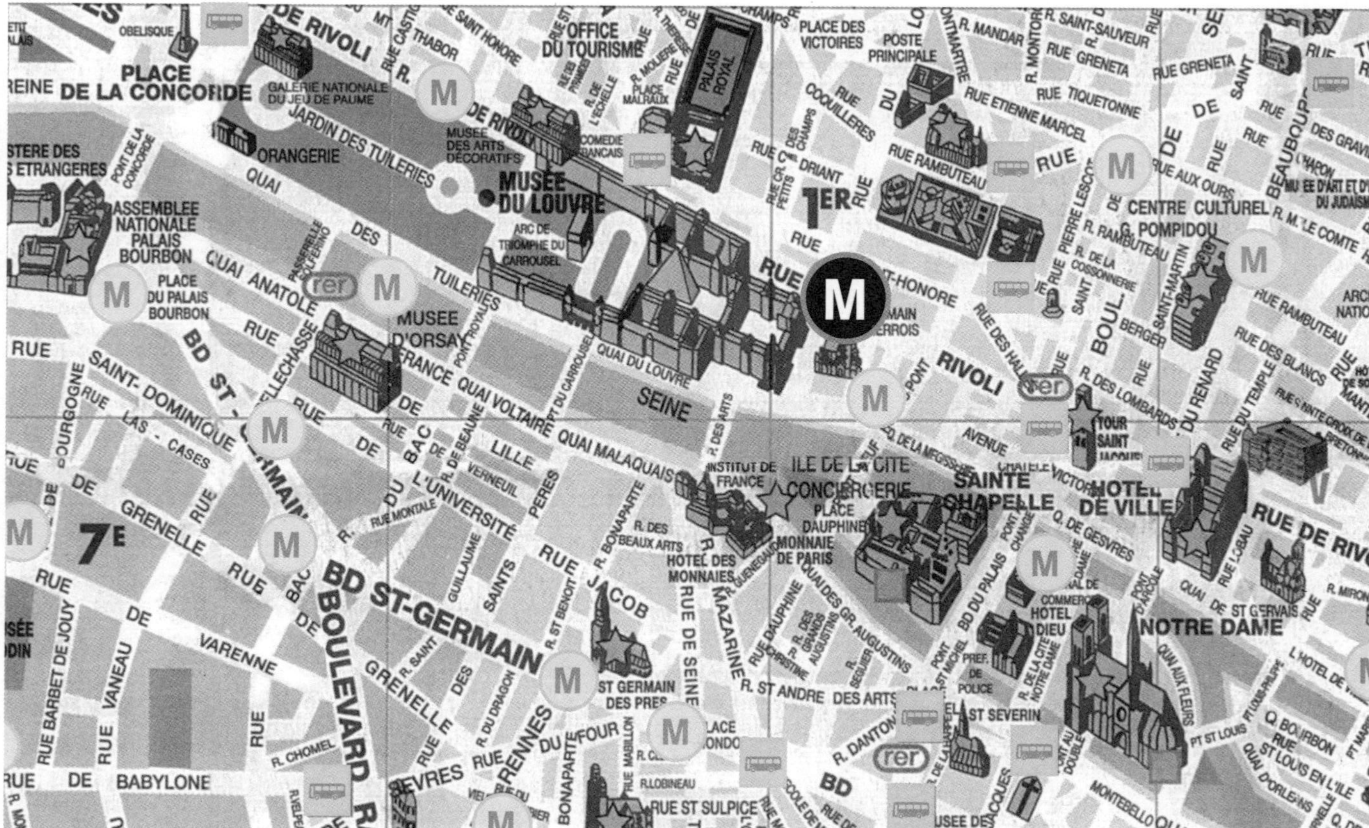
PLACE DE LA CONCORDE
OBELISQUE
RUE DE RIVOLI
GALERIE NATIONALE DU JEU DE PAUME
JARDIN DES TUILERIES
ORANGERIE
MINISTERE DES ETRANGERES
PONT DE LA CONCORDE
ASSEMBLEE NATIONALE PALAIS BOURBON
PLACE DU PALAIS BOURBON
QUAI ANATOLE FRANCE
PASSERELLE SOLFERINO
QUAI DES TUILERIES
MUSEE DES ARTS DÉCORATIFS
MUSEE DU LOUVRE
ARC DE TRIOMPHE DU CARROUSEL
OFFICE DU TOURISME
COMEDIE FRANCAISE
PALAIS ROYAL
PLACE MALRAUX
PLACE DES VICTOIRES
POSTE PRINCIPALE
RUE COQUILLERES
RUE RAMBUTEAU
RUE ETIENNE MARCEL
RUE TIQUETONNE
RUE GRENETA
R. SAINT-SAUVEUR
R. MANDAR
RUE PIERRE LESCOT
CENTRE CULTUREL G. POMPIDOU
RUE AUX OURS
BEAUBOURG
1ER
RUE ST-HONORE
MUSEE D'ORSAY
RUE DE BELLECHASSE
BD ST-GERMAIN
RUE SAINT-DOMINIQUE
RUE LAS-CASES
RUE DE BOURGOGNE
RUE DE GRENELLE
7E
RUE DE VARENNE
RUE BARBET DE JOUY
RUE VANEAU
RUE DE BABYLONE
BOULEVARD RASPAIL
R. CHOMEL
RUE DU BAC
R. DE BEAUNE
RUE DE VERNEUIL
RUE DE LILLE
RUE DE L'UNIVERSITE
RUE MONTALE
RUE GUILLAUME
RUE DES SAINTS PERES
QUAI VOLTAIRE
PT DU CARROUSEL
QUAI DU LOUVRE
SEINE
QUAI MALAQUAIS
P. DES ARTS
R. BONAPARTE
R. DES BEAUX ARTS
RUE JACOB
R. ST BENOIT
R. DU DRAGON
RUE DE RENNES
RUE DU FOUR
ST GERMAIN DES PRES
RUE DE SEINE
RUE MAZARINE
INSTITUT DE FRANCE
HOTEL DES MONNAIES
MONNAIE DE PARIS
ILE DE LA CITE
CONCIERGERIE
PLACE DAUPHINE
SAINTE CHAPELLE
RUE DAUPHINE
QUAI DES GR. AUGUSTINS
R. ST ANDRE DES ARTS
RUE ST SULPICE
R. LOBINEAU
RUE MABILLON
BD DU PALAIS
PONT ST MICHEL
PREF. DE POLICE
HOTEL DIEU
R. DE LA CITE NOTRE DAME
NOTRE DAME
QUAI AUX FLEURS
PT ST LOUIS
Q. BOURBON
RUE ST LOUIS EN L'ILE
Q. D'ORLEANS
ST SEVERIN
R. DANTON
PONT AU DOUBLE
MONTEBELLO
RIVOLI
AVENUE VICTORIA
TOUR SAINT JACQUES
HOTEL DE VILLE
Q. DE GESVRES
PONT D'AROLE
QUAI DE ST GERVAIS
RUE LOBAU
R. MIRON
RUE DE RIVOLI
R. DES LOMBARDS
RUE DU RENARD
RUE DU TEMPLE
RUE DES BLANCS MANTEAUX
RUE RAMBUTEAU
BOUL. SAINT-MARTIN
RUE BERGER
R. DE LA COSSONNERIE
RUE DES HALLES
R. M. LE COMTE
ARCHIVES NATIONALES

Século V

Louvre-Rivoli

Paris, capital franca

A estação Louvre–Rivoli se disfarça e se faz de importante: ela se enfeita com os ornamentos do palácio. Não da antiga fortaleza, nem mesmo da luxuosa residência real, mas do museu que apresenta principalmente as belezas lapidárias e picturais imaginadas pelo homem ao longo dos séculos. Em 1968, André Malraux, ministro da Cultura do general De Gaulle, teve a extravagante ideia de fazer descer a arte e a história aos corredores do metrô. Enquanto, ao ar livre, os paralelepípedos soltavam-se pelos ares, as paredes do subterrâneo da linha 1 eram recobertas de pedra da Borgonha e nelas se cavavam nichos destinados a abrigar as reproduções de algumas obras-primas cujos originais estavam expostos lá em cima, na superfície. Baixos-relevos assírios, faraós egípcios, ninfas do Renascimento acolhem o usuário encantado e estupefato. Estupefação ainda maior porque, hoje, essa estação não é mais a que serve o museu!

Em quarenta anos, tudo mudou. A pirâmide de vidro trazida por François Mitterrand modificou a entrada do Louvre. Agora, para vir fazer fila e comprar seu ingresso, é melhor descer em Palais-Royal...

No meu itinerário, eu poderia descer em qualquer uma das duas, não importa! Porque o que venho procurar aqui não é o museu esplendoroso de hoje. Na verdade, quero vagar por essas paragens para sonhar com o que não existe mais — nem mesmo um vestígio, apenas uma lembrança...

Enfim, estamos agora na margem direita. Na estação Louvre, deixamos o mundo romano para penetrar na era dos francos. Vindos do sul, os romanos colonizaram o sul de Paris, a margem esquerda. Os francos, vindos do norte, vão naturalmente desenvolver o eixo norte da cidade, a margem direita.

No fim do século V, havia nesse lugar um campo fortificado erigido pelos francos que sitiavam Paris. Dessa fortaleza — *loewer* na língua franca — fizemos nosso Louvre.

O Louvre de hoje, o maior dos edifícios parisienses, evidentemente não tem mais nada a ver com a construção militar dos invasores francos... O castelo substituiu a fortaleza, o palácio substituiu o castelo, o museu substituiu o palácio. Mas a função primitiva do lugar pode ser descoberta em suas entranhas. Alguns vestígios chegaram até nós. É verdade que não remontam a Clóvis, mas a Felipe Augusto, rei da França no fim do século XII. Descendo à cripta do Louvre, pode-se contornar a muralha e descobrir as bases do torreão e das torres da antiga fortaleza.

Sob Felipe Augusto, essa fortaleza ainda era uma obra militar, e até mesmo uma prisão. Será preciso esperar Carlos V, por volta de 1370, para falar de residência real com numerosos embelezamentos (uma maquete pode ser vista na cripta). Mais tarde, a Guerra dos Cem Anos afastou os reis da França de Paris. Foi apenas com Francisco I que o Louvre, tornado palácio, voltou a acolher os soberanos.

* * *

A agressão dos francos e seu *loewer* erguido diante de Paris é uma consequência da lenta decadência do império romano, agonia que se faz sentir desde o início do quinto século. Esse império está bem moribundo e se desfaz em frangalhos. Primeiramente, ele já está definitivamente dividido. A minha esquerda, o império do Ocidente, que não consegue se defender dos visigodos vindos impunemente saquear Roma em 410. A minha direita, o império do Oriente, poderoso, mas muito distante. Os francos tornaram-se auxiliares no exército romano. Meroveu, seu rei, fundador da dinastia merovíngia, é general na milícia imperial às ordens de Roma.

Nesse imbróglio, a Gália se acha um pouco abandonada e Lutécia, completamente esquecida. Valentiniano III, imperador do Ocidente, se desinteressa quase totalmente pelas terras do norte. Em 425, ele encarrega Aetius, um mestre de cavalaria que ele tem em grande estima, de dirigir a Gália à sua vontade. Realmente trata-se, agora e sempre, de manter as hordas de bárbaros para além do Reno, e toda a habilidade de Aetius consiste em expulsar como pode os invasores, evitando a catástrofe suprema: a travessia do Sena, que lhes abriria as portas de toda a Gália. Aetius manda de volta os francos para as terras germânicas, esmaga os borgúndios que ameaçam, desfaz os bandos vindos de Armórica...

Em Paris, é a época da cristianização, e o bispo Marcel desempenha o papel de catalisador. Para encontrar o rastro do ilustre prelado, será preciso olhar para o cruzamento dos gobelins, na esquina do boulevard Saint-Marcel. Na época, nesses terrenos fora dos muros da cidade, os pântanos são repletos de bichinhos mais ou menos simpáticos. Quem sabe algum antigo réptil resistiu à evolução? Sob a lama das margens da Bièvre, um sáurio assusta os habitantes, cuja imaginação faz dele um animal maléfico. Essa enorme serpente teria engolido o cadáver de uma mulher de sangue nobre, mas de má reputação, cuja decadência notória a transformava no perfeito exemplo de pecadora. O bispo Marcel, talvez especialmente vigoroso, ou então corajoso, não hesita... Em nome da cristianização da Gália, para demonstrar a todos a força do verdadeiro Deus, dá dois bons golpes com seu báculo na cabeça desse animal, que se torna então, para a lenda piedosa, um autêntico dragão. Os pagãos convertidos — ou aliviados — pelo milagre realizado atribuíram ainda outros a Marcel. Canonizado por ter extirpado o mal do pântano e libertado os ribeirinhos do monstro que os ameaçava, são Marcel tornou-se seu protetor. E, se você morar no bairro, pode lhe pedir tudo!

Quando morreu, em 436, o bispo foi enterrado no lugar onde realizou sua façanha. Rapidamente tornou-se lugar de culto. De toda parte o povo acorre para tocar no túmulo, pedir boa sorte ou saúde... Em homenagem ao santo, ergue-se um oratório, com um pequeno altar. Alguns fiéis chegam a desejar serem enterrados ao lado de seu venerado protetor, e, pouco a pouco, se constitui um verdadeiro cemitério paleocristão: o primeiro cemitério cristão da Gália, em Paris.

O que aconteceu com o cemitério Saint-Marcel?

O cemitério recebeu sepulturas até o fim do século XVI. Em seguida, foi fechado para não prejudicar o desenvolvimento do bairro. Hoje não há vestígios nem do cemitério nem do oratório, mas numerosas sepulturas foram desenterradas, em 1873, por Théodore Vacquer, o grande arqueólogo de Paris. Estão hoje depositadas no museu Carnavalet.

No local, temos que nos contentar com a memória. E a memória ainda está viva, nessas placas de informação de ferro vistas, por exemplo, ao lado do café Le Canon des Gobelins, para lembrar o local do antigo túmulo.

Esse oratório e a devoção que o envolvia deram origem a um vilarejo inteiro: o burgo Saint-Marcel. Embora dele não reste nenhum vestígio, pode-se tentar imaginá-lo. Uma rua desce em direção ao bulevar, é a rue de la Collégiale, do nome da igreja erguida em torno do oratório (e que existiu até a Revolução): você estará na altura da Collégiale Saint--Marcel, o centro religioso do famoso burgo! Se você subir a Collégiale, encontrará a sua esquerda, a rue du Petit-Moine... Ela nos lembra que bem aqui se cruzava outrora com os monges da Collégiale.

Quinze anos após a morte do bispo Marcel, eis que aparece um inimigo mais perigoso que a hidra dos pântanos: vindo dos confins da Ásia, Átila pretende arrasar o capim fresco de Paris!

O rei dos hunos já tentou devorar o império do Oriente, mas o temível guerreiro deu com os burros n'água. Diplomacia e combates, tentou de tudo para vencer esse império e entrar triunfalmente em Constantinopla. Talvez brilhante guerreiro, mas péssimo negociador, vê escapar seu sonho: o império romano do Oriente fica fora de seu alcance. O balanço de suas cavalgadas e de suas embaixadas é aflitivo: não conseguiu nada, ou quase nada... Porque, é verdade, ele tem na mão um trunfo, no grande jogo das estratégias: um anel, uma promessa que lhe enviou Honória, a irmã do imperador do Ocidente, Valentiniano.

A dama de olhos de veludo está muito infeliz porque seu irmão, personagem tão austero quanto intransigente, vela suspeitoso e meticuloso a sua virgindade. Infelizmente a desavergonhada arranjou um amante! O imperador, fora de si, mandou executar o engraçadinho, mas isso não bastou, porque a bandida esperava um filho. Arranjam rapidamente um noivo para a futura mamãe, um velho senador, e trancafiam a dama num convento até o casamento. Excesso de precaução não faz mal.

Honória, que verdadeiramente não tem a mínima vocação religiosa, envia então seu anel para Átila... Promete-lhe tudo o que ele quiser e tudo o que imaginar, contanto que o terrível huno venha libertá-la. Pois bem, Átila leva muito a sério a brincadeira! Considera-se noivo da bela Honória, mas o amor não o faz perder a cabeça: não há nada mais urgente a fazer do que pedir um dote. E o que um rei huno pode pedir como presente de núpcias a um imperador romano? A Gália, nada menos do que isso!

Valentiniano fica um pouco incomodado com a ingenuidade grosseira desse monarca bárbaro. A Gália? Por um casamento que nunca se realizará? Mas que delírio!

Já que não querem lhe dar essa terra que ele pede, Átila está decidido a tomá-la sozinho. Em 451, chega a galope, à frente de tropas hunas e germanas. Arromba as muralhas de Metz, saqueia a cidade e prossegue tranquilamente seu périplo destruidor, determinado a atravessar o Sena em Paris.

Na cidade, a notícia da vinda de Átila semeia o pânico. É certo que Paris será destruída e queimada! O terror aumenta à notícia desses bandos vindos da Ásia, cujos guerreiros cruéis, dizem, vestem-se de peles de animais e comem carne crua, amaciada sob a sela de seus cavalos, têm rostos monstruosos costurados de cicatrizes, matam, pilham e violam... Diante desse cataclismo anunciado, aos parisienses só resta uma opção: a fuga. Fazem suas trouxas, embalam algumas coisas de valor, carregam mulheres, crianças, escravos e o gado e preparam-se para o grande êxodo.

* * *

— Que os homens fujam, se quiserem e se não forem mais capazes de lutar. Nós, mulheres, vamos rezar tanto que Deus ouvirá as nossas súplicas!

A jovem de 28 anos que lança esse apelo à população parisiense chama-se Geneviève. Ela não é nem uma estrategista militar nem uma agitadora nervosa, e sim uma cristã mergulhada na perfeita fé de uma ovelha da igreja. Nascida em Nanterre, estabelecida há uns dez anos em Paris, para onde veio depois de perder os pais, ela consagra o essencial de sua vida ao êxtase religioso e à saudável gestão das propriedades herdadas de um pai romano e de uma mãe franca.

Geneviève faz parte dos parisienses mais ricos, mas para ela essas contingências materiais nada significam. O que importa é o Céu. Ela gostaria de se dedicar inteiramente a Cristo, mas não existem então mosteiros abertos às mulheres. A jovem deve se contentar em usar "o véu das virgens", véu da consagração que a distingue do comum e força o respeito. Tornada diaconisa, a jovem permanece no mundo, mas escolhe viver no silêncio, na oração e no jejum. Se ela se alimenta, são apenas duas vezes por semana, domingo e quinta-feira, consentindo contra a vontade em satisfazer esse corpo por demais humano que reclama e protesta.

A notícia da chegada de Átila muda o destino de Geneviève. Realmente, Paris não tem necessidade de santos: com Denis, Martinho, Marcel e alguns outros, a cidade já está bem-servida. Em contrapartida, faltam figuras valorosas, capazes de executar um gesto épico. A moça com o véu das virgens será, pois, a primeira heroína parisiense.

Em meio ao terror geral que tomou conta dos parisienses, apenas Geneviève parece manter a cabeça fria. Com a tranquila segurança daqueles que a fé acalma, ela sabe que Deus vela por ela e por toda a população. Convida as parisienses a virem rezar juntas, lhes fala de Ester, personagem bíblica que, outrora, na Pérsia, com suas súplicas e seu jejum salvou do extermínio o povo judeu... Geneviève quer ser a Ester de Paris, a salvação de toda uma nação, porta-estandarte de um pequeno povo. E as mulheres a seguem. Elas se reúnem para a oração em comum, jejuam e imploram à Providência que afaste esse flagelo que as ameaça. Porém os homens zombam e insistem: é preciso fugir, procurar refúgio atrás das muralhas de uma cidade mais bem--defendida...

— O que vocês acham de se refugiarem em outras cidades? — exclama Geneviève. — Serão elas mais bem-abrigadas contra um ataque bárbaro do que Paris? Graças à proteção de Cristo, Paris escapará ao massacre.

— Cala a boca, profetisa do azar! — gritam algumas almas negras.

Os parisienses mais exaltados falam agora em jogar Geneviève num poço, maneira radical de calar-lhe a boca. Mas eis que o arquidiácono de Auxerre entra na cidade, vestido com seu manto de ouro, e lança a todos o bom olhar daquele que perdoa a loucura dos povos e os excessos dos homens. Ele é portador de uma mensagem: Germain, seu bispo, morreu testemunhando para as ovelhas de seu rebanho a eleição crística de Geneviève, garantia eclesiástica, de certa forma.

— Cidadãos, não cometais esse crime! Essa cuja morte estais tramando, sabemos, pelo testemunho de nosso santo bispo Germain, que ela foi eleita por Deus ainda no ventre da mãe.

M 5 **Que lembrança nos resta do santo de Auxerre que salvou santa Geneviève?**

No local do encontro entre o arquidiácono e os parisienses encolerizados, serão erguidos um pequeno oratório, depois uma igreja, uma das mais antigas da margem direita: Saint-Germain-L'Auxerrois, dedicada ao defensor da futura protetora de Paris (bem em frente ao Louvre). A Place de l'École lembra que aqui eram instruídos os futuros cristãos. A igreja atual é muito mais tardia, mas na rue des Prêtres-Saint-Ger-

main-l'Auxerrois, os arqueólogos descobriram inúmeros sarcófagos da época merovíngia.

Ouvindo a mensagem do arquidiácono, os parisienses se convenceram: como não acreditar nas últimas palavras do mais ilustre dos santos bispos da Gália? Em um movimento unânime, todos se aliaram então à corajosa diaconisa. Organizou-se rapidamente a resistência, as pontes que permitiriam à horda de Átila atravessar o Sena foram destruídas ou cobertas de obstáculos. O povo se armou, se preparou e esperou sem tremer o bárbaro aterrador.

Não haverá batalha. Talvez baste acreditar no milagre para que aconteça o inesperado... Átila sabe que a resistência se organiza em Paris? Ou alguém bem inspirado lhe anunciou que uma epidemia de cólera tinha se deflagrado na cidade? O fato é que o rei dos hunos desviou seu olhar e suas tropas, afastou-se das margens do Sena e poupou a cidade.

Ele se dirigiu para Orléans: ocupar essa cidade lhe garantiria o domínio das pontes sobre o Loire, com a perspectiva de conquistar a Aquitânia. Por seu lado, no início do verão do ano de 451, Aestius tomou a frente de um grande exército formado de galo-romanos, francos, visigodos, borgúndios, saxões, armoricanos, bretões. Todos os povos da Gália uniram-se sob o pavilhão romano para expulsar o invasor asiático.

Essa força inacreditável, inesperada, alia em um mesmo fervor militar todos os que antes faziam a guerra. Ela avança e vem alcançar os hunos a oeste de Troyes. Choque terrível, que começa à tarde e se prolonga até o meio da noite...

Pela manhã, Átila e seus homens retrocederam ao acampamento. Agora eram eles que estavam amedrontados. Acenderam uma grande fogueira, na qual o rei dos hunos prometeu se jogar caso os romanos quisessem fazê-lo prisioneiro. Átila não chegou a tanto: sabiamente, Aetius não força a vitória, contenta-se em observar a retirada do inimigo, e o observa muito tempo através das planícies, até que os hunos penetrem no vale do Danúbio.

Em Paris, a vitória é atribuída a Geneviève, ela salvou a cidade e toda a Gália! Como negar-lhe então os esforços que ela exige? Ela quer que se construa uma basílica onde são Denis caiu, com a cabeça cortada nas mãos. Ela decreta um imposto especial para realizar esse projeto, instala os fornos de cal necessários à construção e segue atentamente a edificação da basílica. Mas é muito mais que uma simples basílica! O culto prestado a são Denis, do qual Geneviève é a grande sacerdotisa, tem como primeiro objetivo fixar os cidadãos parisienses na fé católica. Com suas companheiras diaconisas, Geneviève percorre as obras. Ela vem inspecionar os trabalhos à noite, à luz de uma vela levada por uma das moças piedosas. Se o vento maroto sopra inoportunamente a chama, Geneviève toma a vela nas mãos. Então a mecha se acende imediatamente, e não mais apaga, enquanto estiver segura pela santa mulher, apesar das borrascas diabólicas.

A atual cripta de Saint-Denis corresponde globalmente a essa basílica primitiva, erguida no tempo da santa.

Paris vive sua própria história, ainda modesta, reduzida às dimensões de uma santa venerada. Uma santa, realmente, a quem já se atribuem milagres: ela já teria há algum tempo curado a cegueira de sua mãe, lavando-lhe os olhos com uma água benta por ela mesma; teria também curado doze infelizes possuídos pelo demônio, e ressuscitado uma criança morta após uma queda num poço...

E, enquanto Paris vibra repetindo as maravilhas realizadas pela santa, os grandes acontecimentos da História se passam em outros lugares. Em Ravena, que ele fez sua capital, Valentiniano, o imperador romano do Ocidente, se exaspera: na Gália, Aetius rouba-lhe uma parte de sua glória; esse generalíssimo que tem sucesso em tudo o que faz poderia cobiçar o trono para ele ou para seu filho. É preciso fazê-lo desaparecer, arrancar essa raiz que cresce e se impõe. Em 21 de setembro de 454, Valentiniano, que recebe em seu palácio o vencedor da Gália, precipita-se sobre seu visitante e o apunhala. Gesto louco, erro político e militar, porém ditado pelo mais poderoso dos sentimentos: a inveja.

Os povos da Gália choram Aetius, chamado doravante "o último dos romanos". E é verdade, o crime de Ravena precipita o fim implacável do império. Serão necessários apenas mais vinte anos para que tudo desmorone e surja um novo mundo...

Em 4 de setembro de 476, o último imperador do Ocidente, Flávio Augusto, vê-se obrigado a abdicar, vencido por Odoacro, chefe germânico. A glória romana continua a sobreviver em outro lugar graças a Zenon, imperador do Oriente. Odoacro se reveste do título de "rei da Itália" enquanto o senado romano, num último gesto, dirige sua submissão a Constantinopla e lhe envia as insígnias imperiais. O império romano do Ocidente cessou de existir.

* * *

Paris não é mais cidade do império, Paris não é mais cidadela da força romana, Paris entra nesses novos tempos que serão chamados Idade Média.

Paris só pode contar consigo mesma para se defender, Paris pode ser tomada. Mas por quem? A situação na Gália torna-se particularmente confusa. Childerico, o rei franco que reina em Tournai, ao norte, se submete a Odoacro, rei na Itália. Por seu lado, Syagrius, último general romano responsável pela Gália, pretende perpetuar a lei do império falecido. Quanto aos visigodos, eles dominam na Aquitânia, enquanto os borgúndios sonham estender seu reino até Marselha. Sem esquecer as alianças sutis e efêmeras que se formam entre uns e outros.

Childerico, filho do rei Meroveu, vê nesse entrelaçamento de interesses e de artimanhas a ocasião de assegurar sua linhagem, a dos Merovíngios, tomando a Gália e, principalmente, Paris. Com seus mercenários, avança em direção ao Sena, e o homem parece temível: seu nome em língua franca Hilde-Rik não significa "Poderoso na guerra"?

Porém Geneviève, franca por parte de mãe e que fala essa língua germânica, apressa-se a ir ao encontro do sitiante. Ela dissuade Childerico de entrar em Paris: essa ousadia vai desencadear uma guerra aberta com Syagrius, cujo poder se exerce entre o Somme e o Loire.

Childerico faz rodeios, hesita, dá um passo à frente, recua, volta. Ele sitia Paris? Ninguém sabe ao certo, mas ele acampa com suas tropas em volta da cidade, organiza um bloqueio, destrói as estradas que conduzem a Paris, priva de mantimentos a população... Não entra em Paris, realmente, mas impede seus inimigos de aí se instalarem. Essa guerra que não é uma guerra, esse confronto silencioso, essa hostilidade contida, esse bloqueio inútil vão durar dez anos! A partir de 476, Childerico brinca com Paris, como um gordo gatão bem alimentado e envelhecido que se divertiria atemorizando um camundonguinho que, na verdade, não lhe apetece.

O rei estabelece seu acampamento fortificado na margem direita do Sena, diante da île de la Cité, e ergue uma alta torre de observação, essa *loewer* franca que observa a cidade, espiando todos os movimentos. Os parisienses se habituam a ver essa ameaça erguida nas margens do rio, lembrança constante da posição precária de uma população sitiada.

Os poderosos estão às portas, mas não entram. Essa situação absurda permite que Geneviève domine inteiramente Paris por seu carisma, sua fé, sua autoridade, suas riquezas. Ela tem autoridade sobre a cúria como sobre a municipalidade, e vela com atenção pelo bem-estar da população...

Quando Paris tem muita fome, a santa intervém. Contudo não é um milagre que vai salvar a cidade, mas um golpe audacioso. Paris agoniza, então Geneviève tenta uma saída. As estradas esburacadas estão impraticáveis, é preciso passar pelo rio... Geneviève mobiliza uma tropa, arma onze barcos, e navega em direção da Arcis-sur-Aube, na Champagne. Mas as águas do rio estão obstruídas, então Geneviève rompe as barragens a golpes de machado. Os marinheiros, estupefatos e aliviados, imaginam um pouco ingenuamente a santa em luta com monstros malcheirosos. Trata-se, na realidade, apenas de troncos de árvores apodrecidos colocados pelo inimigo para impedir a navegação fluvial.

Chegando a Champagne, Geneviève começa curando com um sinal da cruz a mulher do tribuno local, doente há quatro anos. Ela compra trigo com seu próprio dinheiro e volta com os barcos carregados de grãos. Mas a navegação com esses barcos muito carregados se anuncia perigosa, e, se os remadores se mostram confiantes, eles são todos inexperientes e bastante desajeitados. A oração vem em socorro desses marinheiros improvisados, e eles remam cantando no ritmo das remadas um hino tirado do livro do Êxodo do Antigo Testamento:

"Cantemos o Eterno, ele é soberanamente grande; cavalo e cavaleiro, eles os lançou no mar.

Ele é minha força e minha glória, o Eterno! Eu lhe devo minha salvação..."

Em Paris, Geneviève distribui o trigo a cada um segundo a necessidade. Para os mais pobres, que não possuem forno nem lenha, ela oferece pão feito pelas diaconisas.

Childerico fecha os olhos a esses empecilhos a seu bloqueio. Talvez esteja cansado desse confronto discreto que se eterniza. Ele não conseguiu nada, não tomou Paris. Não venceu Syagrius.

A Gália era portanto uma ilusão, uma armadilha na qual ele caiu. E foi assim, amargo e desiludido, que ele partiu em 481 para o Walhalla, o paraíso dos guerreiros germânicos, deixando a seu filho Clóvis a missão de acabar sua obra.

* * *

Clóvis, um rapaz de dezesseis anos, de repente promovido a rei dos francos, está absolutamente decidido a perpetuar, com uma bela piedade filial, a política paterna. Prossegue o combate contra Syagrius e continua a sitiar Paris. Mantém a pressão sobre a cidade, mas sem se iludir muito: ele sabe que, para dominar a Gália, deve primeiro vencer o general romano. Do alto do seu *loewer*, contempla a cidade plantada no meio do rio, determinado a apagar, num dia próximo, a influência galo-romana e fazer dela uma cidade franca.

Por ora, Syagrius se instalou atrás das poderosas muralhas de Soissons, na margem do Aisne, de onde vigia a região e impede as incursões dos francos. O general dispõe das últimas forças do império romano desaparecido. Diante de suas legiões, se alinham as tropas de Clóvis. São menos numerosas, porém mais bem-armadas. Além disso — é a sorte de Clóvis —, Syagrius é apenas um odre cheio de vento. É verdade, ele se pavoneia como um belo soldado, mostra-se muito contente consigo mesmo, mas dá prova de medíocres talentos militares. Seus legionários também estão desencorajados; eles não ignoram, os infelizes, que estão combatendo por uma causa já perdida.

Em 486, Clóvis julga que chegou a hora de acabar com o romano. Lança-lhe um desafio, e avança em direção a Soissons com seu exército, saqueando algumas igrejas na passagem, pois não se poderia enriquecer demais guerreando.

Syagrius teme que sua cidade seja sitiada, então atravessa as muralhas de Soissons e galopa ao encontro do rei dos francos.

Estripam-se sem comiseração. As lanças com gancho e os machados de dois gumes assimétricos dos francos semeiam o terror.

Nessa planície em torno de Soissons desabam os últimos legionários romanos. Syagrius foge enquanto Clóvis entra triunfante em Soissons, fazendo-a imediatamente sua capital. Instala-se no palácio abandonado e rouba o tesouro acumulado outrora por seu inimigo. Ainda serão necessárias algumas batalhas, mas doravante o reino franco estender-se-á sobre todo o norte da Gália.

O sítio de Paris pode ser levantado. Geneviève, a piedosa cristã, aceita com submissão a autoridade do pagão Clóvis. É preciso que se diga que, na verdade, ela não tem escolha. Todavia, dez anos depois, Geneviève será recompensada: Clóvis se renderá aos argumentos de sua mulher Clotilde, católica fiel, e renunciará ao panteão de deuses germânicos. Ele não tinha prometido se converter ao cristianismo no caso da vitória contra os alamanos, por ocasião da batalha de Tolbiac em 496? O rei dos francos reconhece, a partir de agora, o Pai, o Filho e o Espírito Santo, depois aceita o batismo em Reims em uma cerimônia grandiosa que fará, nos séculos vindouros, as belas páginas das obras edificantes.

Clóvis, desde então, se inscreve em uma nova linhagem, mas suas conquistas prosseguem; dessa vez, os borgúndios é que são derrotados na batalha de Ouche no ano 500. Em 502, para marcar a entrada nos novos tempos, ele deixa Soissons e escolhe estabelecer-se em Paris. Ainda parece a cidade romana de Juliano, e o rei segue com deleite os passos do imperador de outrora. Instala-se ricamente no palácio da Cité, agora embelezado por jardins frondosos que descem até o Sena. Com ele, toda uma administração vem ocupar o palácio e suas dependências. Um punhado de fiéis rodopia em torno do rei e o aconselha, bispos e padres se responsabilizam pela capela real, e alguns ministros, ainda pouco numerosos, são encarregados de funções particulares. O conde do palácio dirige a atuação do tribunal, o referendário se ocupa dos impostos, o prefeito do palácio faz o papel de intendente... Já existe uma pequena corte submissa e cortesã à volta do rei.

Paris, o burgo galo-romano, a vila-cidadela, torna-se capital do reino dos francos em 508, como para celebrar uma nova grande vitória, contra os visigodos, em Vouillé, em 507!

De sua nova capital, Clóvis pode contemplar sua obra: ele conquistou toda a Gália, salvo a Provença e o Roussillon. Pode morrer em paz...

E de fato, no mês de novembro de 511, Clóvis cai bruscamente doente e sucumbe, apesar das orações e das sangrias. Morre com a idade de 45 anos, depois de 29 anos de reinado. Mas o que fazer com os despojos de um rei dos francos morto em Paris? Deve-se inumá-lo em Tournai, ao lado de seu pai Childerico? Não, prefere-se conservar o corpo em Paris e depositá-lo na cripta da nova igreja Saint-Pierre-et-Saint-Paul. Supõe-se que a presença no lugar do primeiro rei cristão aumentaria o prestígio e a grandeza da capital. Entretanto, nossos ancestrais longínquos não manifestaram uma grande veneração pelo túmulo real: ele desapareceu pura e simplesmente, ninguém sabe quando, ninguém sabe como. Alguns arqueólogos otimistas esperam encontrá-lo um dia, por ocasião dos trabalhos em profundidade em torno do liceu Henrique IV.

↓ M 5 Que destino para Geneviève?

Santa Geneviève, sem dúvida, morreu no ano 512, um ano depois de seu rei cristão, e foi inumada a seu lado nessa igreja Saint-Pierre-et--Saint-Paul, sobre o monte Lucotitius (a montanha Sainte-Geneviève).

Durante sua vida, a santa costumava subir para rezar nesse lugar; para chegar lá, tomava um caminho que se tornou a rue de la Montagne-Sainte-Geneviève. Ainda se pode ver o campanário de uma igreja no terreno do liceu Henrique IV, que tem o nome de "Tour Clovis". É o vestígio mais antigo (século XI para a base) da igreja erguida para o primeiro rei franco cristão. Os túmulos de santa Geneviève, de Clóvis e de sua mulher se encontravam aproximadamente sob a entrada atual do liceu.

A igreja, transformada em abadia no século XII, foi substituída em 1744 pela igreja Sainte-Geneviève desejada pelo rei Luís XV. É hoje o Panthéon, mausoléu dos grandes homens da história da França.

O relicário contendo as relíquias da santa padroeira foi regularmente levado em procissão pelas ruas. Dizem que realizava milagres à sua passagem. O relicário foi infelizmente destruído em 1793 e os restos de Geneviève, queimados na Place de Grève.

O sarcófago de pedra que tinha abrigado o corpo da santa foi poupado pelo furor revolucionário. Reencontrado em 1802, foi transferido para a igreja Saint-Étienne-du-Mont, em frente ao Panthéon. Esse sepulcro está hoje revestido por um manto de ourivesaria que o dissimula em parte.

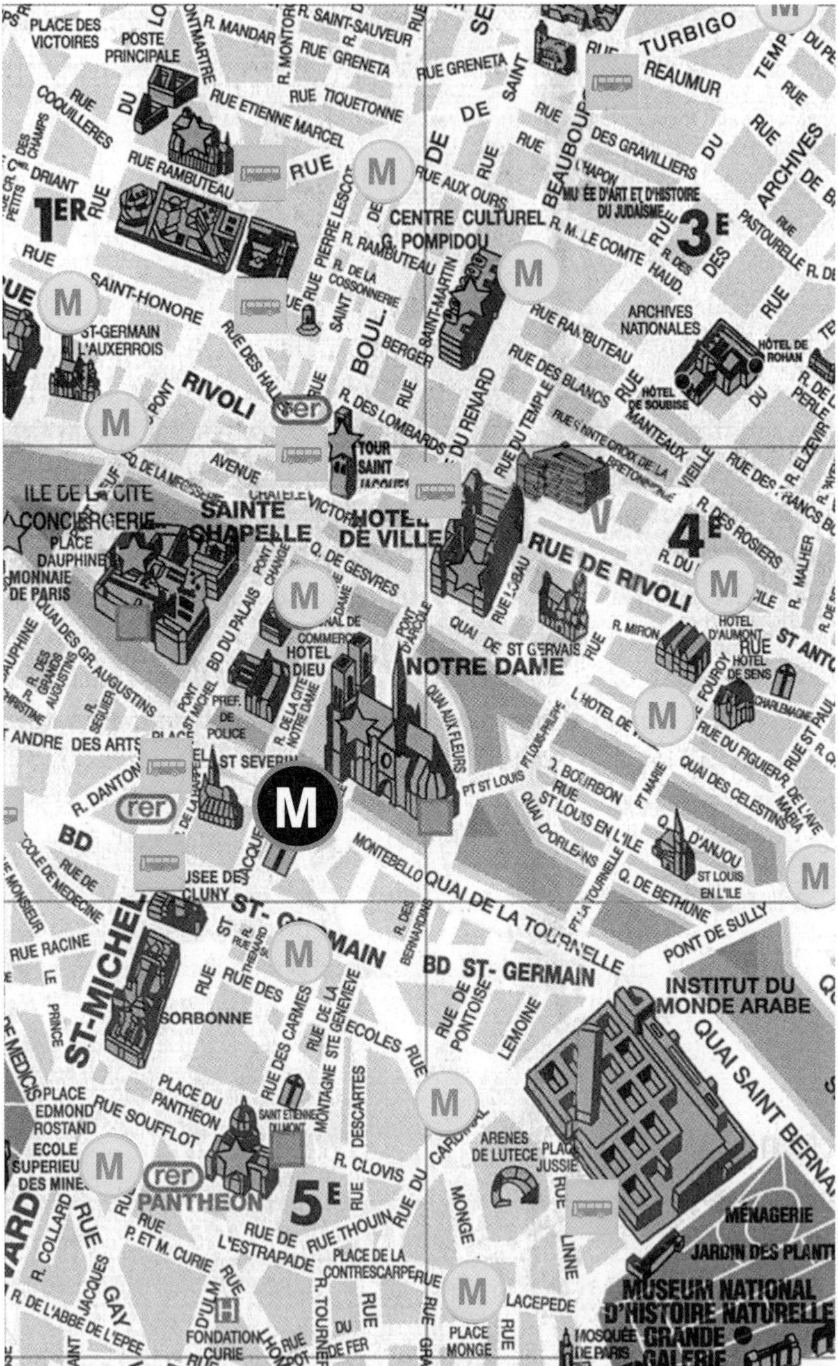

PLACE DES VICTOIRES
POSTE PRINCIPALE
R. MANDAR
R. SAINT-SAUVEUR
RUE GRENETA
RUE TIQUETONNE
RUE ETIENNE MARCEL
RUE COQUILLERES
RUE RAMBUTEAU
TURBIGO
REAUMUR
DES GRAVILLIERS
ARCHIVES
1ER
3E
4E
5E
CENTRE CULTUREL G. POMPIDOU
MUSÉE D'ART ET D'HISTOIRE DU JUDAÏSME
RUE AUX OURS
R. M. LE COMTE
SAINT-HONORE
ST-GERMAIN L'AUXERROIS
ARCHIVES NATIONALES
HÔTEL DE ROHAN
HÔTEL DE SOUBISE
RUE RAMBUTEAU
RUE DES BLANCS MANTEAUX
RIVOLI
R. DES LOMBARDS
DU RENARD
RUE DU TEMPLE
TOUR SAINT JACQUES
ILE DE LA CITE
CONCIERGERIE
SAINTE CHAPELLE
HOTEL DE VILLE
RUE DE RIVOLI
PLACE DAUPHINE
MONNAIE DE PARIS
Q. DE GESVRES
R. DES ROSIERS
HOTEL D'AUMONT
R. MIRON
HOTEL DIEU
NOTRE DAME
HOTEL DE SENS
QUAI DES GR. AUGUSTINS
BD DU PALAIS
PREF. DE POLICE
QUAI AUX FLEURS
RUE DU FIGUIER
QUAI DES CELESTINS
ST SEVERIN
PT ST LOUIS
Q. BOURBON
RUE ST LOUIS EN L'ILE
Q. D'ANJOU
ST LOUIS EN L'ILE
MUSEE DE CLUNY
MONTEBELLO
QUAI DE LA TOURNELLE
Q. DE BETHUNE
PONT DE SULLY
RUE RACINE
ST-MICHEL
ST-GERMAIN
BD ST- GERMAIN
INSTITUT DU MONDE ARABE
QUAI SAINT BERNARD
SORBONNE
RUE DES CARMES
ECOLES
PLACE EDMOND ROSTAND
RUE SOUFFLOT
PLACE DU PANTHEON
SAINT ETIENNE DU MONT
DESCARTES
ARENES DE LUTECE
PLACE JUSSIEU
ECOLE SUPERIEURE DES MINES
PANTHEON
R. CLOVIS
RUE THOUIN
MONGE
MÉNAGERIE
JARDIN DES PLANTES
RUE DE L'ESTRAPADE
PLACE DE LA CONTRESCARPE
LACEPEDE
MUSEUM NATIONAL D'HISTOIRE NATURELLE
GRANDE GALERIE
R. COLLARD
RUE SAINT JACQUES
GAY
R. DE L'ABBE DE L'EPEE
FONDATION CURIE
PLACE MONGE
MOSQUÉE DE PARIS

Século VI

Saint-Michel–Notre-Dame

Os Merovíngios, primogênitos da Igreja

Notre-Dame. A catedral, o romance de Victor Hugo... mas também, desde 1988, a estação do RER, estação meio sem graça cujos corredores é preciso deixar rapidamente para chegar ao ar livre... e ver aparecer o adro da catedral de Paris.

O adro que se estende a nossos olhos é seis vezes maior do que no passado. Para verificá-lo, basta observar as marcas no chão: elas nos indicam o traçado sinuoso das velhas ruas que encerravam a catedral antes que o barão Haussmann, em 1865, desse ao conjunto o aspecto que nós conhecemos.

Encontra-se aí o marco zero das estradas da França, herança de um antigo poste situado no adro: a Escada de Justiça do arcebispo de Paris. Ao pé dessa escada, os condenados vinham fazer *amende honorable* antes de receber sua condenação. Adiantavam-se vestidos com um camisolão, de pés descalços, com a corda no pescoço e uma vela na mão. Levavam sobre o peito e às costas um cartaz com a descrição de seus crimes, depois se ajoelhavam, fazendo publicamente a confissão de suas faltas e implorando a absolvição de seus pecados.

↓ Ⓜ ⑥ **O que inspirou o adro de Notre-Dame?**

No início dos anos 1970, imaginando o Centro Nacional de Arte e Cultura, o presidente Georges Pompidou quis que o centro se abrisse sobre uma esplanada que pudesse evocar, na margem direita, o adro da catedral de Notre-Dame. Ele insistia desta maneira sobre o caráter sagrado da arte cujo Centro pluridisciplinar tornava-se assim a catedral aberta a todos os seus adoradores.

Passeando no bairro de Notre-Dame, descobrem-se numerosos vestígios emocionantes. O melhor modo de imaginar a île de la Cité de antigamente é colocar-se na rue de la Colombe, na esquina da rue des Ursins. Aliás, no número 19 dessa rue des Ursins, a capela Saint-Aignan permanece a última lembrança das 23 igrejas que cercavam Notre-Dame... Tomar depois a direção da rue Chanoinesse. No número 12, havia outrora duas casas: uma ocupada por um barbeiro, a outra por um confeiteiro. O barbeiro estrangulava os estudantes alojados pelo cônego de Notre--Dame, e revendia os corpos ao confeiteiro, que com eles fazia deliciosos patês que regalavam os cônegos! Os dois cúmplices foram queimados vivos em 1387... Nos números 22 e 24, belas casas de cônegos, essas do século XVI, ainda estão visíveis. Tente entrar no número 26 e verá pedras tumulares transformadas há muitos séculos em pedras destinadas a manter secos os pés em caso de enchente! Mas a velha Paris escondida está cada vez mais escondida, e os códigos de entrada a tornam cada vez menos accessível...

Para encontrar a fonte viva desse coração ardente de Paris, é preciso voltar no tempo até a morte de Clóvis, em 511.

Com o desaparecimento do rei cristão, o país foi dividido entre seus quatro filhos: Teodorico herda a parte leste, Clodomiro a região do Loire, Clotário o Norte e Childeberto, enfim, a *Picardia*, a Bretanha, a Normandia, mas sobretudo a Île de France com Paris, cidade já populosa, com seus 20 mil habitantes.

Segue-se um desenvolvimento histórico um pouco complicado e às vezes confuso. Os filhos de Clóvis passam o tempo estrangulando os sobrinhos que poderiam exigir uma parte da sucessão, a guerrear uns com os outros para aumentar um pouco a herança e a se reconciliar sob a pressão da boa Clotilde, viúva chorosa do rei dos francos.

Porém, como é necessário dar uma de rei, trucidam-se alguns pequenos monarcas das redondezas com a intenção evidente de aumentar os reinos recebidos de herança. Assim, Childeberto e seu irmão Clodomiro declaram guerra a Sigismundo, rei dos borgonheses — ou, mais exatamente, dos borgúndios, como se dizia então. Eles sitiam Autun, mas Clodomiro é reconhecido no campo de batalha por sua longa cabeleira. Os borgúndios lhe cortam a cabeça e a prendem na ponta de uma lança. Esse espetáculo pavoroso redobra o furor dos francos, excita sua justa cólera e lhes vale a vitória. O triunfo é festejado por um massacre geral dos soldados vencidos. Quanto a Sigismundo, sua mulher e seus filhos, é-lhes reservado um tratamento especial: são jogados num poço.

A morte de Clodomiro preocupa os outros irmãos: quem sabe os filhos do defunto vão exigir uma parte da herança? A rainha Clotilde, que foi esposa do defunto Clóvis, não quer uma vingança familiar e crê evitar o pior tomando seus três netos sob sua proteção. Childeberto chama a Paris seu irmão Clotário, e tramam-se sombrias conspirações no palácio da Cité...

Àqueles que se alarmam, Childeberto e Clotário dão explicações tranquilizadoras: essa reunião dos dois reis tem apenas por objetivo colocar no trono os herdeiros de Clodomiro. A querida Clotilde parece aliviada. Ela se inclina sobre os jovens com aquela bondade que as avós sabem tão bem manifestar:

— Não pensarei mais que perdi meu filho Clodomiro se vocês o sucederem no reino...

Esperança enganosa, pois os assassinos estão à espreita. O palácio da Cité torna-se o teatro de cenas de uma violência inaudita; Clotário agarra o mais velho dos meninos pelo braço e, sem tremer, enfia a lâmina de seu punhal sob a axila. O mais novo, horrorizado, se joga aos pés de Childeberto, chora, grita, geme:

— Socorro, muito piedoso tio, que eu não morra como meu irmão!

Childeberto tem um momento de hesitação. Será mesmo necessário destruir toda a família do falecido Clodomiro? Volta-se para Clotário e tenta amansá-lo...

— Imploro-te, irmão gentil, concede-me, por tua generosidade, a vida desse aqui...

O quê? Poupar a vida dessa criança que um dia poderia revoltar-se contra sua família? Jamais! É preciso matar, e matar ainda mais, extinguir a raça de Clodomiro.

— Deixe-o comigo — rugiu Clotário —, deixe-o comigo, senão é você que morrerá em seu lugar!

Atemorizado pela raiva de seu irmão, Childeberto larga a criança. Imediatamente, Clotário se lança sobre o menino, o apunhala, e tranquilamente termina seu trabalho estrangulando cuidadosamente sua jovem vítima.

M 6 — De onde vem o nome de Saint Cloud?

O terceiro filho de Clodomiro, o caçula, Clodoaldo, conseguiu fugir graças à cumplicidade de alguns oficiais compadecidos... A criança tinha chegado perto do horror do poder, então decidiu cortar ela mesma sua longa cabeleira, marca de sua qualidade real, e escolheu renunciar ao mundo para se consagrar à adoração de Deus. Estabeleceu-se numa aldeia de pescadores às margens do Sena e aí mandou construir um mosteiro... Clodoaldo é hoje mais conhecido pelo nome de Saint Cloud, e a aldeia que o acolheu perpetua seu nome.

Depois da morte dos dois filhos de Clodomiro, Teodoberto, filho de Teodorico, certo de que seus tios conspiram igualmente seu assassinato, alia-se a Childeberto para combater Clotário. As alianças se voltam. Os dois exércitos familiares estão face a face, mas a velha Clotilde vagueia por essas paragens, sempre tentando reconciliar sua descendência e afastar novos projetos homicidas... Ela reza, reza tanto que uma tempestade terrível desaba sobre o campo de batalha. Os combatentes ficaram impressionados com o furor do Céu que se manifesta para separá-los, ou, mais prosaicamente, não têm vontade de se estripar na lama? O fato é que os irmãos e o sobrinho param as hostilidades e caem nos braços uns dos outros.

Não importa: as tropas estão bem armadas, bem alinhadas, prontas para o combate. Seria uma pena perder essa ocasião... Vamos, foi dito: marchemos sobre a Espanha onde se entocam os visigodos, haverá certamente algumas cidades para sitiar!

Depois de ter ocupado Pamplona, Childeberto e Clotário, os irmãos reconciliados, atacam Saragoça, mas a cidade resiste, se defende, e o exército franco é dizimado. Para Childeberto, chegou o momento de levantar acampamento e retornar a Paris.

Mas nem por isso o rei entra na capital vencido, nesse ano de 542. Com efeito, dessa expedição aos confins do inútil, ele traz duas importantes relíquias: uma cruz de ouro e uma túnica que pertenceram a são Vicente, mártir espanhol do século III, torturado até a morte durante as perseguições anticristãs sob o imperador Diocleciano. Rei bárbaro e assaz cruel, Childeberto nem por isso desrespeita a religião e tem uma afeição sem limites pelo padre Germain, seu conselheiro e protetor dos pobres.

Childeberto não esquece a participação ativa da Igreja e de Roma no desenvolvimento do reino franco. Com a queda do império, a Igreja e seus bispos tornaram-se os últimos bastiões administrativos e sociais da Gália. Os francos tinham todo o interesse em se apoiar sobre essas redes. Fizeram-se cristãos, para esses ateus não foi muito difícil... Paris já vale uma missa.

Além disso, a ordem e a organização da Igreja imediatamente seduziram essas tribos francas extremamente disciplinadas e menos exaltadas que os outros invasores, esses adeptos do arianismo fortemente combatido por Roma, um cristianismo muito grego e oriental, próximo da filosofia platônica.

Em resumo, de comum acordo, Roma entregou-se aos francos, a Gália franca tornou-se a filha mais velha da Igreja, beneficiando-se de sua influência junto ao povo. A nova Gália se constrói no fervor religioso...

— Childeberto, deves construir uma abadia para guardar as santas relíquias trazidas de Saragoça — decreta o padre Germain.

Uma abadia que, é claro, seria administrada pelo próprio Germain, primeiro degrau de uma ascensão que iria fazer desse modesto eclesiástico primeiramente um bispo poderoso, em seguida um santo venerado. Então, lentamente, eleva-se fora dos muros de Paris essa abadia-relicário.

Paralelamente, o rei intervém junto ao papa para fazer sagrar Germain bispo de Paris. O bom padre, modesto e contrito, procura dissuadir tanto o papa quanto o rei: sua vida de contemplação, seu amor pelos pobres e algumas advertências destiladas aos poderosos bastam à sua felicidade terrestre. Mas o Espírito Santo o visita em sonho e vem lhe revelar que o poder divino lhe exige esse sacrifício! Então ele aceita e se vê promovido à frente da Igreja parisiense.

O rei merovíngio, que se considera o braço secular da Igreja, quer para seu prelado uma catedral à altura da capital. Para mostrar sua afeição e sua submissão, Childeberto decide construir um edifício esplêndido, inspirado na basílica de São Pedro em Roma.

Na extremidade oriental da île de la Cité havia, na época romana, um monumento a Júpiter, cujos vestígios estão conservados no museu de Cluny. Com a cristandade triunfante, é justo e bom que o velho templo em ruínas seja substituído pelo mais belo dos santuários. Já que a paz cristã sucedeu à paz romana, o novo edifício deve se fixar sobre as antigas muralhas romanas. Essa nova utilização das antigas muralhas será o sinal tangível, sólido, do poder militar romano suplantado por um poder espiritual ainda mais poderoso.

É assim que se ergue a basílica Saint-Étienne, um monumento imponente: cinco naves, setenta metros de comprimento, 36 de largura, a maior igreja do reino. Os curiosos encontrarão o desenho no adro de Notre-Dame. Quanto às fundações da parede sul, apoiadas sobre as muralhas romanas, encontram-se na cripta arqueológica do adro de Notre-Dame.

Na época, uma catedral nunca é concebida como um edifício isolado; ela forma, ao contrário, a reunião de diversos lugares de culto. Acrescenta-se portanto a saint-Étienne um batistério, colocado logicamente sob a proteção de são João Batista, e uma igreja Notre-Dame, já! Esse grupo episcopal constitui a sede imponente do bispo Germain. Segundo suas ovelhas, o bispo não cessa de recorrer ao tesouro real para praticar caridade; às vezes tira até o pão da boca de seus monges para dá-lo a qualquer infeliz que passe. Os religiosos se enfurecem, mas nada ousam dizer a um santo capaz de fazer milagres. Pois é o que se diz, Germain cura os doentes e os aleijados, liberta os possuídos, ressuscita os mortos...

↓ Ⓜ ⑥ Como Notre-Dame substitui Saint-Étienne?

Em 1160, Maurice de Sully, bispo de Paris, decidiu a construção de uma única catedral, maior e mais bela que Saint-Étienne e a antiga

Notre-Dame reunidas. Saint-Étienne tinha setenta metros de comprimento, a nova construção teria mais de 120.

As obras foram gigantescas e duraram 75 anos. Dizem que um artesão parisiense, chamado Biscornet, foi encarregado de fazer toda a serralheria das portas. Diante do desafio da tarefa, ele invocou o diabo para ajudá-lo, e o espírito do mal o ajudou tão bem que foi preciso recorrer à água benta para fazer funcionar as chaves! Mas o trabalho do metal tinha sido tão especial que ainda hoje, parece, os especialistas não explicam o modo como foram trabalhadas essas famosas ferragens ainda visíveis nas portas da fachada principal. Infelizmente, Biscornet morreu pouco tempo depois de acabar sua obra, levando seu segredo para o túmulo.

Atravessando os séculos, a catedral foi profundamente modificada, e é uma sorte que ainda esteja de pé: os sobressaltos da História ameaçaram-na muitas vezes. Condenada pelos Revolucionários, ela escapou por um triz à demolição. Um pouco mais tarde, a coroação de Napoleão se fez em Notre-Dame, mas foi necessário pendurar tapeçarias nas paredes para disfarçar o estado deplorável do edifício.

Em 1831, com seu romance Notre-Dame de Paris, *Victor Hugo acordou as consciências do governo e da opinião pública. Agora, todos deviam estar de acordo: a catedral devia ser salva! O arquiteto Eugène Viollet-le-Duc, especialista das reconstruções e das reconstituições, se encarregou da restauração. A obra durou quase vinte anos e tentou, como pôde, devolver ao edifício seu aspecto medieval.*

Foi especialmente necessário restaurar a galeria dos reis, que se estende sobre toda a fachada acima dos três portais. Vinte e oito estátuas de reis de Judá e de Israel representavam os ancestrais tradicionais do Cristo, mas, sob a Revolução, julgou-se ver neles os reis da França, e tudo foi então destruído com golpes de barras de ferro. Para devolver ao conjunto seu aspecto original, as estátuas desejadas por Viollet-le--Duc foram postas em nichos vazios. Boa notícia: uma parte das antigas estátuas foi encontrada em 1977, por ocasião de obras na rue de la Chaussée D'Antin. Os fragmentos estão expostos no museu de Cluny.

O dia 13 de dezembro de 558 se anuncia como um grande momento para Paris, sua população e seu clero. Esse deve ser o dia da consagração solene da basílica Saint-Vincent-Sainte-Croix, na margem esquerda, enfim terminada após dez anos de obras.

Tudo está pronto para esse acontecimento importante, que deve reunir a fina flor da hierarquia católica e a nata da nobreza real. Childeberto é esperado, é sua hora de glória, aquela em que se vai celebrar ao mesmo tempo suas expedições militares, sua fidelidade religiosa e sua perfeita administração.

Germain está lá, rodeado por seis outros bispos recrutados para a ocasião. Espera-se o rei... Espera-se o rei, mas o rei não virá. O rei morreu. Bruscamente, de uma hora para outra, ele escolheu se apagar no instante mesmo de seu triunfo na cidade. Triste destino, mas glória na imortalidade.

O que fazer? Germain está circunspeto, os outros prelados balançam a cabeça. Deve-se adiar a cerimônia? Mergulhar no luto? Germain manifesta então uma perspicácia da comunicação e do simbólico: decide manter a comemoração, mas realizar, ao mesmo tempo, o funeral real.

Toda a corte está reunida. A rainha Ultrogothe, esposa do defunto, e suas duas filhas estão na primeira fila, seguidas pelos ministros, os intendentes e os oficiais. Os monges vêm em seguida e, no fundo, se aperta o povo.

Manto vermelho nos ombros, Germain, rodeado por seus padres e diáconos, aplica o óleo santo sobre as doze colunas da basílica, lembrança dos doze apóstolos que seguiram o Cristo, depois derrama a unção sobre o altar, lugar sagrado do edifício, ponto de encontro do Céu e da Terra.

Em seguida, com voz forte, o bispo lembra a profecia de são João:

— Eu vi a cidade santa, a nova Jerusalém, que descia dos céus, enfeitada como uma esposa ornada para seu esposo; e ouvi uma grande voz que vinha do trono e dizia: é aqui o tabernáculo de

Deus. Que sempre ressoe nessa casa a Palavra de Deus, que ela vos revele o Mistério do Cristo e opere vossa salvação na Igreja.

Gloria in excelsis Deo, Glória a Deus no mais alto dos céus, cantam os presentes, e Germain benze a água que, em breve, servirá à aspersão dos presentes, associando assim os fiéis ao batismo místico de um lugar consagrado.

Terminada a cerimônia, descem os despojos de Childeberto na cova que o espera e que ele mesmo tinha anteriormente designado.

Mal Childeberto foi enterrado, surge o delicado problema da sucessão: sua viúva, a rainha Ultrogothe, só teve duas filhas. Nenhuma lei impediria, em princípio, o coroamento de uma mulher, mas a questão nem foi aventada. Ninguém sonha, nem por um instante, ser possível ver o reino franco dominado por uma donzela! O que é preciso, ao contrário, é um homem perfeitamente robusto. Capaz de manejar a espada, pronto a atacar o inimigo, um rapaz bem rude, que não tema lançar-se nas batalhas para matar alguns visigodos.

Dos quatro filhos de Clóvis que partilharam o reino à morte de seu pai, só resta Clotário. E é ele que ganha. Ele consegue reunir sob sua coroa os estados dos seus irmãos mortos. Ele é agora o único legatário da imensa herança de seu pai, isto é, toda a Gália aumentada da Turíngia além do Reno, da Borgonha e de algumas províncias do sul. E qual é a primeira ação desse rei todo-poderoso que reina doravante sobre boa parte da Europa? É deixar sua residência de Soissons — ele também tinha se estabelecido lá — para vir para Paris. Como se o senhor de um tamanho império só pudesse governar das margens do Sena! Nenhuma preocupação estratégica implica tal decisão, nenhuma regra, nenhuma tradição: simplesmente Paris já se impõe como capital de um grande reino que se organiza.

Mas Clotário não é mais um homem jovem. Já passou dos sessenta, está acabado por suas numerosas campanhas militares e suas seis mulheres, desposadas sucessiva ou concomitantemente — o casamento ainda não é considerado pela Igreja um sacramento, por conseguinte pode ser facilmente dissolvido e a poligamia é uma tradição estabelecida nas famílias reais. Clotário reina apenas três anos e morre em 561, estupefato por constatar que Deus recusa conceder a imortalidade a um monarca tão considerável quanto ele.

— Que pena! Mas afinal quem é esse rei do Céu que deixa morrer assim os mais poderosos reis da terra? — pergunta ele antes de fechar os olhos.

Enquanto o corpo do monarca é transportado para Soissons, Chilperico, o mais jovem dos quatro filhos do defunto, tenta, pela força, açambarcar o reino franco em seu proveito. Ele se apropria do tesouro paterno e corre ao palácio da Cité para distribuir punhados de moedas de ouro aos ministros e funcionários. A Corte, encantada com a generosidade do jovem monarca, não hesita em celebrá-lo como único soberano legítimo.

Quando se conhece a mentalidade distorcida e a ferocidade imoderada dos Merovíngios, pode-se bem imaginar que os três irmãos lesados não vão ficar de braços cruzados assistindo ao triunfo do usurpador! Com suas tropas, marcham sobre Paris e fazem rapidamente debandar o soberano autoproclamado. Depois de algumas disputas e lamentações, os quatro irmãos tiraram na sorte a parte de cada um... A Guntram coube Borgonha e Orléans; a Sigeberto, da Austrásia até o Reno; a Chilperico, a Nêustria com sua capital Soissons. Cariberto herdou Paris com todo o oeste da Gália.

***

Em Cariberto, Paris encontra um rei pacífico e comedido. Um amigo das artes, um defensor da justiça com costumes um tanto dissolutos, é verdade, mas assim mesmo respeitado por todos. Nesse ano 561, a capital do reino não mudou muito em dois séculos. Na margem esquerda, um entrelaçamento de ruelas conduz ao fórum, às termas e às arenas, que, agora inúteis, se degradam lentamente antes de mergulharem na indiferença e no esquecimento. Na verdade, o que muda mesmo em Paris são as inúmeras igrejas, catedrais, mosteiros, oratórios, santuários, erguidos na île de la Cité e nas duas margens do rio. Estão em todo canto. Alguns lugares de culto são erguidos apressadamente, com algumas tábuas de madeira, mas a maior parte eleva para o céu da capital sua orgulhosa flecha de pedra. E é ainda na île de la Cité que se instala o palácio do bispo, sede da autoridade da Igreja. Paris se cristianiza ostensivamente.

É preciso que se diga que os piedosos construtores dispõem de todo o tempo para erguer suas igrejas e seus palácios: sob a autoridade de Cariberto não há cavalgadas vitoriosas nem conspirações espertas. A época é de quietude. Aliás, como o rei iria encontrar tempo para guerrear? Ele está inteiramente ocupado, assediando qualquer moça que passe a seu alcance! Mas, enfim, sem dúvida é melhor viver sob o reinado de um monarca depravado do que sob o reinado de um senhor belicoso.

Essa atração um pouco exagerada demais pelas mulheres de Paris não era, entretanto, do agrado do clero. Reunindo-se, os prelados reprovam ao rei, veementemente, suas concubinas e, sobretudo, seu casamento com a irmã de uma de suas esposas, o que é então considerado um incesto pelo direito canônico. Quando uma epidemia, que veio destruir a população parisiense, demonstra aos olhos de todos a cólera celeste, Germain, ainda bispo de Paris, lança sobre a cabeça do rei a terrível maldição da excomunhão. Cariberto acalma seus virtuosos acusadores renunciando à sua esposa. O rei se casa então com uma santa mulher unanimemente aceita. Dito isso, essa loucura por casamentos não é um capricho de mulherengo: Cariberto só tem filhas mulheres, ele deseja também gerar um menino, um futuro rei para reinar sobre Paris.

Infelizmente, tão belos esforços não serão recompensados. Ele devolve a Deus sua alma desviada do bom caminho em 567, perto de Bordeaux, durante uma visita a suas possessões meridionais.

E tudo recomeça! Seus três irmãos, Chilperico, Sigeberto e Guntram disputam ferozmente a herança, para finalmente aceitar uma partilha mais ou menos equilibrada. Mas permanece a questão crucial de Paris, que cada um deles acredita merecer mais do que os outros. Ah, Paris, a verdadeira capital do reino franco! Quem possuir essa cidade será evidentemente um pouco mais rei que os outros. Nenhum dos irmãos quer ceder, então eles se concedem uma autoridade comum sobre a aglomeração: as rendas fiscais serão divididas por três, e nenhum dos irmãos poderá entrar na cidade sem o consentimento dos outros dois. Um tríplice juramento solene, feito sobre as relíquias de são Martinho, são Hilaire e são Polyeucte, interina esse acordo. Então, três reis para Paris?

Durante dezessete anos, não se sabe muito bem quem reina sobre a cidade, mas os habitantes estão bem. Pois eles se estripam garbosamente em lutas fratricidas, mas não ali. Em outros lugares. Enquanto Sigeberto está ocupado em expulsar os bárbaros a leste, Chilperico aproveita para roubar Reims de seu irmão ausente. Voltando a seus domínios, Sigeberto retoma a cidade, e, em represália, toma por sua vez Soissons. Uma nova irrupção dos bárbaros chama Sigeberto para além do Reno, mas esse rei é feito prisioneiro durante o confronto. Finalmente, é libertado em troca de um polpudo resgate. Esse interlúdio deu alguma esperança ao pérfido Chilperico, que retoma a guerra contra seu irmão. Cercado em Tournai, Chilperico vai ser vencido. Sua única esperança reside numa debandada das tropas inimigas... Para obter esse prodígio, é preciso matar seu irmão Sigeberto! A morte do chefe provocará o terror nas fileiras de seus soldados. O vencido procura na trapaça e no crime o que não obtém através dos combates.

Nesse mês de dezembro de 575, dois comparsas surpreendem Sigeberto em Vitry-en-Artois, e lhe enfiam no peito seu *scramasaxe*, pequeno sabre com a lâmina reta mergulhada em veneno, arma privilegiada dos Merovíngios e dos seus capangas.

— Eis o que diz o Senhor pela boca de Salomão: aquele que tiver cavado uma cova para seu irmão, nela cairá — recrimina Germain.

Realmente — mas quase dez anos mais tarde — Chilperico morre assassinado por sua vez, apunhalado depois de uma caçada por um desconhecido que conseguiu fugir.

Guntram, o irmão sobrevivente, tornado único rei dos francos em 584, é um personagem como a época aprecia: melífluo e violento, hipócrita e brutal. É fanático pela religião, devoto a mais não poder, o povo lhe atribui curas milagrosas e os bispos o chamam são Guntram, o que é o cúmulo da bajulação!

Mas, enfim, ele reina com inteligência e, para evitar ser estripado pelos sobrinhos, para impedir que sua família se extermine, ele convoca a Paris uma assembleia dos Grandes. Desvia sutilmente a agressividade dos seus sobre um inimigo bem determinado: os visigodos. A guerra declarada contra esse povo que reina sobre o Languedoc se revela vã e sem sucesso, mas pouco importa, ela preserva momentaneamente a dinastia merovíngia das conspirações assassinas.

Guntram morre em 593, com 68 anos. Morre pacificamente na cama, o que não é muito comum na família. Deixa apenas uma filha, que se apressa em tornar-se religiosa, e o reino se vê dividido entre o filho de Sigeberto, Childeberto II, rei da Austrásia, a leste, e o filho de Chilperico, o jovem Clotário II, de nove anos, rei da Nêustria, a oeste.

Em 613, os assassinatos e as doenças clarearam as fileiras da família, assim Clotário II consegue agrupar sob sua única autoridade o reino dos francos, mas é um reino dividido entre a Nêustria, a Austrásia e a Borgonha. Será que é por isso que ele não reside em Paris e prefere seu palácio de Clichy, no nordeste da île de la Cité?

Pouco importa: é justamente em Paris que ele convoca um grande conselho destinado a reorganizar o clero e o reino. Em outubro de 614, setenta bispos e tudo o que há no país de oficiais e nobres se reúnem à volta do túmulo de Clóvis, na igreja Saint-Pierre-et-Saint-Paul. Ele se esforça em preservar sua autoridade real e a unidade de suas terras.

Depois de uma semana de debates, um edito é promulgado. O concílio reconhece ao clero a autenticidade de suas decisões, que têm, de agora em diante, pela graça real, força de lei. Além disso, o concílio promete à nobreza a reparação dos prejuízos causados pelos anos de guerra e de querelas intestinas. Desenha-se assim uma organização dos negócios do reino. Pois, com habilidade diplomática, Clotário II cria as condições necessárias ao advento de um poder real sólido e centralizado.

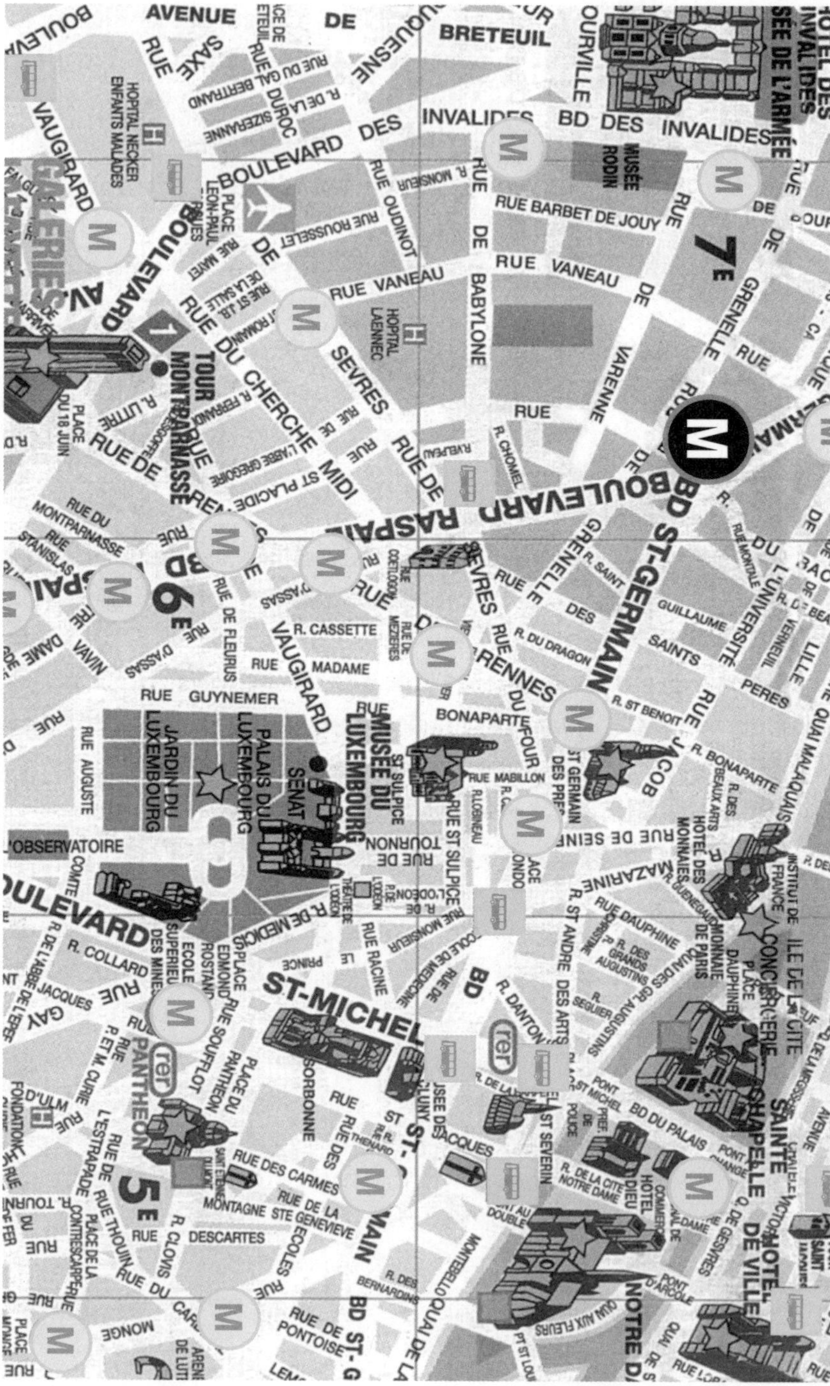
AVENUE DE BRETEUIL
BOULEVARD DES INVALIDES
BD DES INVALIDES
HOTEL DES INVALIDES
MUSÉE DE L'ARMÉE
MUSÉE RODIN
RUE BARBET DE JOUY
RUE VANEAU
RUE DE BABYLONE
RUE OUDINOT
RUE DE VARENNE
RUE DE GRENELLE
7E
HOPITAL LAENNEC
HOPITAL NECKER ENFANTS MALADES
BOULEVARD DE VAUGIRARD
RUE DE SÈVRES
RUE DU CHERCHE MIDI
TOUR MONTPARNASSE
PLACE DU 18 JUIN
RUE DE RENNES
BOULEVARD RASPAIL
BD ST-GERMAIN
BD RASPAIL
6E
RUE DE VAUGIRARD
R. CASSETTE
RUE MADAME
RUE GUYNEMER
RUE BONAPARTE
RUE DU FOUR
RUE JACOB
RUE DES SAINTS PERES
RUE DE L'UNIVERSITÉ
RUE DE LILLE
QUAI MALAQUAIS
R. BONAPARTE
HOTEL DES MONNAIES
RUE DE SEINE
RUE MAZARINE
INSTITUT DE FRANCE
MUSÉE DU LUXEMBOURG
PALAIS DU LUXEMBOURG
SÉNAT
JARDIN DU LUXEMBOURG
ST SULPICE
RUE ST SULPICE
RUE DE TOURNON
RUE AUGUSTE COMTE
L'OBSERVATOIRE
BOULEVARD
R. DE MEDICIS
ECOLE SUPERIEURE DES MINES
RUE GAY LUSSAC
RUE RACINE
RUE DE L'ECOLE DE MEDECINE
BD ST-MICHEL
SORBONNE
RUE SOUFFLOT
PANTHÉON
PLACE DU PANTHÉON
RUE DES CARMES
RUE DE LA MONTAGNE STE GENEVIEVE
RUE DESCARTES
RUE MOUFFETARD
5E
RUE MONGE
ARENES DE LUTECE
BD ST-GERMAIN
RUE DE PONTOISE
R. DES BERNARDINS
RUE ST JACQUES
MUSÉE DE CLUNY
ST SEVERIN
PONT ST MICHEL
BD DU PALAIS
CONCIERGERIE
SAINTE CHAPELLE
ILE DE LA CITÉ
HOTEL DIEU
NOTRE DAME
QUAI AUX FLEURS
PONT D'ARCOLE
HOTEL DE VILLE
AVENUE VICTORIA
RUE DANTON
RUE DAUPHINE
PLACE DAUPHINE
QUAI DES GR. AUGUSTINS
RUE ST ANDRE DES ARTS
MONNAIE DE PARIS

Século VII

Saint-Germain-des-Prés

De uma abadia a outra...

Descendo na estação Saint-Germain-des-Prés, ao passear por ali, pensa-se no existencialismo, nas caves de jazz, nos escritores sentados perto do aquecedor no Deux-Magots, nos amantes do Flore cujas sombras jamais desertaram o local... Ilusão, pois Jean-Paul Sartre, Simone de Beauvoir, assim como Boris Vian, Jacques Prévert e os outros já se foram há muito tempo. Em sua busca, o curioso só encontra uma placa derrisória fixada numa estaca na beira da calçada: "Place Sartre-Beauvoir"... Comovente atenção da municipalidade parisiense. Nossos edis acreditaram dever fazer um agrado ao turista nostálgico atribuindo esse nome composto ao cruzamento barulhento e atravancado que vê a rue de Rennes desembocar no boulevard Saint-Germain.

As pedras do campanário românico da igreja têm mais de mil anos, suas bases visíveis na capela Saint-Symphorien datam mesmo de sua criação merovíngia há quase 1.500 anos! Esse campanário é verdadeiramente o decano de Paris que se ergue acima do bairro para constatar, talvez um pouco despeitado, que as elegantes butiques de moda substituíram as livrarias onde os estudantes vinham antigamente procurar sua ração intelectual.

Caminhe ao longo da igreja pela direita e siga-me através do bulevar... Como não se surpreender pelo corte ab-rupto na aresta do muro da esquina? Uma mão sacrílega parece ter cortado rente o conjunto mais vasto que formavam os edifícios contíguos à antiga abadia. Efetivamente, sob o segundo império, o machado do barão Haussmann (sempre ele!) agiu aqui para criar o boulevard Saint-Germain.

As obras permitiram ao arqueólogo Théodore Vacquer efetuar escavações nos acessos dos novos canteiros e encontrar nesse lugar a mais importante e a mais rica coleção de objetos merovíngios conservados atualmente no museu Carnavalet.

Avançando um pouco mais, descobre-se uma bela particularidade do Renascimento: a porta sul, aberta no fim do século XVI. Pode-se também ver o que corresponde aos três antigos campanários, dos quais um único sobreviveu às depredações revolucionárias. Foi preciso demolir os dois outros, muito degradados. Com efeito, durante a Revolução, a igreja tinha se tornado um depósito de salitre; ora, essa substância, destinada à fabricação de pólvora para canhão, faz estufar as velhas paredes úmidas... Introduzindo nas igrejas esse produto que roía as velhas pedras, os *sans-culottes* fizeram intencionalmente apodrecer, de dentro para fora, a fundação dos edifícios religiosos. Um milagre que a igreja Saint-Germain-des-Prés ainda esteja de pé!

Tudo aqui e nas ruas vizinhas evoca a história da abadia Saint-Germain-de-Prés, assim chamada para distingui-la de Saint-Germain-l'Auxerrois e porque ela era cercada por imensos campos que lhe pertenciam: ela possuía todo o 6º e o 7º *arrondissements* atuais!

Os beneditinos eram donos de territórios prósperos: culturas diversas, essencialmente vinhedos, lhes davam uma boa renda, o que não os impedia de exigir o pagamento de um direito de pesca no braço do Sena que haviam desviado em seu proveito para ter água em abundância. As atuais rue Gozlin e rue Bonaparte estiveram afogadas até o século XVII!

Um burgo se desenvolveu pouco a pouco em torno da abadia, até que os habitantes exigiram a própria paróquia: foi a igreja Saint-Pierre situada na atual rue des Saints-Pères (por deformação de Saint-Pierre). Pode-se facilmente delimitar o burgo de então: ele ia do boulevard Saint-Michel até a rue des Saints-Pères, e da rue Saint-Sulpice até o Sena.

Será que os monges de Saint-Germain-des-Prés foram perturbados em suas meditações pela presença turbulenta dos estudantes que, do Quartier Latin, vinham passear por todos os lados em suas terras? Eram numerosos, especialmente por ocasião da feira Saint-Germain que tinha lugar na Páscoa à volta da abadia. Na verdade, os beneditinos suportavam bem esses inconvenientes, pois deles tiravam um bom lucro, sobrecarregando de taxas os mercadores e seus clientes. Lugar de comércio e de passeio, essa feira atraía ricos e pobres, grandes e pequenos, que podiam aí encontrar comediantes, saltimbancos, animais... Também se jogavam jogos de azar: Henrique IV ali perdeu mais de 3 mil escudos!

Tumultos, altercações e pequenos roubos constituíam o cotidiano dessa grande manifestação, até o dia em que, no fim do século XIII, os estudantes provocaram uma tal confusão que, para preservar a paz pública, o rei Felipe, o Belo se apoderou da feira. Uma parcela de terra a menos para os abades, sem contar o que deixavam de ganhar! Os beneditinos só recuperarão essa feira e seus benefícios dois séculos mais tarde, para aproveitá-los até 1762... Nesse ano, numa noite de março, um incêndio destruiu as barracas. Tudo foi reconstruído, mas a nova feira não tinha o mesmo sabor. Ela nunca mais teve a mesma afluência e foi suprimida na Revolução.

O lugar foi então comprado pela cidade de Paris, que ali instalou o mercado Saint-Germain. À primeira vista, só restam aí edifícios bastante comuns do fim do século XIX, mas, quando se procura bem, podem-se ver ainda vestígios de outrora. Nas pequenas ladeiras veem-se os pátios da rue Mabillon e as pedras da antiga feira num nível inferior. Pode-se mesmo descer a escada de pedra para se encontrar no antigo nível da rua, pisar nesse calçamento irregular em que ressoam ainda os gritos dos feirantes fanfarrões e dos estudantes desordeiros...

Pode-se também contornar o domínio Saint-Germain. Ele se estendia por quatro ruas cujo traçado ainda subsiste: a rue de l'Échaudé a leste, a rue Gozlin ao sul, a rue Saint-Benoît a oeste e a rue Jacob ao norte.

A primeira dessas pequenas artérias é curiosa. Vestígio medieval, o calçamento da rue de l'Échaudé tem um pequeno rego central destinado a evacuar as sujeiras que na época as pessoas jogavam pelas janelas. A limpeza urbana melhorou muito depois disso, mas a forma da ruazinha é bem bonita! O mais surpreendente é a impressão persistente de que cada um dos lados construídos não pertence à mesma rua, como se faltasse um muro imaginário que separaria os estilos e as épocas, de uma calçada a outra... Pois bem, havia aqui realmente uma separação, era a muralha da abadia!

No tempo da Guerra dos Cem Anos, um espaço em forma de triângulo estava apertado entre a muralha de Felipe Augusto a alguns metros das rues de l'Odeon e Dauphine e a muralha da abadia. Esse espaço constituía uma zona preservada, pois a menor construção nesse lugar ajudaria o assaltante eventual a escalar a muralha da abadia... Quando o perigo se afastou, essa proteção de pedra perdeu a importância e edifícios timidamente mostraram a ponta do nariz, adaptando-se ao ângulo agudo liberado. Se você acha que a rue de l'Échaudé tem o focinho pontudo, agora sabe o porquê.

↓ (M) (7) **Mas quem foi escaldado?**

Esse escaldado da rue de l'Échaudé não tem nada a ver com o gato que "tem medo de água fria"... Especialidade de confeitaria que os habitantes do Aveyron conhecem ainda hoje, l'échaudé *é um bolo de forma cônica cuja massa foi fervida, melhor dizendo, escaldada. É por causa de sua forma triangular tão estranha que a rua, antigamente "caminho sobre os fossos da abadia", tomou o nome dessa guloseima cuja receita data da Idade Média.*

No fim da rue de l'Échaudé, na esquina da rue de l'Abbaye, uma casa muito antiga o espera há seiscentos anos; ela é característica das construções do século XV, mais estreitas na base que no primeiro andar, para deixar passar as carroças. Ela pertencia ao *bailli*, magistrado que decidia a sorte dos prisioneiros detidos pela abadia. Não havia contas a prestar ao rei nem à cidade: até Luís XIV, Saint-Germain-de-Prés — verdadeiro estado na cidade — possuía seu *prévôt*, preboste, para exercer a justiça, seu tribunal e sua prisão. Hoje, à direita da igreja, no boulevard Saint-Germain, a estátua de bronze de Denis Diderot, outrora hóspede da fortaleza de Vincennes, vela sobre o local da antiga cadeia.

A abadia possuía também um abade-chefe, um cardeal cujo palácio do fim do século XVI, situado nos números 3 e 5 da rue de l'Abbaye, foi durante muito tempo considerado uma das mais belas residências de Paris. Ele permanece como testemunha da arquitetura do Renascimento e uma lembrança da opulência religiosa.

Outros vestígios nos números 6, 8 e 10 da mesma rua, sempre no coração do antigo domínio Saint-Germain-des-Prés: os restos da capela da Virgem e dos comuns, os edifícios onde os monges viviam o dia a dia. Mesmo fragmentados, esparsos, estragados, esses restos falam do esplendor de uma época — o século XIII — em que o fervor animava homens vindos de regiões afastadas para encontrar, em Paris, a emulação intelectual, o gosto pelo estudo, e pela própria evolução, noções caras aos beneditinos. O próprio arquiteto da Sainte-Chapelle, Pierre de Montreuil, desenhou a renda de pedra da capela da Virgem. Alguns fragmentos estão expostos na pequena praça ao norte da igreja: aberturas em ogivas ornadas com finas rosáceas que se acreditariam vindas de Notre-Dame, pedras tumulares, restos de poços... O grande mestre construtor está enterrado aqui desde 1264. Inumado sob os escombros de sua obra, cujas pedras de fundação podem ser vistas nas paredes interiores das lojas da rue de l'Abbaye. Amalgamados na vida atual, esses vestígios nos observam do fundo dos séculos. E, se as pedras não falam, elas dizem as sensações, as cores, as luzes, as atmosferas... para aquele que quer ver e ouvir.

Você quer prestar atenção, abrir os olhos e deixar bater seu coração? Entre no número 14-16 da rue de l'Abbaye. Você não vai se arrepender... Esse imóvel mais para moderno permite ver aparecer todo um pedaço do passado abacial. Uma vez fechada a grande porta de entrada, no silêncio e no recolhimento que convêm a esse lugar, você descobrirá à direita um resto do dormitório dos monges. Sobre a parede que separa o refeitório da casa dos hóspedes da abadia, as moldagens de pedra lembram vitrais. Se você levantar a cabeça para admirá-las, seu olhar dará vida aos vestígios do edifício meio encravado na parede. Imagine os monges indo e vindo sob as abóbadas românicas cuja altura majestosa era tal que elas não puderam ser atingidas pelas degradações revolucionárias! Encontramo-nos aqui diante de um perfeito exemplo da assimilação moderna de um vestígio medieval, já que o conjunto, na pureza calcária da pedra renovada, sabiamente iluminado pelas aberturas naturais e por *spots* brancos, dá a impressão de uma composição fantasista zombando do tempo e dos estilos.

Do número 16 da rue de l'Abbaye, olhe para a direita. Está vendo o anjo acima do edifício que está diante da igreja? Atrás dele, uma torre redonda, acessível pelo número 15, rue Saint--Benoît. Essa torre é o último vestígio da muralha da abadia, construída no século XIV, antes da Guerra dos Cem Anos.

Porém, no século VII, todo esse bairro está ainda em gestação...

⋆ ⋆ ⋆

Para Paris, o poder centralizado imaginado por Clotário II traduz-se por idas e vindas incessantes de personagens importantes surgidos de todas as regiões. Agora o rei se desloca menos frequentemente, envia apenas poucos emissários através de seus domínios, mas recebe no palácio da Cité os filhos da nobreza e os membros do clero que vêm lhe pedir alguma coisa ou trazer-lhe ecos de suas longínquas províncias. Pouco a pouco, ele abandona sua residência de Clichy para estar mais presente em Paris, centro das decisões.

Desde essa época, "sobe-se" a Paris, como na Bíblia os fiéis "subiam" a Jerusalém. Aliás, a população parisiense se julga muito superior à das outras cidades do reino: não tem ela o hábito de cruzar nas ruas lamacentas com o rei Clotário, a rainha Bertrude e seu filho, o príncipe Dagoberto? Essa proximidade com a grandeza real engrandece um pouco todos os habitantes da cidade, ou pelo menos é o que eles pensam e querem fazer acreditar!

As outras regiões a invejam e também querem ter um rei em permanência. É preciso contentá-los, e Clotário envia seu filho Dagoberto para a Austrásia. O jovem de 23 anos conhece os negócios do reino, pois desempenha eficazmente o papel de conselheiro de seu pai há muito tempo. Mas agora tudo muda para ele: deve deixar Paris e ir para Metz, sua pequena capital, para administrar as terras do leste. Durante sete anos, Dagoberto desempenha assim as funções de "segundo rei", até a morte de seu pai, em outubro de 629, aos 45 anos. Diante da notícia da morte, Dagoberto deixa Metz para ir assistir aos funerais na basílica Saint-Vincent-Sainte-Croix, onde já repousam o rei Childeberto, tio-bisavô do defunto, assim como o rei Chilperico, seu pai.

Sob o coro da igreja, encontraram-se numerosos jacentes góticos dos reis do século XII. O de Childeberto, descoberto em excelente estado, o mais antigo jacente conservado na França, foi depositado em Saint-Denis.

Dagoberto não voltará mais à Austrásia. Instala-se no palácio da Cité, e é ele, naturalmente, que cinge a coroa franca. Uma coroa um pouco carcomida... pois Dagoberto tem um meio-irmão, chamado Cariberto II, um rapaz um tanto débil, mas essa deficiência não impede, uma vez mais, que a coroa merovíngia seja dividida pela sucessão. Brodulf, tio materno de Cariberto, personagem esperto e ambicioso, exige para seu querido sobrinho a metade da herança. Aliás, é exatamente o que desejava o defunto Clotário, é o que ele diz! Ninguém acredita muito que o falecido rei desejasse ceder uma parte de seu reino ao debiloide da família, então Brodulf arranja testemunhas. Antigos conselheiros supõem já ter ouvido seu senhor falar desses propósitos edificantes. Interrogados, gaguejam e se recusam. No fundo, não, não sabem de nada, não ouviram nenhuma confidência, ignoram as verdadeiras intenções do morto.

Vendo sua ignomínia desmascarada, Brodulf foge para a Borgonha, para as margens do Saône, onde sua esposa mobiliza alguns aliados. Será que os debates sobre a herança de Clotário vão se eternizar? Não, pois o bom rei Dagoberto manda assassinar o malvado Brodulf, o que acaba imediatamente com suas audaciosas reivindicações.

Mas, enfim, Cariberto é de sangue real e é preciso lhe dar um prêmio de consolação. Concedem-lhe o reino da Aquitânia, que tem Toulouse por capital. Um título de rei fictício, já que o insignificante Cariberto se submete inteiramente a seu irmão. E então, morre tranquilamente ao cabo de três anos. Apaga-se das belas páginas da História, mas deixa um filho, isso não acaba mais. Esse bebê poderia um dia exigir sua parte do reino franco... Governar é prever, diz o adágio. Em nome da unidade do reino, o recém-nascido é prontamente sufocado com seu travesseiro. Está tudo resolvido. Dagoberto não é desses que se deixa perturbar por uma criancinha!

Doravante, Dagoberto reina como senhor absoluto. O palácio da Cité torna-se mais ainda o centro do poder. De Metz, Limoges, Rouen, Lyon ou Bordeaux, os nobres enviam alguns de seus filhos e filhas para respirar os ares da corte parisiense. Eles vinham a Paris como se vai hoje fazer um estágio em Nova York ou em Londres: para aprender e fazer relações proveitosas. Em que outro lugar poder-se-ia ter relações com jovens vindos de Nêustria, Austrásia, Borgonha? Em que outro lugar poder-se-ia encontrar jovens estrangeiros vindos se impregnar com as boas maneiras da capital franca? Assim, o rei Edwin, soberano de Nortúmbria (no noroeste da Inglaterra) manda educar seus dois filhos em Paris, certo de que seus herdeiros encontrarão junto ao rei Dagoberto o modelo que fará deles monarcas poderosos e respeitados.

Em Paris, os nobres provincianos iniciam-se em todas as disciplinas indispensáveis. Um jovem bem-nascido deve conhecer o manejo das armas, a retórica e o direito. Preparam-se os jovens nobres para serem, ao mesmo tempo, bons soldados e perfeitos funcionários.

Aqui também se formam aventuras sentimentais. Encontros sem amanhã ou troca de promessas para a vida inteira, dá-se alegremente o passo que vai do prazer de uma noite ao compromisso definitivo. Moças e rapazes descobrem o amor na île de la Cité, e veem-se formar casais realizando assim o improvável: a união de famílias de regiões diferentes, às vezes em conflito, e que encontram de repente a vantagem da concórdia para aumentar o poder junto ao rei. É claro que se quer estudar, manejar a espada, se casar se preciso for, mas somente com um fundo de intrigas e de interesses. As famílias velam realmente por seus rebentos e contam obter um benefício substancial com sua fidelidade à corte. Essas vantagens esperadas podem se manifestar em influência, em terras, em moedas de ouro, em títulos... Um certo Syagrius deixa Paris com o título de conde, um Radulf é mandado como duque para as regiões fronteiriças do Norte, um Desiderius faz as ligações indispensáveis para ser nomeado bispo de Cahors...

Sensível aos símbolos, Dagoberto manda instalar um trono no salão do palácio, um assento cinzelado por Elígio, seu ourives pessoal e seu homem de confiança. Confiança tão grande, aliás, que esse Elígio se tornará superintendente das finanças do reino, depois bispo e será mesmo canonizado para entrar finalmente na História com o nome de santo Elígio.

↓ M 7 Por que Dagoberto vestiu a calça pelo avesso?

Na canção, o bom santo Elígio adverte o bom rei Dagoberto de que ele vestiu a calça pelo avesso... Anacronismo, pois a calça, essa espécie de calção um pouco bufante que vai até os joelhos, será criada por estilistas inspirados quase mil anos depois. A Revolução, que não dava bola para a verdade histórica, inventou essa cantilena para zombar de todos os reis e de todos os santos. Os insurgentes estavam apenas ridicularizando a distração real ou, numa interpretação mais ousada, ironizavam supostos amores entre o rei Dagoberto e santo Elígio? Amores pelo avesso, como as calças... Enfim, como Sua Majestade se apressava em recolocá-las pelo direito, a moral estava salva!

Por enquanto, o futuro santo ainda é apenas um artesão preocupado em cinzelar o melhor possível o trono do novo rei. Um assento que talvez não seja muito confortável, com suas tiras de couro enfileiradas, mas cuja estrutura ofuscante de bronze dourado é feita para impressionar, com seus entrelaçamentos que sobem pelos braços, se alargam e se metamorfoseiam em cabeças de leões com a goela aberta. O trono de Dagoberto está hoje conservado no gabinete das medalhas da Biblioteca Nacional.

Para marcar seu poder absoluto, Dagoberto precisa desses símbolos. Porém, isso não basta: ele precisa também inscrever sua munificência na pedra. Paris já tem sua abadia, então é para são Denis que ele volta seu olhar. Será a grande obra de sua vida!

Profundamente crente e fortemente supersticioso, Dagoberto está persuadido de que, dos céus, são Denis vela por ele. Ele sente isso, ele sabe disso, pois vindo outrora ao túmulo do santo decapitado, ele viu o santo em sonho... E a visão lhe prometeu proteção, com a condição de que, ao se tornar rei, Dagoberto lhe ofereça o mais suntuoso dos túmulos.

A igreja de Saint-Denis tinha sido fundada outrora por santa Geneviève, todos se lembram disso, mas, um século e meio depois, o local já está bem degradado. Não passa de um pequeno santuário decrépito perdido no norte de Paris, que não atrai mais um grande número de peregrinos. Uns dez anos antes, um mosteiro beneditino veio se estabelecer ao lado do lugar de culto, e um modesto vilarejo se formou a sua volta, habitado por alguns camponeses e artesãos que sobrevivem servindo a comunidade dos monges. Mas, enfim, tudo isso transpira um pouco miséria e relaxamento. Dagoberto está decidido a satisfazer o santo e embelezar sua tumba.

São Denis precisa de um mausoléu tão grande e tão belo quanto sua lenda: uma basílica logo substitui a vetusta igrejinha. Elígio, ourives-ministro, recebe a incumbência de conceber um relicário capaz de prestar ao santo a homenagem que lhe é devida. Elígio obedece: ele fabrica uma obra magnífica de ouro e pedras preciosas com balaustradas cobertas de ornamentos de ouro, portas de prata e tampo de mármore. O espírito de são Denis pode ficar satisfeito: seus despojos repousam agora numa sepultura digna de um santo taumaturgo! Mas o ministro vai ainda mais longe, ultrapassando o desejo real; para receber os donativos dos fiéis, ele confecciona uma caixa de prata; para exaltar a fé dos crentes, cinzela uma imensa cruz de ouro cravejada de granadas e de pedras finas.

Dagoberto pensa também na salvação espiritual das senhoras. Cria um mosteiro feminino na île de la Cité, colocado fora da jurisdição do bispo de Paris. Áurea, a primeira abadessa, recebe as regras das mãos de Elígio. Será então o mosteiro Saint-Éloi! E em breve trezentas monjas volteiam entre essas paredes. Constroem-se para elas duas igrejas: uma dedicada a são Marçal, onde elas vão cantar o ofício, a outra consagrada a são Paulo, onde são enterradas com o fim da vida. Notemos, para a fofoca histórica — aquela que gosta de olhar pelo buraco da fechadura —, que as religiosas, empolgadas com a guarnição militar encarregada de garantir a segurança do palácio real bem pertinho, se deixarão tão bem seduzir pelos belos soldados que a comunidade será finalmente dissolvida por ordem do papa... mas somente cinco séculos mais tarde! O que permitirá a algumas gerações de freiras confraternizar de um modo bastante especial a espada e o aspersor.

Em seguida, Dagoberto cobre com seus benefícios a abadia Saint-Vincent-Sainte-Croix. Bem-entendido, a piedosa generosidade do rei para com abadias e conventos não deixa de ter interesses políticos. O monarca conhece perfeitamente as vantagens que pode obter do prestígio dos mártires e dos santos. A religião não é a garantia da unidade do reino? Nem a língua, nem a ambição nacional, nem a coesão dos povos bastam para reunir as partes esparsas dos territórios de Dagoberto. O catolicismo, seu cortejo de santos, suas acumulações de relíquias, suas igrejas opulentas e suas poderosas abadias são os únicos elementos suscetíveis de unificar num mesmo êxtase espiritual as diversas parcelas do reino franco.

Entretanto, o rei precisa às vezes afirmar sua autoridade e coletar alguns fundos. Nesses casos, ele não hesita em molestar algumas ordens religiosas. As riquezas arrogantes dessas instituições irritam o poder, pois o palácio tem constantemente necessidade de encher seu cofrinho para equipar Paris, cuja população não cessa de aumentar, mas também para combater gascões e bretões que exigem sua independência, e eslavos que ameaçam as fronteiras. Então, para recuperar os belos punhados de moedas de ouro, Dagoberto confisca, em benefício do reino, terras de que a Igreja se apropriou. Será que os monges vão entrar em dissidência? Não, porque o rei age com habilidade: ele recebe os prelados e faz intervir seu fiel Desiderius, bispo de Cahors.

— Quando se teve a honra de trabalhar diretamente sob as ordens de Vossa Majestade — declara este —, sabe-se que ela é incapaz de oprimir a Igreja, e que apenas seu gosto pela justiça e sua apreciação da necessidade podem conduzi-la a tomar tais decisões.

Após essa declaração episcopal, o rei explica abertamente que não se trata de enriquecimento pessoal, mas de sustentar a política de segurança e de unificação do reino. O que responder a essa vontade inabalável? Os bispos se inclinam e se deixam depenar sem muitas recriminações.

No fim do ano 638, Dagoberto, que só tem 35 anos, parece um velho. Suas calças bufantes e a toga com a qual se envolve não escondem a verdade: o rei emagreceu terrivelmente. Além disso, sua barba castanha está grisalha e sua bela cabeleira é apenas uma carapinha desbotada. Suas crises de inflamação intestinal são cada vez mais frequentes, e ele sofre de hemorroidas que lhe causam hemorragias anais. Os médicos acham por bem aplicar-lhe sangrias nos braços, contudo elas não adiantam nada e só enfraquecem o doente.

No mês de outubro, Dagoberto pede para o levarem a Saint-Denis. Será que vai suportar a viagem? É preciso evitar que o rei seja muito sacudido, então é num carro puxado por dois bois, que avançam devagarzinho, que o soberano alcança sua querida abadia. Depois de algumas orações, Dagoberto se faz transportar à sua residência de Épinay, no mesmo lugar em que nasceu. Não é muito longe de Saint-Denis, onde ele decidiu que será enterrado. Ah, ele hesitou bastante: três anos atrás, num primeiro testamento, ele pedia para ser sepultado em Paris, na igreja de Saint-Vincent-Sainte-Croix, ao lado de seu pai. Finalmente modificou essas disposições e agora quer jazer junto ao túmulo do santo mártir.

Em Épinay, Dagoberto acerta ainda os negócios do reino. Mas, quando querem lhe trazer seu filho Clóvis (o futuro Clóvis II), que só tem quatro anos, ele protesta:

— A vista de um moribundo não é um espetáculo para uma criança, e eu prefiro que ele guarde de mim uma bela imagem.

No dia 19 de janeiro, de manhã, encontram o rei morto em sua cama. O abade de Saint-Denis organiza funerais suntuosos. Ele é criticado, pois Dagoberto teve uma vida particular dissoluta: três mulheres, Gomatrude, Nanthechildis e Wulfegundis, duas concubinas conhecidas, Ragnetrudes e Berchildis, sem contar as inumeráveis aventuras com as criadas, as escravas e as belas damas do palácio... O abade dá uma de surdo, não pode fazer por menos: tem de enterrar com honrarias o homem a quem a abadia deve sua existência e sua riqueza.

Em Épinay, os carregadores de sal fervem os despojos e os salgam fortemente, método rudimentar de embalsamamento. Depois, segundo os direitos de sua corporação, levantam o corpo do rei e o transportam de seu leito de morte até o túmulo, em Saint-Denis. Na igreja da abadia estão reunidos os Grandes vindos de todas as regiões do reino... Chega o palanquim sobre o qual repousa o rei. O defunto está deitado, vestido com o manto vermelho da realeza, com as mãos postas numa atitude piedosa.

O que se lê no túmulo de Dagoberto?

No século XIII, os monges de Saint-Denis quiseram fazer uma homenagem ao rei Dagoberto, realizando, para seus despojos, um túmulo excepcional. Mas a sulfurosa reputação do bom rei os fez tremer. Imaginaram então uma escultura um pouco ambígua, que se lê na pedra como uma história em quadrinhos... A alma do rei, representada por uma criança nua e coroada, está sendo levada para o inferno nas garras dos demônios. Felizmente, são Denis, são Martinho e são Maurício libertam essa alma e a apresentam no céu, permitindo-lhe assim ascender ao Paraíso. A mensagem é clara: Dagoberto teria merecido o inferno, mas a intercessão dos santos abriu-lhe miraculosamente as portas da bem-aventurada eternidade. Esse túmulo muito especial ainda pode ser visto em Saint-Denis, perto do altar-mor.

Depois da morte de Dagoberto, o reino franco foi repartido novamente, entre as duas crianças reais: Sigeberto III, dez anos, que recebe a Austrásia a leste, e Clóvis II, quatro anos, que herda a Nêustria, ao norte, e a Borgonha. Desde então, e por muito tempo, o poder real está nas mãos dos prefeitos do palácio, que emergem como superprimeiros-ministros decidindo tudo.

Aliás, Clóvis II vai deixar Paris e se instalar em sua residência de Clichy. O palácio da Cité se transforma numa concha vazia, reanimado apenas para a visita de algum embaixador ou para a reunião de uma grande assembleia. O pobre Clóvis toma então seu lugar no trono, com a coroa posta sobre a longa cabeleira, como um verdadeiro Merovíngio. Esse grande boboca de rosto balofo, que carrega um nome pesado demais para ele, segue os acontecimentos sem dizer nada, abrindo os grandes olhos ingênuos.

E, quando ele chega à capital, os parisienses ficam espantados: ele não atravessa a cidade a cavalo, como o fizeram todos os soberanos antes dele; não, ele é transportado num carro puxado por quatro bois. Realmente, o jovem rei, frequentemente doente, não tem força para dominar sua montaria. Então resolve se deixar carregar assim. O povo caçoa, e os parisienses zombeteiros logo lhe encontram um apelido sobre medida: o rei *fainéant*, que não faz nada, preguiçoso! Apelido que lhe cai como uma luva e que colará em sua pele, e na de todos os seus descendentes.

Houve uma vez, entretanto, em que Clóvis deu provas de uma vontade real: quando a fome dizimava Paris, ele decide retomar da abadia de Saint-Denis uma baixela de prata que seu pai havia há tempos ofertado aos monges. Ele vende esse tesouro e pode assim comprar trigo para a cidade. O abade de Saint-Denis ficou escandalizado! Para ele, era pecado tirar as riquezas da abadia...

Aliás, o rei parecia ter alguma coisa contra Saint-Denis. Um dia, decidindo que era preciso uma santa relíquia para seu oratório pessoal de Clichy, capaz de protegê-lo contra as tentações do demônio, ele foi a Saint-Denis, ordenou friamente que abrissem o sarcófago do santo e pá! Com um golpe da espada decepou um braço do mártir. Depois foi embora, alegremente, com o braço embaixo do braço.

Alguns meses depois, com a idade de 22 anos, Clóvis II sucumbe após um misterioso langor, e os monges de Saint-Denis, que desejam recuperar o braço do seu santo, espalham que, se o rei morreu louco e tão jovem, foi por castigo de seu terrível sacrilégio... O braço encontra logo a cripta da abadia e Clóvis pode ser inumado ao lado de seu pai.

Nessa segunda metade do século VII, Saint-Denis vê crescer sua influência, a ponto de tornar-se um concorrente cada vez mais sério de Saint-Germain-des-Prés, que permanece a necrópole privilegiada dos reis merovíngios...

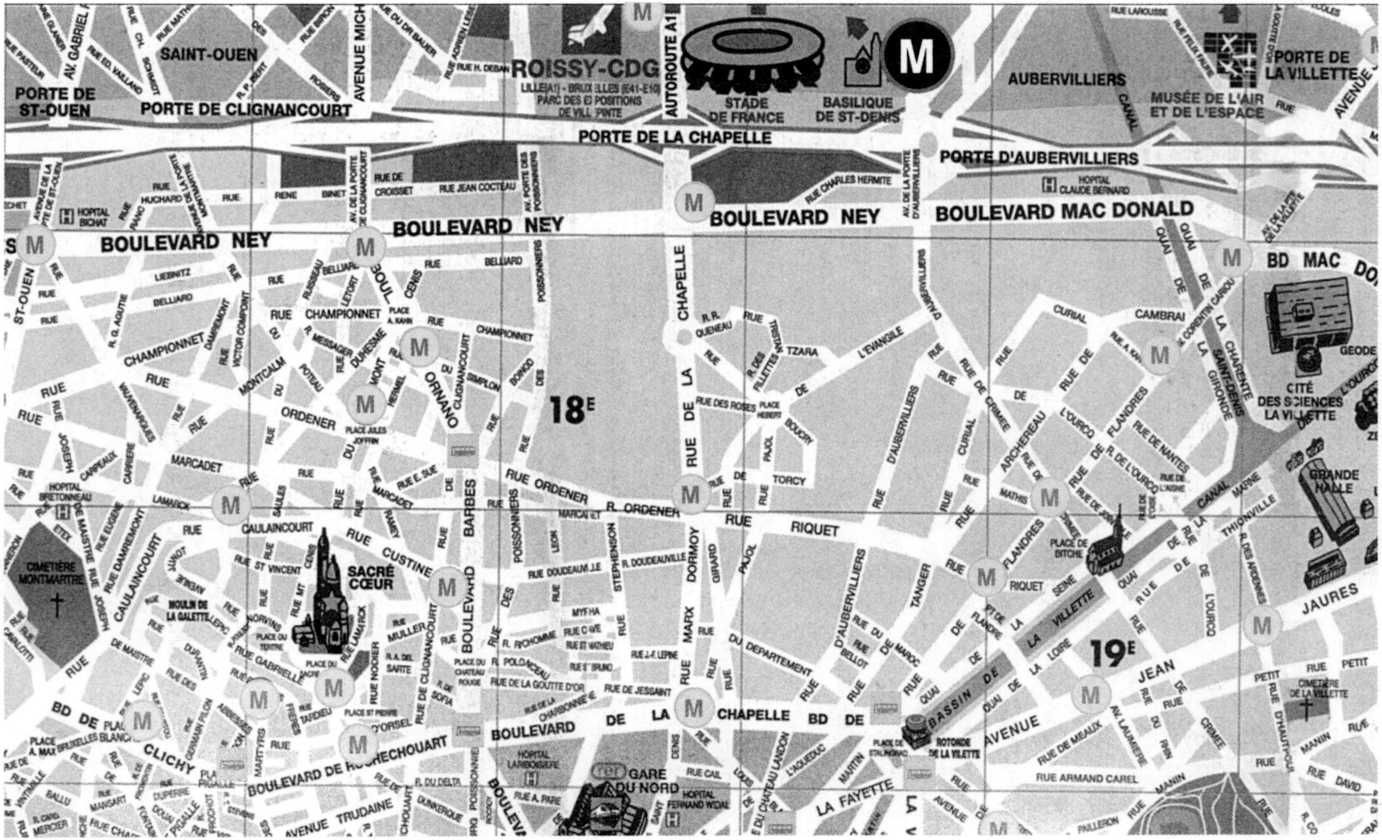

PORTE DE ST-OUEN
PORTE DE CLIGNANCOURT
SAINT-OUEN
AVENUE MICHELET
ROISSY-CDG
LILLE (A1) - BRUXELLES (E41-E10)
PARC DES EXPOSITIONS DE VILLEPINTE
AUTOROUTE A1
STADE DE FRANCE
BASILIQUE DE ST-DENIS
AUBERVILLIERS
MUSÉE DE L'AIR ET DE L'ESPACE
PORTE DE LA VILLETTE
PORTE DE LA CHAPELLE
PORTE D'AUBERVILLIERS
HOPITAL BICHAT
HOPITAL CLAUDE BERNARD
BOULEVARD NEY
BOULEVARD MAC DONALD
BD MAC DONALD
18E
19E
RUE DE LA CHAPELLE
RUE ORDENER
RUE RIQUET
RUE MARX DORMOY
RUE CUSTINE
RUE CAULAINCOURT
RUE DE CLIGNANCOURT
BOULEVARD BARBES
BOULEVARD ORNANO
RUE CHAMPIONNET
RUE MARCADET
RUE DAMREMONT
RUE LAMARCK
CIMETIÈRE MONTMARTRE
MOULIN DE LA GALETTE
SACRÉ CŒUR
BD DE CLICHY
PLACE PIGALLE
BOULEVARD DE ROCHECHOUART
AVENUE TRUDAINE
HOPITAL LARIBOISIÈRE
GARE DU NORD
HOPITAL FERNAND WIDAL
BOULEVARD DE LA CHAPELLE
BD DE LA VILLETTE
RUE LA FAYETTE
ROTONDE DE LA VILLETTE
BASSIN DE LA VILLETTE
AVENUE JEAN JAURES
RUE DE FLANDRES
RUE DE CRIMEE
RUE CURIAL
RUE D'AUBERVILLIERS
RUE DE TANGER
PLACE DE BITCHE
CANAL SAINT-DENIS
QUAI DE LA GIRONDE
QUAI DE LA CHARENTE
CITÉ DES SCIENCES LA VILLETTE
GEODE
GRANDE HALLE
CIMETIÈRE DE LA VILLETTE
RUE ARMAND CAREL

SÉCULO VIII

BASILIQUE DE SAINT-DENIS

O ÚLTIMO FAUSTO DOS REIS

ÀS VEZES, O METRÔ SE DESVIA DE SEU CAMINHO. Permite então que nos afastemos do centro de Paris e nos convida a tentar uma incursão fora dos limites da cidade, em seus arredores, novo subúrbio, Paris de amanhã. O projeto da Grande Paris está caminhando; com o metrô, já se concretizou. É, aliás, no "93" bem próximo que se ergue um dos maiores baluartes da história da França, portanto de Paris: o Stade de France, com seus 80 mil torcedores — entre os quais eu — que exultaram quando o time da França venceu a Copa do Mundo de futebol em 1998.

Falando mais seriamente, o verdadeiro baluarte de nossa história se encontra um pouco mais longe, na cidade: é a basílica, que estava no próprio coração da abadia. Ao nos aproximarmos da igreja, o estilo gótico da fachada pode parecer um pouco maciço, um pouco pesado, quase estilo românico: é apenas porque você está diante da primeira igreja gótica da França, construída em 1136. Bastante restaurada no século XIX, ela conserva todavia o aspecto desejado por seu criador, o abade Suger.

No interior, ao contrário, é um encantamento, as colunas tornam-se aéreas e erguem-se para as abóbadas com elegante leveza. Os vitrais lançam raios de uma luz cambiante que vem brincar com as formas e envolvê-las.

Aqui, o gótico ganha altura, é sua fase radiosa do século XIII. Mais uma vez, Saint-Denis é pioneira: a apelação "radioso" deve-se às rosáceas que ornam o transepto.

Numa penumbra iluminada apenas por essa claridade difusa, a história da França nos espera. Todos, ou quase todos, os nossos antigos reis aí estão. É claro que seus restos mortais já desapareceram há muito tempo, mas temos, sob os olhos, os mausoléus construídos pelos homens para celebrar, através dos séculos, a grandeza da monarquia. Como não ficar impressionado diante desse campo alucinante de estátuas jacentes, desses séculos de realeza imortalizados na pedra e no mármore? Podemos vê-los, falar com eles, tocá-los, ali deitados para a eternidade, mas ainda orgulhosos. Eis Dagoberto, que fundou a necrópole, mas também Pepino, o Breve, Roberto, o Piedoso, Luís X, Carlos V, Francisco I e os outros... São mais de setenta a nos observar com seu olhar fixo. Os túmulos foram profanados na Revolução, mas a maior parte das esculturas foi milagrosamente protegida.

A cripta da basílica é outro maravilhoso testemunho dos tempos antigos. O mausoléu de são Denis, primeiro pensionista do lugar, foi retirado: só se vê o lugar vazio de seu túmulo. À sua volta, os vestígios da cripta do século VIII de Fulrad, abade de Saint-Denis, com os pequeninos nichos para colocar piedosamente as velas da lembrança. Um pouco mais adiante, a cripta do século IX, para onde foram trazidos os caixões de Luís XVI e de Maria Antonieta, depois de serem resgatados da cova comum da rue d'Anjou, em Paris. A visita é emocionante, esse é para mim o lugar mais simbólico da História.

↓ (M) (8) **Onde desapareceram os despojos reais?**

Em 1793, a Convenção decidiu "destruir os mausoléus faustuosos da monarquia que estão em Saint-Denis". Dirigidos por um delegado de fraque preto e tendo no chapéu a insígnia tricolor, os operários arrombaram a cripta dos Bourbons. Três pedras pesadas barravam a entrada, mas as picaretas atacaram a espessa parede que resistiu por muitas horas. Enfim, as pedras desabaram e os operários penetraram numa longa cripta, onde repousavam 54 caixões em madeira de carvalho. Foram sistematicamente abertos. O bigode de Luís XIII causou sensação, o rosto de Luís XIV estava estranhamente negro, o corpo em putrefação de Luís XV exalava um cheiro atroz...

Logo, um face a face anacrônico pôs em presença o incorruptível Robespierre e o bom rei Henrique IV, assassinado 183 anos antes. O tempo pouco alterara os traços do monarca, mas a barba quadrada tornara-se hirsuta, cinzenta, desbotada. O corpo, envolto em bandagens, estava em pé, esticado, apoiado numa pilastra da igreja. Robespierre, apertado em seu paletó de gola virada, com os cabelos empoados enrolados em perfeitos cachos brancos, observou atentamente o rosto real, cujos olhos permaneciam obstinadamente fechados. O que é que o instigador do terror revolucionário viera buscar nesse encontro que desafiava o tempo?

De repente, movido por um impulso irresistível, Robespierre esticou a mão para a barba do cadáver ressecado e, com um gesto rápido, arrancou-lhe dois fios. Com todo o cuidado, guardou essas relíquias reais numa pequena carteira enfiada depressa no bolso do colete.

Em seguida, os presentes se lançaram sobre os despojos do rei.

Uma megera esbofeteou o cadáver, um colecionador de lembranças arrancou-lhe dois dentes que carregou, um soldado cortou, com um golpe da espada, um belo tufo da barba. Finalmente o corpo do Vert-Galant, como todos os outros, foi jogado na cova comum situada ao norte da igreja, na altura do atual jardim Pierre-de--Montreuil.

Exumados sob a Restauração, os restos reais carcomidos pela cal virgem foram piedosamente colocados num ossuário da cripta.

Mesmo sendo um rei *fainéant*, aquele dia de novembro de 751 é desses que se preferiria não reviver. À tarde, uma delegação de nobres e de bispos se apresentou respeitosamente diante do rei franco Childerico III, e, com reverência, fez-lhe um discurso surpreendente...

— A nação franca põe fim ao reinado de Vossa Sublimidade e à continuidade de vossa dinastia.

Childerico arregalou os olhos espantados, mas não teve nem tempo de reagir: braços robustos se apoderaram de sua frágil pessoa, o obrigaram a sentar-se numa cadeira baixa enquanto outros caras rudes e fortes, armados de tesouras, se esmeravam em cortar sua longa cabeleira, símbolo da autoridade real. As mechas de cabelos claros que caem silenciosamente no chão marcam o fim do reinado dos Merovíngios.

Tosquiado às pressas, Childerico é erguido sobre uma pobre liteira puxada por dois cavalos. E vamos, cocheiro! Dirigem-se a galope para o norte, até a abadia de Saint-Bertin, erguida numa ilhota do rio Aa. Para o último dos Merovíngios, o mosteiro representa uma aposentadoria de ouro, pois a comunidade é rica, capaz de dar a um rei deposto as honras que lhe são devidas. Apesar de tudo, sólidas muralhas estão lá para lembrar que o convidado é um prisioneiro. Um prisioneiro que nunca mais deixará sua prisão.

Esse golpe de Estado que abateu a linhagem real nada deve à improvisação nem à inspiração: foi preparado de longa data. Para isso, Fulrad, abade de Saint-Denis, foi a Roma falar com o papa Zacarias, homem doce, justo e bom, mas também hábil político, que é consultado em situações difíceis. Tratava-se de saber quem deveria ser rei dos francos, se o inexpressivo Childerico, ou o duque Pepino, que, de fato, dirigia o reino há dez anos.

— A quem é mais justo dar-se o título de rei? Àquele que da autoridade real só tem o nome, ou àquele que a possui completamente, porém sem o nome? — pergunta-lhe Fulrad.

Sua Santidade cofiou conscienciosamente a barba grisalha, e, depois de um longo silêncio, respondeu com voz grave e pausada:

— É justo e razoável que aquele que exerce verdadeiramente a autoridade real tenha o título de rei.

Claramente o papa deu seu acordo para que Pepino subisse ao trono dos francos. Bela ingratidão para com os Merovíngios, que outrora impuseram o cristianismo ao reino! Depuseram assim o pobre Childerico, que não opôs resistência.

* * *

Uma nova alvorada se levanta... Pepino, apelidado "o Breve" por causa de sua baixa estatura, é um hiperativo que tudo engole num apetite feroz de glória, de honras e de poder.

O acordo de Roma favorece suas ambições, embora ainda seja preciso obter uma legitimidade mais estrondosa do que algumas frases pronunciadas às escondidas por um papa envelhecido. O bispo Bonifácio, hábil conselheiro diplomático do novo rei, imagina e organiza uma coroação surpreendente. Procura primeiramente inspiração na Bíblia. Realmente, o livro de Samuel conta a unção dos reis de Israel: "Samuel tomou um pequeno frasco de óleo e derramou-o na cabeça de Saul..." (I, X, 1), depois olhou além da Mancha os bretões da grande ilha: os reis dos escoceses eram abençoados e ordenados pela mais alta autoridade eclesiástica. Bonifácio fez uma sábia mistura dessas tradições para conceber uma entronização real que misturasse a autoridade de Deus e a fé dos homens.

A cerimônia teve lugar na catedral de Soissons. Cabelos longos, barba abundante e manto púrpura nos ombros, o rei repete as palavras que lhe sopra Bonifácio:

— Juro conservar em paz a Igreja de Deus e todo o povo cristão sob meu governo, reprimir a injustiça venha de onde vier, unir, em todos os meus julgamentos, a justiça à misericórdia...

Então, com um gesto solene, Bonifácio derrama, na fronte de Pepino, o santo crisma — uma mistura de óleo de oliva e perfume — que deve lhe insuflar o Espírito Santo, depois põe a coroa na cabeça do soberano e coloca o cetro em suas mãos, emblemas de sua autoridade.

— Que ele seja sempre vitorioso e magnânimo! Que todos os seus julgamentos sejam justos e sábios! Que seu reinado seja pacífico!...

Os nobres e os clérigos reunidos sob as abóbadas da catedral respondem aclamando por três vezes uma fórmula latina:

— *Vivat Rex in aeternum!* Viva o rei eternamente!

A partir desse instante, o rei dos francos torna-se monarca por direito divino, unificando em sua pessoa Deus e a nação.

Três séculos e meio mais tarde, Hincmar, arcebispo de Reims, mais imaginativo que rigoroso, imaginará que também Clóvis se beneficiou de uma sagração solene. Uma pomba teria mesmo trazido em seu bico o santo crisma destinado a ungir o rei batizado... Na realidade, Clóvis jamais foi ungido. Primeiramente, a cerimônia ainda não tinha sido instituída. Depois, o rei não era cristão quando foi coroado. Mas a lenda piedosa permitiu aos reis da França implantarem-se numa linhagem e imporem-se como escolhidos pelo próprio Deus.

A sagração de Pepino, o Breve não é verdadeiramente uma boa notícia para Paris. O novo rei não manifesta a mínima intenção de se estabelecer na capital dos Merovíngios. Aliás, ele não pensa instalar sua corte e sua autoridade em nenhuma cidade em especial, ele é um rei itinerante que vai de seu palácio em Colônia ao de Thionville, de sua residência de Worms à de Compiègne. E os nobres francos o seguem nesse trajeto que nada tem a ver com a necessidade, mas sim com os caprichos do soberano.

Pouco depois da sagração, quando Pepino está de novo na estrada, o bom papa Zacarias, que aprovou a destituição dos Merovíngios, voa para o paraíso dos bem-aventurados. Estêvão II sobe ao trono de são Pedro. É ele agora que é necessário amansar caso se deseje permanecer ovelha submissa sob a proteção da Igreja. As coisas se apresentam um tanto diferentes do que no passado. Enquanto Zacarias era um hábil político, Estêvão é um homem de fé e caridade que passa a vida visitando os pobres e mandando construir hospitais para os doentes. Porém, se o pontífice ainda não entende nada dos arcanos da diplomacia, os acontecimentos vão depressa se encarregar de lhe impor um curso de recuperação.

Com efeito, Astolfo, rei dos lombardos, deseja estender sua autoridade sobre toda a Itália. Exige do papa um suntuoso tributo e ameaça Roma. O protetor natural da Igreja, Constantino V, imperador romano do Oriente que reina em Constantinopla, julga ter tarefas mais importantes a executar do que correr ao socorro da Cidade Eterna. Esforça-se por consolidar seu império, invade a Síria e pretende conquistar Chipre. Os perigos a que estão expostos Roma, seu papa e seus habitantes o deixam completamente indiferente.

Estêvão II não sabe mais a que santo recorrer. Quem então vai protegê-lo contra os apetites lombardos? De repente, ocorre-lhe uma ideia: Pepino! É verdade, ele é rei graças ao papa precedente, e seria muito ingrato se não desse seu apoio ao sucessor de seu benfeitor... Imediatamente, Sua Santidade confia uma carta a um nobre franco em peregrinação a Roma. Em sua missiva, o papa pede ao rei que lhe envie uma embaixada para convidá-lo a ir à Nêustria. Esse convite, ao qual os lombardos não poderiam se opor, permitiria ao papa sair da armadilha que Roma se tornara para ele.

Pepino imediatamente percebe a vantagem que pode tirar dessa situação. Agindo com habilidade, terá para sempre a aliança da Santa Sé. Uma dupla embaixada é logo enviada a Roma, e o papa pode então deixar a cidade das sete colinas, com grande aflição da população, que se sente assim entregue às armas do inimigo. Sair de Roma, que loucura! Nunca se vira, até então, um papa abandonar o palácio de Latrão para empreender uma tão longa viagem.

No mês de dezembro de 753, Estêvão II chega ao Val d'Aoste, atravessa os Alpes e para no mosteiro do *Grand-Saint-Bernard*, vasto edifício de pedras cinzentas, perdido na imensidade branca da paisagem. Logo uma delegação franca, conduzida pelo abade Fulrad, vem a seu encontro. Fulrad e os outros se ajoelham respeitosamente diante de um Estêvão encantado em ver sua autoridade tão bem reconhecida e tão piedosamente celebrada.

O papa e sua escolta continuam seu caminho enquanto Pepino e a rainha Berta caminham em sua direção... Encontram-se no sul da Champagne. Pepino galopa para o cortejo pontifical, Pepino desmonta, Pepino se prosterna, Pepino implora a benção apostólica. Essa operação de sedução atinge seu objetivo: o papa é todo reconhecimento para o rei dos francos.

No dia seguinte, começam as conversações entre as muralhas da residência real de Ponthion. Mas, dessa vez, o tom é outro: é Estêvão que se ajoelha diante do soberano, que torce as mãos, que chora, que suplica.

— Conceda-me teu socorro para fazer cessar a opressão dos lombardos, para poupar aos romanos os tributos que Astolfo quer lhes impor!

Pepino se mostra bastante lisonjeado com o lamento desesperado do papa. Pois não é que o pontífice preferiu procurá-lo a se confiar ao imperador de Bizâncio?! Agora é ele, o rei dos francos, o responsável pela perenidade da Igreja Católica Romana. Que promoção!

Então é isso, Pepino está pronto a negociar a expulsão do rei dos lombardos, ele deseja até que a Santa Sé adquira territórios mais vastos, para se proteger contra os ataques. A vontade real e algumas hábeis transações serão suficientes? Certamente que não, por isso o rei dos francos se dispõe também a levantar um exército para realizar uma expedição militar.

Estêvão, tranquilizado, está no céu, seu trono pontifício e sua cidade estão salvos. Mas atenção, Pepino exige alguma coisa em troca: uma nova sagração, dessa vez feita por Sua Santidade! A cerimônia, que imporia de uma vez por todas o rei e seus filhos diante de toda a cristandade, seria incontestável, inscrevendo a linhagem de Pepino num justo direito santificado pela Santa Sé. O papa aceita. De qualquer maneira, ele não tem verdadeiramente outra escolha.

Esperando que se organize essa sagração em segunda via, Estêvão II se recusa a voltar a Roma, não propriamente por motivos políticos, mas para evitar o terrível cansaço de um novo deslocamento em pleno inverno.

Então, acolhido com deferência por Fulrad, o papa vai passar alguns meses em Saint-Denis. A abadia desejada outrora por Dagoberto tinha se tornado rica e poderosa. O abade Fulrad é um pouco responsável por esse embelezamento: bateu-se para obter privilégios fiscais e terras que se estendem agora até Pantin e La Villette. É preciso que se diga que, por apreço a seu querido Fulrad, Pepino não cessa de favorecer Saint-Denis e de afastar litigantes e impertinentes que tentam limitar a extensão territorial da abadia.

Onde foi parar o tesouro de Saint-Denis?

A abadia foi pilhada na Revolução, porém os saqueadores ficaram decepcionados com o que encontraram: apenas algumas onças de ouro e de prata. Entretanto, por ocasião de um inventário levantado em 1634, 455 objetos de grande valor foram enumerados. Armas dos antigos reis, coroas ornadas de pedras, santas relíquias conservadas em preciosos relicários, evangelhos com ricas iluminuras constituíam, segundo os documentos de época, a maior parte desse tesouro.

Espíritos aventureiros ou cúpidos imaginaram que as riquezas de Saint-Denis tinham sido enfurnadas em algum lugar... Em 1939, um verdadeiro obstinado, que se fazia chamar comandante Leclerc, comprou uma propriedade na Dimeresse, perto de Messy, a uns trinta quilômetros de Saint-Denis. O comandante descobriu, entre os velhos papéis da casa, um ato de venda que atestava que o terreno já tinha sido propriedade dos monges da abadia. Nosso homem não precisou de mais nada para se convencer de que o mítico tesouro estava escondido sob seus pés! Ele era radiestesista e chamou todos os confrades em seu socorro. Todos balançaram o pêndulo, todos juraram que o subsolo estava cheio de subterrâneos, todos detectaram a presença de metais preciosos em profundidade...

O comandante não hesitou: efetuou as escavações. Em 1954, as investigações permitiram descobrir escadas que penetravam no solo. Os jornais se apoderaram da história e anunciaram a descoberta iminente do tesouro de Saint-Denis... Infelizmente, o pequeno corredor que foi descoberto estava ameaçado de desabar, e tudo foi fechado às pressas. Dizem que na hora de morrer, em 1961, o comandante pediu que cavassem um último buraco em suas terras, última esperança de ver materializado um sonho no qual ele tinha investido seu tempo e sua fortuna. Como as precedentes, essa escavação se revelou infrutífera.

Naturalmente, a nova sagração de Pepino vai se realizar entre os muros da abadia de Saint-Denis. Porém, antes, o papa tem um dever piedoso a cumprir: a translação solene dos restos de Saint-Germain. O bom bispo de Paris fora canonizado por ter milagrosamente curado doentes e aleijados, libertado possuídos, lutado contra a escravidão e o paganismo, demonstrado em toda sua vida uma caridade sem limites. Entretanto, seus despojos já estão há 177 anos numa modesta capela na entrada da basílica

Saint-Vincent-Sainte-Croix. Local indigno de um santo venerado. Já é tempo de depositar seu corpo em lugar mais apropriado: no coro do edifício, bem atrás do altar-mor.

Para a cerimônia, estão todos reunidos em Paris por um mesmo fervor: o papa Estêvão, o rei Pepino, a rainha Berta e seu filho, o príncipe Carlos, futuro Carlos Magno. Novamente, a cidade conhece as grandezas que a animaram durante tanto tempo. Por um instante, reencontra sua posição, a primeira, na história do reino franco.

Diante de uma multidão recolhida em oração, a cripta foi aberta e o caixão de Saint-Germain trazido para o coro da igreja. Durante o dia e toda a noite seguinte, ele ali permanece, oferecido à veneração dos fiéis.

Na manhã seguinte, diante de Pepino e de seu filho Carlos, querem colocar o sarcófago no lugar escolhido para a inumação... Impossível removê-lo, ele parece fixado no chão! Alavancas, cordas, polias, tenta-se tudo, nada adianta. Será uma manifestação do santo que se recusa a deixar o coro onde o depuseram? Os bispos presentes procuram uma explicação.

— Glorioso rei — dizem eles a Pepino —, vossa serenidade não ignora que o bem-aventurado Germain era bispo. Parece-nos então oportuno que suas preciosas relíquias sejam levadas por bispos. Talvez seja isso que o santo quer nos dizer.

Os prelados reunidos tentam levantar o caixão usando alavancas. Ele não se mexe.

— Muito piedoso rei, supomos que o bem-aventurado reserve essa honra aos monges do mosteiro que ele fundou...

Os monges sucedem-se aos bispos nesse trabalho braçal, mas não conseguem remover o caixão nem uma polegada. Pepino não pode conter as lágrimas que correm por seu rosto. Será que ele cometeu um sacrilégio afastando o bispo do lugar que ele mesmo tinha escolhido e designado para esperar a santa Ressurreição?

É então que um homem surge da assembleia dos fiéis, e esse desconhecido, por uma intuição realmente notável, deu a explicação definitiva do mistério.

— Se o muito clemente senhor nosso rei se dignar ouvir a palavra do mais humilde de seus servos, creio ter descoberto a verdadeira causa dessa resistência importuna. Não muito longe da residência real de Palaiseau, esse mosteiro possui diversas dependências. Ora, os agentes do fisco, encorajados pelo poder de Vossa Grandeza, exercem nesse local uma opressão e uma tirania intoleráveis. Matam os habitantes, devastam as vinhas e as colheitas, os prados e os bosques, apoderam-se dos rebanhos e entregam-se em todo o território a uma verdadeira pilhagem. Eis, como penso, a injustiça que o venerável Germain quer nos fazer reparar!

Tudo isso por isso... O milagre aqui não se manifesta para mudar a natureza do homem, não explode para trazer um pouco de bondade ao mundo, não se revela para aliviar as misérias da humanidade sofredora, não, trata-se somente de fazer calar alguns agentes do fisco um pouco zelosos demais e acrescentar novas terras aos bens do mosteiro!

Pergunta-se que estratagema os monges da abadia imaginaram para conseguir esses domínios extranumerários. Em todo caso, a astúcia funciona maravilhosamente, e Pepino consente o que Germain lhe pede de além-túmulo: ele oferece aos monges sua bela residência de Palaiseau, com algumas fazendas, ainda por cima!

— Eu vos peço em troca a graça de poder transportar vosso corpo sagrado — implora o rei ao espírito do santo.

Efetivamente, a alma de monsenhor Germain parece satisfeita, pois o caixão é agora removido com uma facilidade desconcertante e descido facilmente para a nova cripta. Todos dizem sentir até um doce perfume soprar sobre a basílica, e os mais crédulos veem os anjos vindos do Céu para levar o corpo do santo. O jovem príncipe Carlos está tão alegre com o feliz desenlace do caso, que salta na cripta para observar o milagre mais de perto... Ele não encontra os serafins imaginados, mas perde nesse tombo seu primeiro dente de leite.

Um pouco mais tarde, uma lápide cinzelada vem confirmar as dádivas reais. Prudência nunca é demais, e é melhor gravar na pedra as generosidades de Sua Serenidade: "Nesse lugar em que repousava são Germain no dia de sua translação, o rei Pepino lhe deu o fisco de Palaiseau..."

E, para marcar a grandeza desse acontecimento, a abadia Saint-Vincent-Sainte-Croix passou a se chamar Saint-Germain-des-Prés.

É necessário ter o sentido do incomensurável para imaginar as proporções que tomam desde então essa abadia e o burgo circundante. Suas terras contíguas estendem-se ao longe e devem-se ainda acrescentar a ela os feudos de Issy, de Vaugirard, de Châtillon, de Thiais, sem esquecer as terras que vão até Montereau e Saint-Cloud e, é claro, Palaiseau. O equivalente a um departamento! Estende-se o prestígio da congregação, e monges beneditinos eruditos, amigos das artes, das ciências e das letras reúnem-se nesses lugares para refletir, trabalhar, escrever. O bairro está lançado. Aqui, a moda dos intelectuais não cessará de crescer... Hoje, quando um escritor vem sentar-se em um ou outro dos célebres cafés do bairro, quando ele cria páginas febrilmente batendo no teclado de seu *laptop*, quero crer que ainda esteja inspirado por esse espírito de curiosidade intelectual que durante tanto tempo soprou aqui.

O papa Estêvão pensa agora na sagração de Pepino, mas ele tem uma dúvida: a rainha Berta preveniu Sua Santidade do estado de pecado no qual vive o rei dos francos. Berta, a esposa legítima, está condenada à solidão dos palácios enquanto seu marido, o rei, sai em busca de aventuras galantes e passa suas noites na cama de uma bela saxã. Que horror! Esse adultério não pode prosseguir sob o Céu que nos observa! Imediatamente, o papa convoca o rei a Saint-Denis.

— Não podemos proceder à sagração de um rei que vive no pecado! Não somente ele não está em estado de graça, mas é também para todos que o cercam objeto permanente de escândalo e mancha o trono dos francos sobre o qual estão fixos os olhos da cristandade.

Quanto barulho por nada, pensa Pepino. Dá-se imediatamente satisfação ao papa: coloca-se a bela saxã numa abadia da diocese de Langres, pedindo-lhe firmemente para jamais sair dali, a fim de fazer penitência por todo o resto de sua vida.

Nesse fim de julho de 754, não há mais obstáculos à sagração do rei dos francos pelo vigário de Cristo. Prepara-se a cerimônia quando de repente, dois dias antes da data marcada, o papa Estêvão sente-se mal, está morrendo... O soberano pontífice só tem um único desejo: ser transportado o mais depressa possível à abadia de Saint-Denis, perto do túmulo do bem-aventurado mártir... E, enquanto Sua Santidade jaz esperando a morte, lhe aparecem, no sono comatoso, os apóstolos Pedro e Paulo acompanhados por são Denis em pessoa.

— Eis que nosso irmão pede saúde — diz Pedro.

— Ele vai tê-la em um instante — diz Paulo.

Então Denis, tendo nas mãos uma palma e um turíbulo, se dirige ao papa agonizante:

— Que a paz esteja contigo, irmão. Levanta-te. Estás curado.

E, com efeito, o doente não mais sente os males que o atormentavam. Em reconhecimento, os benefícios concedidos pelo papa chovem sobre a abadia: isenção da jurisdição episcopal, estabelecimentos concedidos ao mosteiro, favores atribuídos ao abade Fulrad.

Milagres e bondades tendo-se justamente sucedido, Estêvão II pode enfim proceder, em 28 de julho, em Saint-Denis, à sagração solene de Pepino, o Breve. Não é questão de santo crisma nem de óleo para ungir, Estêvão não é do gênero de se estender no grandioso e no superlativo, ele é mais do estilo sóbrio e conciso. Ele faz então o que esperam dele: em nome da Santíssima Trindade, sagra Pepino e seus dois filhos, Carlos e Carlomano. Em seguida, a rainha Berta é revestida das insígnias reais e abençoada pelo Santo Padre em nome das sete virtudes do Espírito Santo.

Enfim, o papa se vira para os príncipes e os nobres, abençoa-os antes de dirigir-se a eles:

— Nós vos ordenamos, sob pena de excomunhão, nunca escolher reis que não forem da raça de Pepino, manter o cetro nessa família, que a misericórdia divina se dignou distinguir e que os santos apóstolos confirmaram e consagraram pelas mãos do pontífice, seu vigário...

Pepino pode sentir-se totalmente satisfeito: Estêvão fez o máximo pela grandeza do reino franco e de Saint-Denis. Nos três anos que se seguiram até 758, o rei paga majestosamente sua dívida: lança três campanhas vitoriosas contra os lombardos e oferece ao papa os territórios conquistados, isto é, 22 cidades, entre as quais Ravena e Perúsia. Dessas províncias conquistadas vai emergir uma nova noção, a de Estados pontifícios, cuja força, riqueza e extensão preservarão o papa de agressões inconsideradas.

* * *

Em 768, Pepino, que tem 54 anos, é um homem acabado. Durante uma visita ao Poitou, é bruscamente vítima de uma forte febre. Vai morrer, e sabe disso. Mas seja porque morrer no Poitou não lhe pareça um destino invejável, seja porque considere essa cidade indigna de recolher seu último suspiro, quer partir imediatamente. Faz com que o levem à abadia Saint-Martin de Tours, onde se serve alegremente do tesouro real para executar o dever de caridade. Feito isso, pede que o levem prontamente a Saint-Denis.

Sob as abóbadas da abadia, diante dos Grandes do reino, divide seus domínios entre seus dois filhos e dá seu último suspiro no dia 24 de setembro. A seu pedido, seu corpo é enterrado na parte mais modesta da abadia, sob o pórtico exterior. Face contra a terra em sinal de expiação de seus erros.

Duas semanas depois, Carlos é sagrado rei dos francos em Noyon. Seu jovem irmão Carlomano toma o título de rei de Austrásia, não muito longe de lá, em Soissons, capital de seu reino. Paris desaparece da crônica real. E quando, três anos mais tarde, Carlomano morre prematuramente, ele é inumado na igreja de Saint-Rémi, em Reims. Carlos Magno, por seu lado, começou suas lentas conquistas territoriais que o levarão a cingir a coroa de imperador do Ocidente. Finalmente, ele fixa sua capital em Aix-la-Chapelle.

Para Paris, é um rude golpe: agora a cidade não passa de um pequeno porto do Sena, e sua população reduz-se a alguns milhares de habitantes, talvez uns 5 mil.

Carlos Magno não esquece completamente a antiga capital. Em 779, de volta de uma viagem a Roma, teve a ideia louca de fundar em seu império escolas destinadas aos jovens desejosos de se instruir nas ciências humanas. Por sua ordem, diversos centros de estudos foram instalados em Paris: no palácio do bispo, na abadia Sainte-Geneviève e na de Saint-Germain-des-Prés. As pessoas se instruem em Paris, mas as grandes correntes da história não passam mais pelo palácio da Cité, abandonado aos quatro ventos.

Abandonada também a ideia de necrópole carolíngia iniciada essencialmente por Pepino, o Breve. O abandono não será eterno, é verdade, porque o herói de Paris do século seguinte, o conde Eudes, que logo será rei dos francos, e depois o primeiro dos Capetíngios, Hugo Capeto, aí serão enterrados, sinal da supremacia local da abadia. Mas será somente com são Luís, no século XIII, que Saint-Denis se tornará oficialmente o "cemitério dos reis", a necrópole real onde serão reagrupados quase todos os reinantes e altas personalidades do poder real.

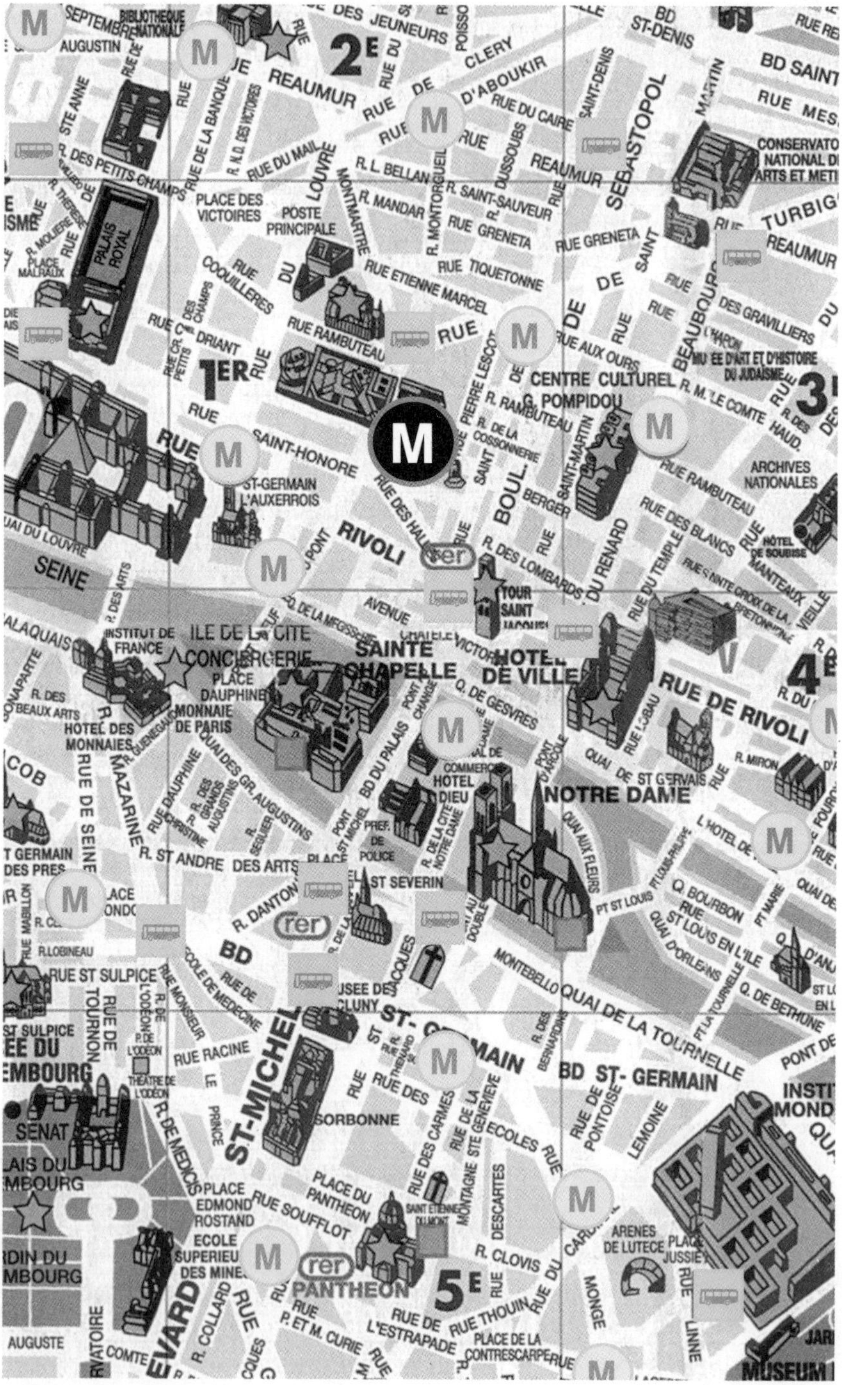

2E
1ER
3E
4E
5E
BIBLIOTHEQUE NATIONALE
RUE DES JEUNEURS
CLERY
RUE REAUMUR
RUE D'ABOUKIR
RUE DU CAIRE
BD ST-DENIS
SEBASTOPOL
CONSERVATOIRE NATIONAL DES ARTS ET METIERS
RUE TURBIGO
PLACE DES VICTOIRES
POSTE PRINCIPALE
R. DES PETITS CHAMPS
PALAIS ROYAL
RUE ETIENNE MARCEL
RUE TIQUETONNE
RUE GRENETA
RUE RAMBUTEAU
RUE AUX OURS
CENTRE CULTUREL G. POMPIDOU
MUSEE D'ART ET D'HISTOIRE DU JUDAISME
ARCHIVES NATIONALES
HÔTEL DE SOUBISE
RUE SAINT-HONORE
ST-GERMAIN L'AUXERROIS
RIVOLI
QUAI DU LOUVRE
SEINE
TOUR SAINT JACQUES
RUE DES LOMBARDS
RUE DU RENARD
RUE DU TEMPLE
RUE DES BLANCS MANTEAUX
INSTITUT DE FRANCE
ILE DE LA CITE
CONCIERGERIE
PLACE DAUPHINE
MONNAIE DE PARIS
HOTEL DES MONNAIES
SAINTE CHAPELLE
HOTEL DE VILLE
RUE DE RIVOLI
Q. DE GESVRES
BD DU PALAIS
HOTEL DIEU
NOTRE DAME
QUAI DE ST GERVAIS
QUAI AUX FLEURS
PREF. DE POLICE
QUAI DES GR. AUGUSTINS
RUE DAUPHINE
RUE MAZARINE
RUE DE SEINE
ST GERMAIN DES PRES
R. ST ANDRE DES ARTS
ST SEVERIN
PT ST LOUIS
Q. BOURBON
RUE ST LOUIS EN L'ILE
QUAI D'ORLEANS
Q. DE BETHUNE
RUE ST SULPICE
ST SULPICE
RUE DE TOURNON
THEATRE DE L'ODEON
RUE RACINE
MUSEE DE CLUNY
ST-MICHEL
RUE ST-JACQUES
MONTEBELLO
QUAI DE LA TOURNELLE
BD ST- GERMAIN
SORBONNE
RUE DES ECOLES
RUE DES CARMES
MONTAGNE STE GENEVIEVE
RUE DE PONTOISE
LEMOINE
SENAT
PLACE EDMOND ROSTAND
RUE SOUFFLOT
PLACE DU PANTHEON
PANTHEON
ECOLE SUPERIEURE DES MINES
SAINT ETIENNE DU MONT
R. CLOVIS
RUE DESCARTES
ARENES DE LUTECE
PLACE JUSSIEU
MONGE
RUE THOUIN
RUE DE L'ESTRAPADE
PLACE DE LA CONTRESCARPE
R. COLLARD
P. ET M. CURIE
AUGUSTE COMTE
MUSEUM

Século IX

Châtelet–Les Halles

A hora dos condes

A estação Châtelet–Les Halles do RER forma, com as estações de metrô de mesmo nome, uma imensa rede que transborda todo dia com meio bilhão de "francilienses" que vêm trabalhar na capital. Bem-vindos à maior estação subterrânea do mundo! Se você quiser evitar o horroroso fórum Les Halles, que se racha como uma velha ruína trinta anos depois de construído, saia em Châtelet. Você percorrerá intermináveis corredores graças às esteiras rolantes, terá nos ouvidos os sons da guitarra arranhada pelos músicos aprovados pela gestora RATP, ultrapassará os vendedores de lembrancinhas chiques e bregas e enfim emergirá diante da fonte de 1808 que celebra as campanhas de Napoleão na Itália e no Egito.

Essa Place du Châtelet, situada no coração de Paris, tornou-se, com as obras do barão Haussmann sob o Segundo Império, o centro de uma cruz atravessando a cidade de um lado a outro, destinada a tornar Paris mais fluida, mais acessível. É por isso que o boulevard Sébastopol foi aberto na margem direita, para o norte, e prolongado na margem esquerda em direção ao sul pelo boulevard Saint-Michel, enquanto a rue de Rivoli corre de leste a oeste.

O novo traçado provocou o translado da fonte do Châtelet e de sua coluna. O conjunto foi empurrado doze metros para oeste, trabalho acabado em apenas trinta minutos graças aos trilhos sobre os quais foram içados os blocos de pedra.

Com o querido barão e sua nova Paris, as últimas vielas tortuosas e incômodas do bairro desapareceram em proveito de vias mais largas, mas também em proveito de dois grandes teatros: à minha esquerda, o teatro do Châtelet, onde a opereta triunfou durante muito tempo; à minha direita, o teatro Sarah-Bernhardt, dirigido durante algum tempo pela grande dramaturga. Mas hoje só resta da imortal intérprete de *L'Aiglon* o nome do café da esquina, pois a própria sala de espetáculos, por razões absconsas, tornou-se o Théâtre de la Ville. Entretanto, no interior, tomando a escada metálica nível 3, lado ímpar, você descobrirá, bem escondido, o camarim da Divina. Banheira, pia, biombo, cartazes, fotos, está tudo ali, como se a atriz fosse voltar em um instante.

Olhadela melancólica: no nível desse teatro passava a rue de la Vieille-Lanterne, sinistra viela na qual, em 26 de janeiro de 1855, o poeta Gérard de Nerval se enforcou nas barras de uma grade, "no canto mais sórdido que ele poderia encontrar", dirá seu amigo Charles Baudelaire. Diz a lenda que o lugar onde ele amarrou a corda corresponde exatamente ao alçapão do ponto, sob o palco.

* * *

No início do século IX, as civilizações e os impérios esqueceram Paris. No ano 820, pode-se mesmo crer que a cidade agoniza. Todos os desastres do Céu desabam sobre as margens do Sena: fome, inundações e epidemias devastam a população. O pão está raro por causa das colheitas ruins, o rio encheu, a île de la Cité está inundada; só se pode circular de barco, e nada freia a morte que ronda. Os corpos inchados boiam nas águas ou se amontoam na margem esquerda, que ficou no seco... Esses morreram afogados, foram vítimas da fome ou de um mal desconhecido? Ninguém pode dizer, todos os cadáveres se parecem. Paris tornou-se um morredouro.

Porém, logo corre na cidade um rumor de esperança: as águas do Sena pouparam o leito no qual santa Geneviève entregou sua alma pura a Deus, quase três séculos antes. Essa relíquia adorada está conservada num mosteiro situado nas proximidades do batistério de são João Batista, na île de la Cité. Fazendo parar com sua cama as águas do rio saídas de seu leito, a protetora de Paris manifestou mais uma vez seu amor pela cidade e seus habitantes. Os parisienses, confiando na gloriosa Geneviève, dirigem-se em procissão ao pé do leito venerável, para implorar a intercessão da santa. E acontece o milagre. O rio, que avançou até ali, se retira do leito da bem-aventurada e volta para seu próprio leito...

A proteção da venerada Geneviève não é inútil, pois a boa santa parece ser a única a se inclinar ainda sobre os destinos de Paris. A única? Não verdadeiramente. Bem ao norte da Europa, um povo prepara seus barcos, prepara-se para descer o mar Báltico, desembocar na Mancha e subir o Sena...

Os ferozes apetites da nação nórdica são aguçados pela bela desordem na qual estão imersos os domínios de Carlos Magno. Depois da morte do imperador da barba branca, seu filho, Luís, o Piedoso, herda o império franco. É não contar com os próprios filhos, ávidos para reinar. Os três rebentos impetuosos depõem o pai em novembro de 833 e dividem o bolo. Mas a mesquinharia e a inveja dilaceram o coração dos príncipes rebeldes, e o império se divide inexoravelmente.

Era o sinal esperado pelos guerreiros da península escandinava para iniciar suas terríveis incursões. Num primeiro tempo, não vão muito longe de casa, contentam-se em pilhar a ilha de Sheppey, ao largo da Inglaterra, o porto de Dorestad, na embocadura do Reno, e Antuérpia, pequeno burgo na margem do

Escaut. As populações aterrorizadas chamaram esses assaltantes de "Normands", isto é, homens do Norte. Aprende-se depressa a chamá-los pelo nome que eles mesmos se dão: os vikings.

Na morte de Luís, o Piedoso, os três filhos do defunto desmembram o império. Fazem um acordo entre eles, assinado perto de Verdun em 843. Segundo os termos desse tratado, o império é dividido em três pedaços rebatizados Francie para a ocasião: a Francie oriental, que coube a Luís, o Germânico, a Francie mediana dada a Lotário I com o título de imperador, e a Francie ocidental atribuída a Carlos II, o Calvo. Da Francie oriental nascerá a Alemanha e da Francie ocidental nascerá a França. Quanto à Francie mediana, que vai de Flandres à Itália do Norte, ela será bastante corroída por seus dois poderosos vizinhos, mas pode-se em parte considerar a Itália atual como sua herdeira.

Carlos, o Calvo é um zeloso servidor de Deus; ele deve aliás seu apelido à grande tonsura que fez em sua cabeleira, em sinal de submissão à Igreja. Piedoso, é certo, mas não muito combativo. Quando ele sabe que os vikings estão subindo o Sena, envia algumas tropas a seu encontro, mas ele mesmo corre para se refugiar em Saint-Denis. Atrás dos altos muros do mosteiro, o rei espera não ser muito incomodado por essas hordas bárbaras.

Enquanto isso, os soldados francos costeiam o Sena e ficam aterrados com o espetáculo que se oferece a seus olhos: sobre as águas, uma longa fila de barcos avança lentamente ao ritmo regular dos remos, e goelas pavorosas de dragões coloridos demonstram, na proa, a determinação desses guerreiros implacáveis. Inútil tergiversar, só há salvação na debandada: os soldados de Carlos, o Calvo apressam-se em fugir.

Nesse 29 de março de 845, domingo de Páscoa, o terror toma conta de Paris. Nenhuma defesa foi prevista, nada foi organizado e não são as velhas muralhas em ruínas que poderão impedir os vikings de invadir a cidade. Para os parisienses, é a derrota. Cada um pega o que pode, algumas cabeças de gado, joias, um pouco de farinha, e se apressa a correr para bem longe, para o interior das terras. Os monges abandonam os mosteiros, arrastando com eles ornamentos da igreja e vasos sagrados, mas levando sobretudo o que é mais precioso: as relíquias de são Germain e as de santa Geneviève. Precauções inúteis: os vikings, orgulhosamente pagãos, não têm a mínima intenção de se apoderar de algumas ossadas. O que cobiçam com frenesi são as riquezas, quaisquer que sejam, contanto que signifiquem moedas sonantes e valiosas. Peças de ouro, joias, adereços, tudo lhes serve. Não querem ocupar terras, não procuram impor seu poder, não desejam aumentar sua influência, só desejam simplesmente enriquecer. É sua obsessão.

Acostam no pequeno porto da île de la Cité, desembarcam, matam os habitantes desnorteados, pilham sistematicamente a cidade, em grande parte desertada. É evidentemente nos mosteiros e nas abadias que procuram com prioridade e encontram os tesouros esperados. Não sentem o menor escrúpulo em pilhar os tesouros de uma cristandade da qual não conhecem absolutamente nada! O resto, casebres e fazendas, não tendo o menor interesse a seus olhos, incendeiam sistematicamente. E quando encontram uma bela donzela ou um rapaz vigoroso, levam-nos como escravos. Poderão sempre ser negociados por bom preço.

Os vikings se mostram insaciáveis. Querem agora atacar Saint-Denis, bem certos de que a abadia encerra uma fortuna incomensurável. Carlos, o Calvo mobiliza seus cavaleiros...

— Bravos soldados, sois vós que deveis defender o túmulo de são Denis, nosso santo mártir!

Mas os combatentes francos resmungam... Não é hora para combate: a relva ainda não cresceu nesse início de primavera, os cavalos estão famintos e não se pode alimentá-los... Realmente, seria preciso adiar o ataque, quando a relva estiver alta e o tempo mais clemente.

A vantagem, com um inimigo sedento de ouro, é que sempre se pode comprar a paz, se não se tem meios de combater. Sete mil libras de prata! Eis a quantia que Carlos, o Calvo propõe a Ragnarr, o chefe viking. Negócio fechado. E os saqueadores se retiram, com suas sacolas bem cheias.

Mas, do extremo norte da Europa, outros chefes de guerra sonham vir enriquecer na Francie. Contaram-lhes tantas maravilhas sobre o reino de Carlos, o Calvo! Um certo Godfred surge por sua vez e ameaça Paris com sua flotilha. Alguns soldados reunidos na montanha Sainte-Geneviève e uma nova transação financeira bastam para afastar o perigo. Depois chega um tal de Sidroc, que não se pode mais subornar, pois os cofres estão se esvaziando perigosamente. O viking então se vinga: pilha em Paris o que ainda há para pilhar, queima o que há para queimar. "Que aflição!", escreve Aimon, cronista de Saint-Germain-des-Prés, "os francos fugiram sem combater, bateram em retirada antes que fosse lançada a primeira flecha, antes que os escudos se chocassem. Os normandos sabiam que os senhores francos haviam perdido a coragem."

Alguns anos mais e os vikings encontram um novo meio de extorquir dinheiro de Carlos, o Calvo: raptam Luís, abade de Saint-Denis, e seu irmão Gozlin, bispo de Paris, dois netos de Carlos Magno, é verdade que ilegítimos, mas mesmo assim! Os raptores exigem evidentemente um resgate fabuloso para devolver à sua igreja esses dois eminentes cristãos. Dessa vez, o rei de Francie não pode mais usar como justificativa a bolsa vazia, é preciso pagar. E caro. "Para esse resgate muitos tesouros das igrejas do reino de Carlos foram esvaziados por sua ordem", escreve Prudencius, bispo de Troyes, em seus *Anais de Saint-Bertin*.

Carlos, o Calvo, irritado com essas incursões sem fim, assim mesmo põe na cabeça começar a fazer obras. Primeiramente, reconstrói as duas pontes destruídas que uniam antes a île de la Cité às duas margens do rio. Em seguida, para proteger melhor a ponte situada sobre o grande braço do Sena, a uma centena de metros em aval, ele joga pilhas de pedra sobre as quais repousa uma plataforma de madeira. Essa "calçada de Carlos, o Calvo" se tornará a *Pont-au-Change* e mudará a fisionomia da cidade.

Depois, para assegurar a defesa dessa barragem no Sena, Carlos, o Calvo edifica, em sua extremidade, na margem direita, uma torre maciça. Na margem esquerda, a Petit Pont está também defendida por uma maciça torre de tijolos e de pedra, rodeada por um fosso profundo.

Sobre cada uma das margens, esses dois conjuntos se levantam, como portas de entrada de Paris, prontos a salvaguardar seu coração: a île de la Cité. São verdadeiras fortalezas, pequenos castelos, *châtelets*... O Grand Châtelet na extremidade da nova ponte de Carlos, o Calvo, o Petit Châtelet na extremidade da Petit Pont.

↓ Ⓜ ⑨ Que destino teve o Châtelet?

No século XII, uma imponente muralha foi erguida para proteger a cidade: a muralha de Felipe Augusto. O Grand Châtelet, tornado inútil, passou a ser então a sede do prebostado de Paris. O edifício era atravessado por uma passagem abobadada: a viela Saint-l'Euffroy ou Lieuffroy... Nome bastante apropriado: o Grand Châtelet era um lugar sinistro — prisão, morgue e sala de tortura —, o recanto de Paris mais temido, depois da forca de Montfaucon. A praça não era tão grande como é hoje, mas escarpada, percorrida por labirintos, vie-

las estreitas e sinuosas, escuras e aterradoras. Para completar esse quadro, situava-se, não muito longe, o grande matadouro, lugar do abate do gado desde o século X... Os gritos dos animais degolados se misturavam aos urros dos torturados, aos gemidos dos prisioneiros, o odor acre da morgue se confundia com o cheiro do sangue coalhado. Sobre esse esgoto, ergue-se a ameaçadora silhueta do Châtelet... Em resumo, um dos lugares mais horríveis que existem! A torre de Saint--Jacques de la Boucherie, que data de 1509, e o vizinho Quai de la Mégisserie — o cais do cortume dos couros — conservam a lembrança desses tempos passados.

O Grand Châtelet foi demolido em 1804. Compreende-se facilmente por que se quis que nada subsistisse desse monumento de triste memória. Se tentarmos assim mesmo imaginar como seriam as entranhas do Châtelet, basta atravessar o Sena para visitar, no número 42 da rue Galande, o Caveau des Oubliettes. Desça nos subterrâneos, os grafites dos antigos supliciados aí o esperam: "Eu serei enforcado", "Morte a Marat"... Aqui se encontram conservadas as celas e outras masmorras do Petit Châtelet, seu pendant *carcerário, na margem esquerda, do Grand Châtelet.*

Em 885, uns dez anos depois da construção dos dois *châtelets* nada verdadeiramente mudou: os vikings continuaram a ameaçar. É verdade que Carlos, o Calvo já morreu e foi piedosamente enterrado em Saint-Denis... A esse respeito, uma estátua dita de Carlos Magno, conservada no Louvre e que data do século IX, representaria na verdade Carlos, o Calvo. Para o parisiense que eu sou, não tenho a menor dúvida: não é a Carlos que devemos uma parte de nossa história?

Depois da morte do rei, a regência do reino da Francie ocidental foi confiada a Carlos III, dito o Gordo, rei da Francie oriental, coroado imperador do Ocidente. O antigo império de Carlos Magno está momentaneamente reconstituído.

Diante do perigo viking, os Grandes da Francie esperam que suas forças reunidas sob um único comando permitirão expulsar os bárbaros do Norte. Enganam-se. Carlos, o Gordo prefere negociar. Compra a paz por 2.800 libras de prata. Para conservar sua tranquilidade, ele está pronto a qualquer sacrifício financeiro. A quantia não é suficiente? Para lisonjear o inimigo e permitir que ele receba belos subsídios, nomeia o viking Godfred duque de Frise, isto é, oferece-lhe toda uma província situada ao norte dos Países-Baixos. Porém, Godfred ainda quer mais. Exige alguns territórios à margem do Reno. Por pedir muito, o cúpido viking vai perder tudo, pois ele conseguiu exasperar até o bonachão Carlos, o Gordo...

O imperador não cede, mas finge consentir negociações. Marcam de se encontrar numa ilhota num lugar chamado Herispich, lá onde o Waal deságua no Reno. O viking, ao mesmo tempo confiante e ávido, chega com uma pequena escolta. É uma armadilha: os homens de Carlos, o Gordo, escondidos em emboscada, surgem e massacram em alguns instantes Godfred e seus comparsas.

* * *

— Mataram Godfred! Às armas!

Esse grito ressoou por toda a Escandinávia.

As frotas vindas do Norte se derramam sobre a Francie. Nesse fim de outono de 885, os vikings vão galhardamente atacar Paris, que lhes abriria as portas da Borgonha e, depois, de todo o país.

O Sena está coberto por uma infinidade de barcos inimigos, casco contra casco. Setecentas embarcações se aproximam sem pressa, com a grande vela retangular pendurada no mastro, figuras da mitologia escandinava esculpidas na proa levantada em ponta... É como se uma floresta de bisões, de carneiros, de rapaces e de quimeras pintados com cores vivas avançasse sem fazer barulho. Não se distingue mais a água do rio, ela está totalmente escondida pela esquadra, longa fita flexível que se enrola nos meandros, se estira nos canais e se alonga até Paris.

Na cidade, sabe-se que não há nada a esperar de Carlos, o Gordo: o pusilânime soberano conta seus tostões e prepara meticulosamente os novos cofrinhos que entregará aos vikings... Os parisienses se afastam do imperador que perdeu a honra. De agora em diante, os habitantes, os soldados e os chefes só contam consigo mesmos. Paris não se amedronta, a população não foge, cada qual se organiza para a batalha. Os parisienses esperam esse ataque há muito tempo. Prepararam-se para enfrentar os saqueadores.

No dia 25 de novembro, a imensa frota vinda do Norte para diante da île de la Cité. Sem encontrar a menor resistência, os vikings ocupam a margem esquerda, invadem a rica abadia de Saint-Germain-des-Prés, obrigam o abade Ebles e muitos de seus monges a fugir para se refugiar na ilha.

Siegfried, o chefe dos vikings, que a covardia de Carlos, o Gordo tornou guloso, pede para falar com o mais importante dos parisienses... Espera iniciar uma negociação que evitará o combate e o cobrirá de ouro.

Enviam-lhe Gozlin, o bispo de Paris. O cristão abandonou sua mitra e sua alva clara, pôs um capacete na cabeça e está empertigado na armadura de metal cinzento. Diante dele, o pagão com longa barba cuidadosamente trançada, vestido com uma pele de pelos longos, com o gládio de dois gumes enfiado no cinto. Siegfried parece tranquilo. Ele só quer atravessar a île de la Cité, afirma ele, fazer sua frota passar sob as pontes para ir mais longe devastar a Francie.

— O imperador Carlos, que, por Deus, mantém sob suas leis quase o mundo inteiro, nos confiou essa cidade não para provocar a perda do reino, mas, ao contrário, para protegê-lo e lhe assegurar uma tranquilidade inalterável — indigna-se Gozlin. — Se a defesa dessas muralhas vos tivesse sido confiada, faríeis isto que pretendeis justo vos conceder?

A honra do viking fora atingida.

— Se eu agir assim — exclama Siegfried —, que caia minha cabeça e seja lançada aos cães!

Não lhe pedem tanto...

— Vós me recusais a entrada em vossa cidade — continuou o viking —, minha espada me abrirá o caminho. Veremos se vossas torres são à prova de minhas máquinas e da valentia de meus soldados. Amanhã, pela aurora, as flechas de meus guerreiros vão chover, e assim será feito até o entardecer. A batalha recomeçará todos os dias, nós continuaremos durante anos, se for preciso...

Efetivamente, na manhã seguinte, multidões de vikings desembarcam e vêm ocupar o espaço que se estende diante do fosso em volta do Grand Châtelet. Nuvens de flechas lançadas pelos vikings se abatem ao acaso e atingem alguns defensores. O próprio bispo Gozlin é atingido: arrancam-lhe a ponta da flecha enfiada em seu braço, improvisam um curativo, e o ferido retoma o combate. Toda a população parisiense participa da batalha, as mulheres preparam as bandagens que vão servir para enfaixar as feridas, os homens lutam bravamente ou trazem as pedras que vão ser jogadas contra os assaltantes. Vocações despertam: o abade Ebles, que fugiu de Saint-Germain-des-Prés, deixa a batina para se munir de uma sólida armadura. Diante dos vikings que evoluem em filas cerradas, ele se revela um arqueiro de mão cheia: viram-no atravessar seis homens com uma única flecha!

Mas o inimigo ainda não mostrou toda sua força. Tira das embarcações máquinas feitas de tábuas, de rodas, de cordas, e logo essas engenhocas que parecem monstros agachados lançam sobre o Grand Châtelet uma chuva de pesadas pedras. A torre resiste. Porém, um barco se aproxima do Grand Pont, ele carrega uma torre rolante que vem se colar no Grand Châtelet e abate bruscamente uma ponte levadiça. Os soldados francos compreendem o perigo e se jogam, espadas em riste, para lutar corpo a corpo. Os atacantes fraquejam e recuam... O viking Siegfried, espantado com a fúria franca, estupefato com essa resistência imprevista, ordena a retirada, abandonando no lugar um grande número de mortos.

Cai a noite. Paris se prepara para aguentar, no dia seguinte, novos ataques. Durante esse primeiro dia de luta, um homem surgiu, mais resoluto e mais temerário que todos os outros: Eudes, conde de Paris, vai agora comandar o combate. Pois, desde o século VIII, Paris tornou-se um condado, cujo primeiro titular foi Grifon, filho de Carlos Martel. O título coube em seguida a diferentes dinastias, ao sabor das influências e das coalizões.

Por ora, o mais urgente é aumentar a torre do Grand Châtelet: muito baixa, ela deixa os defensores ao alcance das flechas do inimigo. Como realizar essa obra? Construí-la com pedras e tijolos levaria muito tempo, mas um rápido trabalho de madeira seria possível... O povo se agita em Paris nessa noite. Cada um quer trazer sua contribuição, busca-se madeira, serra-se, prega-se, juntam-se vigas e barrotes. Trabalha-se tão bem que, ao nascer do sol, Siegfried fica de boca aberta: a torre cresceu durante a noite!

Para destruir o Grand Châtelet, um bando de vikings atravessa a nado o fosso que o circunda. Armados com machados e picaretas, os soldados do Norte tentam abalar suas bases. Lá em cima, nos andares de madeira, o conde Eudes manda jogar óleo fervendo, piche derretido e flechas em chamas sobre o inimigo. Um espetáculo de horror: os homens pegam fogo como se fossem estopa, transformando-se em tochas vivas. Procuram inutilmente a salvação mergulhando no Sena, mas o óleo ardente continua a queimar, e corpos incandescentes flutuam no rio.

Durante um momento, acredita-se que a torre vai cair. Em Paris, os sinos de todas as igrejas soam o alarme. Os vikings são tão numerosos que novas ondas vêm substituir os atacantes postos fora de combate. E chegam mais e mais... O trabalho de escavação feito na base do Grand Châtelet acaba fazendo uma brecha pela qual entram os agressores. Diante deles, erguem-se Eudes e seus intrépidos soldados, todos de espada em punho. Numa mistura sangrenta, as tropas se afrontam. Os parisienses sabem que, se recuarem nesse instante, é a cidade inteira que cairá, e, além da cidade, todo o reino. Então aguentam. Finalmente os vikings batem em retirada, abandonam o combate e vão acampar na margem direita, perto da abadia de Saint-Germain-l'Auxerrois.

De lá, preparam meticulosamente novos ataques. Não se apressam. Pilham os campos vizinhos para se alimentar, constroem outras torres rolantes, imaginam planos de invasão. Em Paris, reforçam o Grand Châtelet e instalam, no alto, uma máquina capaz de lançar pedras impressionantes.

Dois meses depois dessa estranha guerra, dois meses observando e imaginando manobras e armas mais eficazes, o ataque recomeça em 31 de janeiro de 886. Em Paris, soa o clarim para a mobilização de todos.

Numerosas táticas são tentadas pelos vikings. Agora se deslocam protegidos por capotas cobertas de couro de animal: esses escudos enormes sob os quais se agrupam diversos homens tomam o aspecto mítico e monstruoso de dragões improváveis que, se esgueirando sobre a ponte, vinham se enroscar sob a torre. O inimigo também tenta encher o fosso do Châtelet jogando ali cadáveres, os dos rebanhos mortos para isso, os dos prisioneiros francos passados a fio de espada... Atravessando sobre essa putrefação, pisando em homens e animais confundidos no sangue, tentam um ataque, que é rechaçado. Os bárbaros imaginam então usar o fogo: aproximam da torre barcos em chamas que se desfazem enfraquecidos contra os pilares da ponte e mergulham na água.

Porém, do lado do Petit Châtelet, desenrola-se um drama. As águas aumentadas pelas chuvas de inverno carregaram parte da Petit Pont que levava à margem esquerda. Nessa margem, a torre se encontra portanto isolada e facilmente sitiada. Entretanto, doze bravos resistem ainda, e os vikings, apesar de numerosos, não conseguem desalojá-los. Enraivecidos, botam fogo na torre e os doze valorosos, exaustos pelo combate, sufocados pela fumaça, tentam uma saída e se refugiam sob a parte indene da Petit Pont. Numa luta corpo a corpo, batem-se sem esperança. Onze morrem com os golpes. O décimo segundo, um belo rapaz vestido com roupas elegantes, é visto como um nobre importante. Fascinados por um possível resgate, querem aprisoná-lo, mas ele escapa a seus raptores, toma uma espada e desafia seus inimigos até a morte. A torre sofre então a cólera dos homens do Norte, é arrasada até a última pedra.

A resistência inútil e heroica dos doze parisienses do Petit Châtelet permanecerá para Paris como o símbolo de sua força moral e sua bravura. Ardrade, Arnold, Eriland, Ermenfride, Erwig, Eynard, Goswin, Gozbert, Guy, Odoacro, Soties e Hervé, aquele que os vikings queriam pegar vivo, entram gloriosamente na história da cidade.

* * *

A primavera se aproxima, os combatentes estão esgotados. Os vikings contam seus mortos e se perguntam se Paris vale tamanho preço... Urge encontrar uma saída honrada. Então, o conde Eudes, tão bom político quanto hábil militar, envia um mensageiro com a proposta de encontrar seu inimigo Siegfried. Os dois chefes se encontram na Grand Pont, e o franco propõe ao viking uma quantia de sessenta libras de prata. Que ele a pegue e que vá para o diabo! A quantia é ridícula, mas Eudes não pode e não quer dar mais. Primeiramente, Paris empobreceu terrivelmente com uma batalha de vários meses. Depois, oferecendo um tributo mais importante, Eudes veria levantarem-se contra ele todos os francos, muito suscetíveis no plano da honra e da coragem.

Sessenta libras de prata é justo o necessário para Siegfried levantar o cerco mantendo a cabeça erguida. Mas, na Grand Pont, os guerreiros vikings que rodeiam seu chefe contestam a transação. Eles querem continuar o combate, ou então receber uma gratificação mais importante! Humilhados em suas ambições pecuniárias, atacam Eudes tentando aprisioná-lo, promessa de um belo resgate... Mas o franco brande sua espada, ameaça, fura alguns ventres e volta são e salvo para a île de la Cité. Os pequenos chefes vikings tentam em seguida apoderar-se do Grand Châtelet por sua própria conta, mas agora são tropas diminuídas e divididas que atacam Paris. São facilmente rechaçadas.

Enfim, os vikings renunciam. Porém, não sabendo bem para onde ir, abandonam o acampamento da margem direita e vão se instalar na margem esquerda, perto de Saint-Germain-des-Prés.

Em Paris, ninguém tem tempo de se regozijar com esse armistício. Uma nova calamidade se abateu sobre a cidade: os despojos amontoados no fosso do Grand Châtelet provocaram uma epidemia de peste. Os cadáveres corroídos pela doença misturam-se com os mortos tombados em combate. E, quando o mal recua, a fome se espalha na cidade que ficou tanto tempo sitiada. Então, à noite, veem-se sombras escapar da île de la Cité e se esgueirar para o acampamento dos vikings... Com a ajuda da escuridão, alguns parisienses audaciosos vêm roubar bois, e o gado atravessa silenciosamente a Grand Pont para ser assado pelos habitantes esfaimados.

A situação é bastante estranha: os parisienses não ousam sair da ilha, os vikings acampam nas vizinhanças... Afinal, o sítio foi levantado ou não? É preciso apressar um pouco as coisas e botar os assaltantes para correr. Para isso, o imperador Carlos, o Gordo deve entrar na batalha. Eudes e alguns bravos saem de Paris e galopam até Metz para tentar tocar o coração do soberano e obter dele algumas tropas poderosas para expulsar os vikings para longe de Paris. Porém o gordo Carlos está cansado de todos esses problemas: que o deixem tranquilo, que o abandonem à autossatisfação e que não venham mais incomodá-lo com essas reclamações sem fim...

Bem, já que Eudes insiste, Carlos consente em enviar algumas tropas a Paris, comandadas pelo duque Henri de Saxe. O próprio imperador irá mais tarde, talvez, certamente, veremos...

Eudes apressa-se em voltar a Paris para anunciar a boa notícia a seus concidadãos. Logo, sob o sol do mês de junho, o conde aparece no alto de Montmartre, e toda a cidade susta a respiração. Quanto aos vikings, bem certos de que essa agitação não é de bom augúrio para eles, tentam impedir a entrada de Eudes na cidade sitiada... Mas o que podem fileiras de soldados bem armados contra um herói? Eudes, a galope, sabre em riste, rompe as fileiras de vikings, dispara como uma bala e entra na praça, recebido como herói, aclamado por todos.

As tropas de Henri de Saxe chegam pouco depois e afrontam os vikings, que recuam. Os nobres francos veem nessa confrontação a ocasião de infligir ao inimigo uma derrota tão marcante quanto definitiva. Para isso são necessários reforços, e o imperador deve trazê-los: ele foi anunciado, ele está à frente de um poderoso exército, ele já está perto de Montmartre, ele vai vencer, é certo...

Mas eis que Carlos tergiversa. O bisneto de Carlos Magno é um bom negociador, sem dúvida, um ardiloso, talvez, mas um grande general, certamente que não. Os vikings querem atravessar o Sena? Pois bem, que atravessem! E, para conter um pouco a voracidade dos piratas escandinavos, o imperador lhes concede uma gratificação de setecentas libras de prata. Os nobres francos denunciam a traição. Com efeito, não se trata mais somente de covardia: o imperador se preocupa principalmente com a Germânia, isto é, com a Francie oriental, e prefere arriscar uma efêmera aliança com os chefes nórdicos a se preocupar com o destino do coração de seus territórios: a Francie ocidental. A aristocracia franca jamais perdoará essa perfídia.

Desde então, Paris não se sente mais ligada pelos acordos feitos pelo imperador. E quando Siegfried quer fazer passar sua frota sob a Grand Pont para ir mais longe incendiar a Francie, como Carlos lhe permite, os parisienses fazem tudo para impedir o comboio. Do alto da torre do Grand Châtelet, Ebles, o abade-arqueiro, visa o piloto da primeira embarcação e lhe envia uma flecha no coração! Os vikings têm a sabedoria de não insistir. E, coisa extrordinária, espetáculo inacreditável, esses marinheiros intrépidos puxam suas embarcações para a terra firme e contornam Paris pelos campos e pelos bosques! Imunes à vergonha, voltam para a água mais longe, seguem o curso do Yonne, atacam Sens, que não conseguem tomar, dirigem-se a Meaux, menos bem-defendida, pilham a cidade e levam o bispo, esperando trocá-lo por algumas moedas de ouro.

* * *

Um ano mais tarde, em novembro de 887, o descontentamento é geral no império. Para acalmar a nobreza, Carlos, o Gordo vê-se obrigado a convocar uma dieta em Trebur, perto de Mayence. O imperador gostaria de se justificar, mas quem tem vontade de escutar suas deploráveis explicações? Ele é imediatamente destituído de todos os seus títulos. Em poucos segundos, Carlos, o Gordo não é mais nem imperador do Ocidente nem rei da Itália, nem rei da Francie oriental, nem rei da Francie ocidental... Ele não é mais nada. Seu sobrinho, o duque Arnulfo, é proclamado rei na Germânia, mas o trono da Francie continua vago...

No mês de fevereiro seguinte, os nobres francos reunidos em Compiègne aclamam Eudes: o conde de Paris é nomeado rei da Francie ocidental. Para não perder tempo, por medo de ver aparecerem outros candidatos, ele é coroado ali mesmo em Compiègne. Apressa-se a missa, pronuncia-se uma rápida unção, e viva o rei!

— Vós homens da Igreja e senhores leigos — declara o novo monarca —, vós me sereis fiéis ajudando-me com vossos conselhos e vosso poder... Com a ajuda de Deus e vosso concurso, reformarei tudo que precisar de reformas e porei todas as coisas no estado de equidade e de justiça que existia antigamente.

Belas promessas eleitorais. Enquanto isso, o rei Eudes prossegue seu combate contra os vikings, que voltam com forças cada vez maiores para se apoderar da Francie.

O inimigo renunciou definitivamente a Paris, mas a cidade cura suas feridas. As invasões vikings arruinaram seus edifícios. Da basílica de Saint-Germain-des-Prés só restou a parte inferior de uma torre quadrada; Sainte-Geneviève, Saint-Julian-le-Pauvre, Saint-Marcel, Saint-Germain-l'Auxerrois e numerosas outras igrejas foram pilhadas e incendiadas.

Contudo, Paris saiu engrandecida dessa desolação. Por sua ferocidade, os piratas da Escandinávia mostraram que quem quisesse conquistar a França tinha que conquistar Paris. Por sua defesa obstinada, os parisienses se impuseram ao restante do reino, e mesmo se, com sua morte, o conde Eudes restituir a coroa da Francie ocidental aos descendentes diretos de Carlos Magno, são eles, os parisienses, que doravante fazem a História, são eles que fazem os reis.

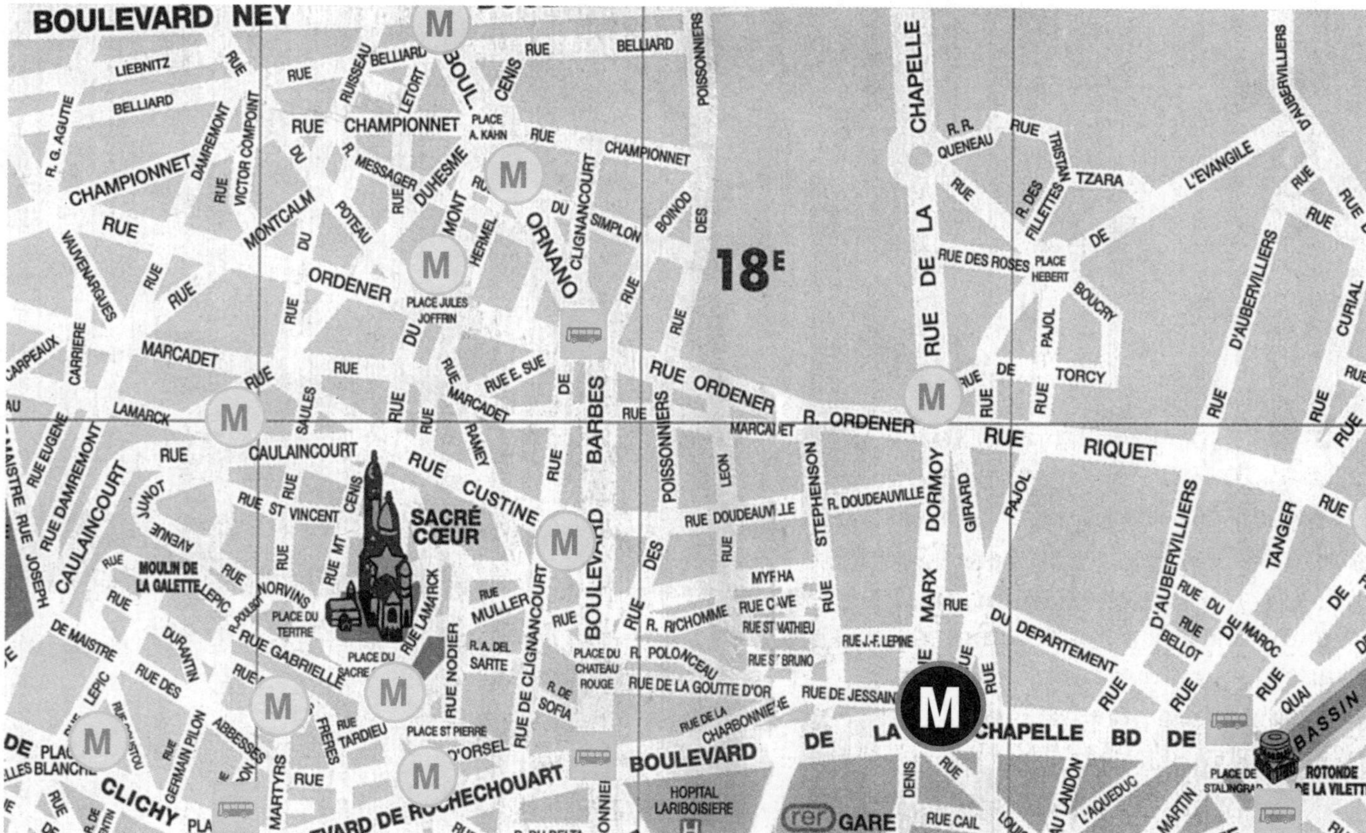

BOULEVARD NEY
18E
SACRÉ CŒUR
MOULIN DE LA GALETTE
PLACE DU TERTRE
RUE ORDENER
RUE DE LA CHAPELLE
RUE RIQUET
BOULEVARD BARBES
RUE CUSTINE
RUE CAULAINCOURT
RUE MARCADET
RUE LAMARCK
RUE DAMREMONT
RUE CHAMPIONNET
RUE DES POISSONNIERS
RUE DE CLIGNANCOURT
BOULEVARD ORNANO
RUE DE LA GOUTTE D'OR
RUE MARX DORMOY
RUE D'AUBERVILLIERS
RUE DE TANGER
RUE CURIAL
RUE DE L'EVANGILE
BOULEVARD DE ROCHECHOUART
BOULEVARD DE LA CHAPELLE
BD DE CLICHY
HOPITAL LARIBOISIERE
GARE DU NORD
PLACE DE STALINGRAD
ROTONDE DE LA VILETTE
BASSIN

Século X

La Chapelle

O triunfo dos Capetíngios

"Milagre sem nome na estação La Chapelle, vê-se o metrô sair do seu túnel", teria podido cantar Charles Trenet. Com efeito, o metrô aqui se torna aéreo, sem dúvida para vir respirar um pouco de ar fresco. Surpresa, do cais pode-se ver a cúpula branca do Sacré-Coeur de Montmartre. Mas a linha e a estação foram construídas sobre vestígios muito mais antigos: a muralha dos Fermiers Généraux, que remonta ao fim do século XVIII.

Vagueio por esse bairro que recende a especiarias vindas da Índia ou do Paquistão, espécie de *Indiantown* propícia a todas as descobertas. A alguns passos, eis o velho teatro Bouffes du Nord um pouco deslocado em relação aos nossos grandes teatros parisienses, mas que escapou a uma morte anunciada graças ao talento do britânico Peter Brook. Esse grande diretor fez dele o laboratório vivo de um teatro inovador, às vezes estranho, frequentemente audacioso, sempre apaixonante. Mas voltemos à História...

↓ (M) (10) **De onde vem esse nome: La Chapelle?**

De Carlos Magno! Sabe-se que o imperador era um apaixonado por relíquias de todo tipo. Para satisfazer sua mania, despachava regularmente para a Palestina cavaleiros com a missão de trazer os últimos fragmentos da Paixão de Cristo ou os restos dos primeiros mártires cristãos. Seus enviados voltavam dessas longas viagens aos confins da fé carregados de pedaços de madeira, de tecidos, de ossos que, encastrados em trabalhos magníficos de ourivesaria, se metamorfoseavam pela magia do dogma em piedosas relíquias admiradas por multidões emocionadas de veneração.

Uma das mais belas peças de sua coleção era a capa de são Martinho, mais exatamente a metade da capa, já que o jovem inspirado a tinha cortado em dois para oferecer a metade a um mendigo. Para esse tecido glorificado, Carlos Magno fez construir no recinto de seu castelo d'Aix um lugar de culto e de devoção: uma capela, termo derivado do latim cappa, *capa.*

A palavra entrou na linguagem corrente. Em Paris, foi atribuída principalmente a um pequeno oratório onde, dizia-se, santa Geneviève teria outrora parado para orar, na estrada que conduzia à sepultura de são Denis.

Entre Montmartre e Belleville, o vilarejo de La Chapelle se agrupou então à volta do oratório, a capela onde rezou santa Geneviève, e depois, como ele fez parte das terras da abadia de Saint-Denis, chamaram-no La Chapelle-Saint-Denis, antes de anexá-lo a Paris em 1860, onde ele se integrou no 18º *arrondissement*.

A igreja, situada no número 16 da rue de La Chapelle, encontra-se no lugar onde ficava o antigo oratório, que outrora alguns pensavam ser o próprio túmulo de são Denis.

Depois de santa Geneviève, uma outra penitente célebre frequentou esse lugar: Joana d'Arc. Uma estátua nos lembra que a donzela veio aqui rezar no dia 7 de setembro de 1429, esperando libertar Paris do jugo inglês e borgonhês. Dessa vez, ela fracassou em sua tentativa e foi ferida na coxa durante os combates.

A igreja atual data em grande parte do século XVIII; os únicos vestígios da igreja primitiva de 1204 — que, portanto, viram Joana rezar — são as quatro primeiras galerias da nave, separadas do resto por pilastras redondas.

O vilarejo antigo se situava atrás da estação do metrô, na altura da Place Paul-Éluard, no fim da avenue Marx-Dormoy. Lugar pequeno, pois o vilarejo era um vilarejo-rua, pouco extenso, bem modesto, mas tão prestigioso.

⋆⋆⋆

Nesse século X, a importante feira do Lendit se muda: deixa o burgo de Saint-Denis, onde tinha lugar antes, para se aproximar de Paris. Estabelece-se quase a meio caminho entre a abadia e a cidade: no vilarejo de La Chapelle, onde fica hoje a rotunda de La Chapelle.

Lendit... esse termo nebuloso seria tirado do latim *indictus*, que significa fixar, notificar. Todo mês de junho, durante quinze dias, milhares de mercadores vindos de toda a Francie, mas também da Provença, da Lombardia, da Espanha ou de Constantinopla, se encontram para oferecer tecidos, carneiros, ervas, especiarias, perfumes e, o que é mais raro, folhas de pergaminho! Por isso se precipitam para La Chapelle os mestres com suas togas negras, que exercem sua arte nas escolas abertas no interior dos mosteiros, mas também nas instituições estabelecidas na montanha Sainte-Geneviève, apesar da indignação do bispo de Paris. Ensino livre ou religioso? O debate já começou, mas todos necessitam do precioso suporte dos pergaminhos importados do Oriente, e todos se encontram lado a lado no Lendit para fazer suas compras.

A feira de La Chapelle atrai também uma multidão que vem comprar algumas provisões ou simplemente admirar as butiques temporárias, ao mesmo tempo limpinhas e elegantes, tão diferentes dos tristes ateliês de Paris! As pessoas acotovelam-se aqui como nos teatros, para ver se desenrolar o grande espetáculo do mundo... É um pouco o ar de fora que se respira através dessas cores e desses odores. O povo se surpreende diante da riqueza das sedas, admira os acrobatas, os cuspidores de fogo, os dançarinos e os tocadores de pífaro, eles são tão alegres! E depois, numa barraca de madeira, lá está o abade de Saint-Denis, grave, empertigado, sobrancelhas franzidas. Ele está lá para julgar, decidir, acalmar as controvérsias que não faltam, opondo comerciantes e clientes.

Sapatos dourados, pernas envoltas em tecidos coloridos, jaqueta de lã ou de linho belamente tecido, espada no lado e bengala na mão, casaco curto azul ou verde, os ricos senhores estão acompanhados por suas damas. Estas calçaram botinas que protegem seus pés da lama e da poeira das ruas, vestiram duas túnicas, uma curta e outra mais longa, malva, violeta ou rebordadas de ouro, e a moda quer que seus cabelos estejam recobertos por uma pequena echarpe. Diante dessas cores exibidas pelos homens e mulheres ricos de Paris, camponeses e artesãos usam roupas menos coloridas, cinzentas, bege, marrons, pois não poderiam rivalizar com o bom gosto luxuoso das belas damas e dos gentis-homens.

↓ M 10 Quem herdou a feira do Lendit?

Com o desenvolvimento da universidade parisiense, no século XIII, a feira do Lendit — e sua venda de pergaminho — tornou-se uma festa para os mestres e seus alunos. Na manhã da abertura, desde a madrugada, viam-se os estudantes se reunir na montanha Sainte-Geneviève. Juntavam-se em companhias para se dirigir alegremente, ao som dos pífaros, das trombetas e dos tambores, a La Chapelle. Um belo afresco desse alegre desfile pode ser visto no pátio da Sorbonne.

Em 1444, a feira voltou para Saint-Denis, devido a desordens cometidas pelos estudantes. Mais tarde, o Lendit se tornou uma feira de gado e, no século XIX, uma festa chamada a "festa do verão". Em La Chapelle, apenas o Marché de l'Olive (rue de l'Olive), aberto em 1885, oferece uma vaga imagem daquilo que desapareceu.

Em 978, o conde de Paris se chama Hugo Capeto, para distingui-lo de seu pai, Hugo, o Grande, que fora conde de Paris antes dele. Mas, na verdade, ignora-se o que lhe valeu esse apelido de Capeto. Será por causa de sua cabeça grande posta em cima de um corpo magro (do latim *caput*, cabeça)? Será que é porque ele sempre usa um capuz? Será porque ele possui várias abadias, tornando-se assim um *chappet*, aquele que usa a capa? Ou porque ele é abade leigo da abadia Saint-Martin de Tours e que o apelido é uma delicada alusão à capa do santo cortada em dois? Ou ainda porque ele agita à frente de suas tropas, dizem, a santa relíquia de Martin, como uma proteção mística?

Enquanto conde de Paris, Hugo Capeto detém a responsabilidade da defesa e da organização da cidade. Ele governa Paris, mas que Paris? Nas margens, as vizinhanças foram devastadas pelos vikings e nada foi tentado para levantar o que fora abatido. As abadias estão devastadas, o povo se habituou a viver e orar entre paredes em ruínas, igrejas calcinadas, mosteiros saqueados.

Na île de la Cité, o quadro é apenas pouco mais agradável. A maior parte das casas é de madeira, elas foram queimadas ou atingidas por projéteis, foram reparadas às pressas, mas as cabanas tortas parecem se inclinar, quase desabar umas sobre as outras. No andar térreo desses casebres, encontram-se geralmente butiques escuras, abertas para a rua... Mas elas são sinistras, cheiram a mofo e a ranço, então o grosso das trocas se faz na rua, com os mercadores ambulantes. Os vendedores de calçados fazem sua turnê levando uma grande vara sobre a qual estão enfiados os sapatos para vender, os que vendem vinho puxam sua charrete, os vendedores de frutas têm um grande cesto e os mascates de bugigangas puxam um enorme saco. E todo esse mundinho grita a mais não poder, para cobrir a voz do outro e atrair o cliente.

Se a cidade perdeu seus mais belos ornamentos, se Lotário, neto de Carlos Magno e rei de Francie, prefere sua residência de Laon, Paris continua animada e cobiçada. Cobiçada por quem? Por Oton II, o imperador germânico.

Nesse ano de 978, a tensão é extrema entre a Francie e a Germânia. Lotário acha que o imperador lhe roubou a Lorena, uma antiga parte da Francie mediana que futuros franceses e futuros alemães disputarão até o século XX!

Portanto, Lotário resolve castigar Oton, esse arrogante. Convoca a Laon os grandes senhores do reino para lhes pedir apoio para uma expedição punitiva. Hugo Capeto e os outros feudais aprovam, prontos a colocar na operação suas finanças e seus soldados.

E é assim que, no início do verão, um exército franco de 20 mil homens marcha para Aix-la-Chapelle. Todo mundo está contente, os chefes que por sua fidelidade cega esperam obter alguma vantagem, os soldados alegres com a ideia de pilhar novas terras. Os únicos que fazem um pouco de cara feia são os camponeses, consternados ao ver seus campos devastados; mas, enfim, se fosse necessário se preocupar com o mau humor de um bando de campônios, aonde se iria?

O exército de Lotário avança, atravessa o Mosela, chega a Aix, e as tropas mais aguerridas, espada em punho, penetram no palácio... deserto. O imperador e sua família acabaram de deixar a residência: os pratos ainda estavam sobre a mesa e as carnes, ainda quentes! Comem um pouco, mas, sobretudo, roubam os ricos tecidos arrumados nos armários, levam as baixelas de ouro, carregam as joias imperiais. E então, satisfeitos com o trabalho realizado, soldados e seu chefe retornam tranquilamente para a Francie. Lotário reencontra com volúpia a tranquilidade de Laon, e despede seu exército. Acabou-se, continuaremos a guerra um outro dia.

Nesse meio-tempo, Oton voltou a Aix. Apavorado, constatou os estragos sofridos em sua residência... Esse saque exige represálias! O imperador levanta imediatamente um exército de 30 mil cavaleiros, sem contar os da infantaria. No mês de outubro, os soldados germanos entram na Francie. Vieram para destruir e devastar, e não se privam disso: os palácios de Attigny e Compiègne são assolados, os campos em torno de Soissons e de Laon são queimados. Mas isso não basta, Oton quer Paris. Paris saqueada lavará a humilhação sofrida em Aix-la-Chapelle!

Lotário fugiu de Laon para se refugiar lamentavelmente em Étampes, e sua única esperança é Hugo Capeto: o conde de Paris deve defender sua cidade... Não há tempo para mobilizar um exército: mais uma vez, Paris terá que combater sozinha. Os germanos estão chegando, já se percebe a agitada nuvem de cavaleiros no alto de Montmartre... O exército inimigo está aí, arma seu acampamento, mas fica prudentemente ao longe. Oton hesita em atacar. Ele sabe que, há tempos, a cidade sustentou vitoriosamente o sítio dos vikings. Será que ele poderá fazer melhor do que os piratas do Norte?

Um sobrinho do imperador, temerário e orgulhoso, exige o direito de abrir uma brecha com seus homens. Oton consente: que essa cabeça quente vá se confrontar com os parisienses! Porém, apenas a pequena coorte se aproxima das muralhas, os homens de Capeto saem da cidade, cercam essa vanguarda intrépida e a exterminam inteiramente. Nem o sobrinho do imperador foi poupado.

Esse aviso severo não incita nem um pouco Oton a experimentar mais de perto a cólera parisiense. Contudo, é necessário fazer alguma coisa... Para marcar a presença germânica e pôr à prova os nervos dos parisienses, um soldado de força e tamanho prodigiosos se apresenta toda manhã diante do Grand Châtelet, símbolo da resistência parisiense. Com sua voz de baixo, lança horas a fio um rosário de insultos contra Paris e toda a Francie.

Para Hugo, essa insuportável provocação tem que acabar. Mas para isso será preciso aceitar o choque entre os dois exércitos? Não, a um único homem deve responder um único homem!

Escolhe-se um cavaleiro chamado Ives para defender a honra franca. Abrem-se as portas da cidade: orgulhosamente montado em seu corcel, o campeão vem afrontar o gigante. Cada um combate sob as aclamações inflamadas de seus partidários e as vociferações venenosas de seus inimigos. A lança do germano faz voar em pedaços o escudo de Ives e penetra em seu peito. O campeão de Paris escorrega do cavalo e cai. O germano venceu o duelo? Ele se precipita para acabar com o adversário, reina a consternação no campo dos parisienses, os homens tremem e já se lamentam. Mas, quando o germano triunfante se lança sobre sua presa ferida, Ives abre os olhos, se mexe, levanta bruscamente a lança... e a ponta penetra facilmente na emenda da armadura do gigante, justo nesse espaço sob o ventre em que o couro encontra as partes metálicas. O vencido desaba com uma barulhada de ferro amassado, e os parisienses deixam explodir a alegria. Bastou um segundo e, de certo modo, eles ganharam a guerra!

No dia 30 de novembro, depois de quase dois meses de um sítio que acabou tomando o aspecto de uma vizinhança de boa qualidade, Oton parte. Está frio, os homens estão chafurdando na lama, o inverno está chegando, não adianta insistir. Desmontam-se as tendas e o belo exército germânico deixa o alto de Montmartre. Ele vai ser assediado um pouco mais longe, na altura de Soissons, pelas tropas de Lotário.

Essa vitória obtida às portas de Paris sem a menor dificuldade permite a Hugo Capeto impor-se como o primeiro senhor do reino franco depois do rei. Originário de Auvergne, Gerbert d'Aurillac, que depois se tornou papa com o nome de Silvestre II, pode então escrever: "O rei Lotário é o primeiro na Francie apenas por seu título. Hugo o é, não pelo título, mas por seus feitos e gestos."

↓ M 10 Qual a lenda do germano?

Da memorável luta entre Ives, o Franco e o colosso germano vai nascer a lenda do gigante Isoré... Ela será retomada, a partir do século XII, nas canções de gesta destinadas a galvanizar o heroísmo francês diante das invasões estrangeiras. O gigante vai se tornar um sarraceno e o herói tomará a identidade e os traços de Guilherme de Orange, cavaleiro de Carlos Magno, defensor da cristandade. E, em Paris, a rue de la Tombe-Issoire guarda através de seu nome a memória do lugar presumido do túmulo do inimigo vencido.

Durante os oito anos que se seguiram, Hugo Capeto parece sonhar mais com suas ambições pessoais do que com sua cidade de Paris. Com uma política complexa e bastante sutil, ele prepara sua ascensão, às vezes se opõe ao rei, permanecendo no entanto seu fiel vassalo. Vai a Roma ver o papa, combate contra os duques de Lorena, procura uma aliança com os germanos, volta a Lotário... Durante esse tempo, muito ocupado, não faz nada por Paris. Uma pena, porque a cidade precisava muito ser levantada. Tê-la salvado das garras de Oton basta por ora à glória de Hugo Capeto.

Além disso, as circunstâncias vão favorecer uma glória ainda mais resplandecente. Lotário morre em 986 e transmite a coroa a seu filho Luís V, de apenas vinte anos. Mas no ano seguinte, com um empurrãozinho do destino, o jovem rei cai do cavalo e morre. Depois dos funerais, uma assembleia da alta nobreza reunida em Senlis oferece por aclamação o trono a Hugo Capeto, julgado o mais digno de reinar. O caso está maravilhosamente encaminhado, dirigem-se rapidamente a Noyon onde, no dia 3 de julho de 987, Hugo recebe as insígnias da dignidade real. De joelhos, o soberano dos francos pronuncia seu juramento solene.

— Hugo, perto de me tornar, pela graça de Deus, rei dos francos, eu prometo, diante de Deus e de seus santos, nesse dia de minha coroação, conservar a cada um de vós os privilégios canônicos, a lei que o rege, a jurisdição que ele exerce ou de que ele depende. Juro com a ajuda de Deus, e é por Ele que me será possível, assegurar-vos uma perfeita segurança como um rei deve fazer em seu reino a cada bispo e a cada igreja. Enfim, juro governar o povo que me será confiado segundo suas leis e segundo seu direito.

Hugo recebe a santa unção e ei-lo "rei dos francos, dos bretões, dos dinamarqueses, dos aquitanos, dos godos, dos espanhóis e dos bascos". Título grandiloquente e vazio, que esconde uma realidade menos agradável. Os dinamarqueses não passam de normandos da Nêustria, os godos, os espanhóis e os bascos representam apenas alguns habitantes do Sul. Além disso, as possessões diretas do rei reduzem-se ao modesto domínio de Île de France, entre Compiègne e Orléans, mas compreendendo Paris, é verdade, de que ele faz sua capital.

Sobre o resto do território da Francie, a autoridade real, mais longínqua, se difunde no vago e no hipotético. Claro que o rei é o mestre, mas como pode ele se impor diante de seus poderosos vassalos? Ele só dispõe, na realidade, de uma força militar limitada e de recursos financeiros medíocres. Felizmente para o seu tesouro, ele se beneficia de uma poderosa rede de abadias, que representam influentes apoios econômicos e estratégicos, e em particular, entre elas, Saint-Germain-des-Prés e Saint-Denis.

Hugo Capeto conta com essa rede. Um diploma, concedendo terras à abadia Saint-Maur-des-Fossés e conservado nos Arquivos Nacionais, oferece-nos um magnífico testemunho do ano 989 e da hábil estratégia do rei com relação à Igreja. Com efeito, ele necessita da força eclesiástica, pois, de um ponto de vista exclusivamente político, Hugo aparece tão fraco quanto prudente: ele não é mais um soberano de grandes mudanças, não é homem de projetos grandiosos ou de transformações definitivas. A única preocupação do rei Hugo é permanecer, inventar uma linhagem que viria substituir os Carolíngios destituídos. Logo sua energia se vê recompensada: seis meses apenas após sua coroação, ele obtém o direito de associar ao trono seu filho único Roberto, rapidamente consagrado em Orléans.

Se Hugo Capeto trabalhou para o futuro, ele triunfou. A dinastia dos Capetíngios reinará de 987 a 1328 e, mais tarde, por ramos colaterais, de 1328 a 1848, com as interrupções da Revolução e do império. É verdade, Hugo Capeto não transformou realmente Paris, mas seus sucessores vão fazer dela a Cidade Luz.

↓ M 10 Quando surgiu a primeira Bolsa de Paris?

Para descobrir isso, é preciso se perguntar como se atravessava Paris na Idade Média. É, sem dúvida, ao filho de Hugo Capeto, Roberto, o Piedoso, que se deve a reconstituição, no fim do século X, da "calçada de Carlos, o Calvo". Uma ponte foi então inaugurada, para substituir a antiga construção romana, bastante degradada, que será progressivamente abandonada. Assim, e durante quinhentos anos, o eixo único para atravessar Paris não será em linha reta, mas tomaria a forma de um arco quebrado.

O eixo principal da margem direita fora transferido da rue Saint-Martin para a rue Saint-Denis, diante da nova passagem para ir do palácio da Cité à prestigiosa abadia dos reis.

Essa grande ponte tomou o nome de Pont-au-Change, a partir do século XII, quando "corretores" vieram se instalar a fim de trocar entre si as dívidas e os créditos das diferentes comunidades agrícolas do reino por conta de financistas privados... Foi então sobre essa Pont-au-Change que apareceu a primeira Bolsa de Paris!

Quanto à "travessia de Paris", logo que você subir a rue Saint-Denis, observe, na altura dos grandes bulevares, a magnífica Porte Saint-Denis, planejada por Luís XIV em 1672, no local onde se erguiam as antigas muralhas da cidade. A comparação com a modesta Porte Saint-Martin, na mesma altura, duzentos metros mais a leste, atesta a predominância desse eixo medieval sobre o antigo eixo romano.

É divertido imaginar que, durante quinhentos anos, Paris só possuiu duas pontes, uma para cada margem, e que uma não estava no prolongamento da outra. Foi preciso esperar o século XV para criar uma travessia suplementar do Sena via île de la Cité.

Nossas quatro pontes atuais são reconstruções do século XIX, e saiba que a Pont-Neuf, terminada em 1607, não é a nona ponte de Paris, mas a quinta, e não é a mais nova, mas a mais antiga, dá para entender?

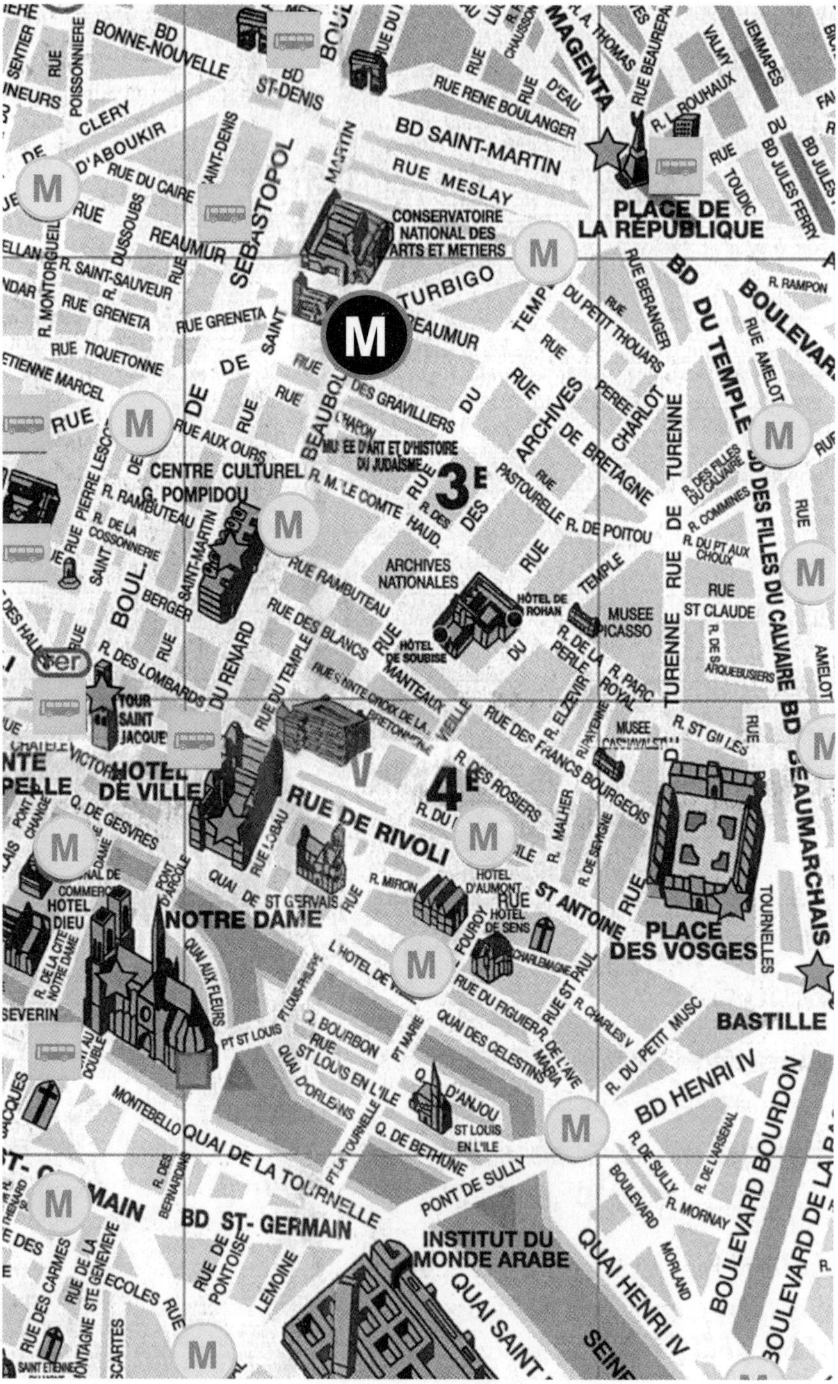
BD BONNE-NOUVELLE
BD ST-DENIS
BD SAINT-MARTIN
RUE RENE BOULANGER
RUE MESLAY
MAGENTA
R. A. THOMAS
RUE BEAUREPAIRE
VALMY
JEMMAPES
R. L. BOUHAUX
RUE TOUDIC
BD JULES FERRY
PLACE DE LA RÉPUBLIQUE
CONSERVATOIRE NATIONAL DES ARTS ET METIERS
TURBIGO
REAUMUR
SEBASTOPOL
RUE DU CAIRE
D'ABOUKIR
CLERY
RUE POISSONNIERE
RUE DUSSOUBS
R. SAINT-SAUVEUR
RUE GRENETA
R. MONTORGUEIL
RUE TIQUETONNE
ETIENNE MARCEL
RUE AUX OURS
RUE DES GRAVILLIERS
MUSEE D'ART ET D'HISTOIRE DU JUDAÏSME
CENTRE CULTUREL G. POMPIDOU
R. RAMBUTEAU
R. DE LA COSSONNERIE
RUE RAMBUTEAU
3E
ARCHIVES NATIONALES
RUE DES ARCHIVES
DE BRETAGNE
R. DE POITOU
PASTOURELLE
RUE CHARLOT
RUE PERREE
RUE BERANGER
DU PETIT THOUARS
BD DU TEMPLE
BOULEVARD
R. RAMPON
RUE AMELOT
RUE DE TURENNE
BD DES FILLES DU CALVAIRE
R. COMMINES
RUE ST CLAUDE
HÔTEL DE ROHAN
HÔTEL DE SOUBISE
MUSEE PICASSO
R. DE LA PERLE
R. PARC ROYAL
RUE DES BLANCS MANTEAUX
RUE DU TEMPLE
DU RENARD
R. DES LOMBARDS
TOUR SAINT JACQUES
RUE SAINTE CROIX DE LA BRETONNERIE
RUE DES FRANCS BOURGEOIS
R. ELZEVIR
MUSEE CARNAVALET
R. ST GILLES
BEAUMARCHAIS
4E
R. DES ROSIERS
HOTEL DE VILLE
RUE DE RIVOLI
Q. DE GESVRES
PONT D'ARCOLE
QUAI DE ST GERVAIS
R. MIRON
HOTEL D'AUMONT
ST ANTOINE
R. MALHER
R. DE SEVIGNE
PLACE DES VOSGES
TOURNELLES
HOTEL DIEU
NOTRE DAME
QUAI AUX FLEURS
HOTEL DE SENS
RUE ST PAUL
RUE DU FIGUIER
QUAI DES CELESTINS
R. CHARLES V
R. DU PETIT MUSC
BASTILLE
BD HENRI IV
BOULEVARD BOURDON
PT ST LOUIS
Q. BOURBON
RUE ST LOUIS EN L'ILE
PT MARIE
Q. D'ANJOU
QUAI D'ORLEANS
ST LOUIS EN L'ILE
Q. DE BETHUNE
PT LA TOURNELLE
QUAI DE LA TOURNELLE
MONTEBELLO
PONT DE SULLY
R. DE SULLY
R. MORNAY
QUAI HENRI IV
MORLAND
BOULEVARD DE LA
BD ST-GERMAIN
INSTITUT DU MONDE ARABE
QUAI SAINT
SEINE
RUE DE PONTOISE
LEMOINE
ECOLES
RUE DES CARMES
RUE DES BERNARDINS
RUE DE LA MONTAGNE STE GENEVIEVE
DESCARTES
SAINT ETIENNE

Século XI

Arts et Métiers

O mito do ano 1000

Ela é bem bonita, a estação Arts et Métiers, com sua aparência de submarino à la Júlio Verne. Toda de cobre rutilante, parece um veículo improvável surgido do delírio de um cientista excêntrico. Gostaríamos de embarcar aqui para uma longa viagem que nos levaria, não a outro lugar, mas aqui mesmo, a um outro tempo.

Sonho frustrado, o navio subterrâneo continua imóvel. Temos que abandoná-lo, subir a velha escada rolante de degraus de madeira para vir rodar em torno do Conservatório Nacional de Artes e Ofícios, na rue Saint-Martin.

Até a Revolução, erguia-se aqui o priorado Saint-Martin-des-Champs... O pequeno oratório erguido no lugar em que são Martinho tinha abraçado e curado um leproso fora transformado numa capela e ia se tornar um mosteiro importante no século XI. Situava-se na localização atual das ruas Saint-Martin, Vertbois, Montgolfier e Bailly.

Mas voltemos ao ano 1000... Data redonda, mas que nem por isso emocionou os paroquianos do reino. É verdade que, em algumas igrejas de Paris, padres taciturnos anunciavam para muito breve a aparição do Anticristo... Os Paco Rabanne da época, de certa maneira. Mas os teólogos esclarecidos opunham a essas ingênuas crendices a verdade dos textos e a certeza de que ninguém poderia conhecer nem o dia nem a hora do fim do mundo.

No fundo, o ano 1000 não foi um período inflamado e aterrador digno das Escrituras e do Juízo Final. O mito do ano 1000 foi popularizado na França pelos românticos no século XIX e por historiadores como Jules Michelet, que desejavam ver no cristianismo medieval um tempo de fervor e de paixão, um período efervescente em que o homem se mostrava incapaz de controlar suas emoções.

Com ou sem o terror do Apocalipse, o ano 1000 foi, entretanto, uma época de fervor religioso esclarecido por uma renovação da Igreja. Reforçada pela fé de seus fiéis, a Santa Sé sentia-se com poderes para reformar as práticas que ela condenava. Até então, é preciso que se diga, a Igreja estava perfeitamente integrada ao sistema feudal: religioso e profano se misturavam intimamente, as preocupações do bispo coincidiam com as da aristocracia para a gestão das terras, os privilégios dos benefícios, a divisão dos impostos... Em resumo, o espiritual se confundia com o temporal. O que era ainda mais grave é que os cargos eclesiásticos eram açambarcados pelos senhores importantes que não tinham propriamente vocação religiosa, mas consideravam os títulos religiosos como um bem hereditário destinado ao caçula da linhagem.

Para Roma e os verdadeiros cristãos, chegara o tempo de purgar a Igreja desses abusos e de reencontrar o caminho de Deus. Roma não queria mais ser o joguete dos barões e dos grandes... Dai ao Senhor o que pertence ao Senhor!

Essa renovação se materializou em Cluny, abadia beneditina que desejava se eximir de qualquer dominação temporal e se colocava sob a autoridade única do papa. Os dois monges mais conhecidos desse combate pela espiritualidade pura e severa chamavam-se Raoul Glaber e Adémar de Chabannes. Essas personalidades clunisianas aproveitaram anos de guerra e de invasões a fim de convencer o povo de Francie a se entregar a Deus pela paz e pela salvação do mundo.

Quanto ao Santo Padre, nunca hesitava em incitar as pessoas a enriquecer esses novos mosteiros, esses refúgios da verdadeira fé que floresciam por toda a Francie e também pela Europa.

A regra instituída em Cluny e suas dependências era a de são Bento, só que o trabalho manual, indispensável para conquistar a humildade, era relegado a segundo plano, atrás do espiritual, isto é, a oração, a escrita, o canto, a cópia de manuscritos. Cluny queria ser o templo do saber e da inteligência.

Essa poderosa congregação, que procurava controlar os destinos do espírito e da consciência humana, se estabelecerá mais tarde em Paris. O mosteiro Saint-Martin-des-Champs será integrado à ordem clunisiana em 1079.

Aqui, pela glória de Deus, as luzes de Cluny iluminarão Paris e seus piedosos paroquianos.

Mas antes de a Igreja retomar esse controle, sérios litígios a haviam oposto à coroa. Assim, o filho e sucessor de Hugo Capeto, Roberto II, atraíra para si a condenação da Santa Sé por causa de uma vida privada um tanto conturbada.

Tudo começa quando, por razões puramente políticas, e por ordem de seu pai Hugo, o príncipe Roberto desposa, aos dezesseis anos, a "velha" Rozala, de 33, viúva do conde de Flandres e filha do rei da Itália. Tudo isso para ficar com seu dote, o condado de Ponthieu, que vem assim acrescentar-se às propriedades reais.

Após uma vida conjugal bastante sem graça, que assim mesmo dura uns dez anos, Roberto encontra enfim a mulher ideal: ela se chama Berta, tem 32 anos, é viúva do conde de Blois e tem uma fieira de filhos... Essa mulher que tanto encanta o rapaz de 26 anos é filha do rei de Borgonha e de Provença, detalhe que complica um pouco a situação, pois sua mãe é irmã do rei Lotário, o último dos Carolíngios. Pelo jogo das uniões, ela é então a prima distante do irrequieto Roberto... E a Igreja não brinca com os laços de consanguinidade, mesmo se forem longínquos e tortuosos. Pouco importa, mal sobe ao trono, Roberto repudia

Rozala e encontra um arcebispo complacente para abençoar sua união com a querida Berta.

A cólera do jovem papa Gregório V não arrefece: o rei dos francos, pelo casamento, desafia a autoridade papal e as santas leis da Igreja! Para mostrar sua submissão e acalmar o caso, Roberto envia um embaixador ao soberano pontífice, com uma ordem do dia sem ambiguidade:

— Nós temos alguns negócios em litígio com a Santa Sé, assegure a Gregório V que repararei meus erros em todos os pontos, se ele me deixar minha mulher.

O papa fica sufocado com isso: Roberto consente tudo, menos o que lhe é pedido! Gregório V permanece inflexível e exige que os dois pombinhos se separem. O embaixador retorna tristemente a Paris, portador de uma mensagem de intransigência...

— Não me separarei jamais de minha mulher! — urra o rei. — Ela é mais importante para mim do que tudo no mundo, e quero que o universo inteiro saiba disso.

Em represália, o papa reúne um sínodo em Pádua, e dessa reunião de prelados sai uma decisão: "O rei Roberto que, apesar da interdição apostólica, desposou sua parenta, deve vir a nosso encontro para reparar seus erros... Se recusar vir, que seja privado da comunhão." É a ameaça suprema: a excomunhão!

Mas Roberto, muito feliz com seu amor correspondido, não responde à convocação do papa, o que, evidentemente, não melhora suas relações com a Santa Sé. Então o papa reúne um novo sínodo, dessa vez em Roma. Uma regra sai dos debates, uma lei canônica, rígida e ameaçadora: "O rei Roberto deixará Berta, sua parenta, que ele desposou contra as leis. Ele fará uma penitência de sete anos, segundo os ditames da Igreja para os casamentos incestuosos. Se ele recusar submeter-se, que seja excomungado."

A princípio, ele não obedece. Ei-lo abandonado pela Igreja, cortado da comunidade dos fiéis. Logo o palácio da Cité se esvazia. Num balé desesperador, vassalos, conselheiros e clérigos se vão uns após os outros. Entre o papa que lhes promete o Paraíso e o rei que só tem bens terrestres a oferecer, a escolha está feita. Os últimos servidores que ficam purificam a louça do rei com fogo e oração cada vez que é usada, temendo ser contaminados pela terrível sentença, imaginando que o simples contato com o condenado os destinaria à danação eterna.

E foi assim, no pecado, que o rei e a rainha atravessaram o ano 1000. Na île de la Cité perdura a situação absurda que transforma os soberanos em prisioneiros do próprio palácio. Finalmente, é a rainha Berta que capitula. No fundo, ela não faz tanta questão de ser rainha dos francos; e depois, a ideia de ter de ficar reclusa entre muros a horroriza.

Em 1001, depois de quatro anos de vida em comum, Berta e Roberto consentem em se deixar, separação que se faz entre choros e remorsos, mas também numa exibição um pouco ruidosa de bons sentimentos e de lancinantes queixumes. Berta sobe num carro ligeiro puxado por quatro cavalos, atravessa a Grand Pont, passa para a margem esquerda, sobe a longa rue Saint-Jacques, atravessa a montanha Sainte-Geneviève e prossegue seu caminho para o sul, em direção a Vienne, à margem do Ródano, onde vai encontrar a corte real de seu pai.

Quanto a Roberto, manifesta seu devoto arrependimento com exagero. Ele chora, se lamenta, frequenta diariamente as igrejas parisienses, canta mais alto que os outros durante os ofícios, passa as noites de grandes festas em oração, dorme no chão em sinal de penitência.

Agita-se muito, mas isso não lhe basta. Funda mosteiros por todo lado. Em Paris, manda reconstruir a igreja de Saint-Germain-l'Auxerrois e a abadia de Saint-Germain-des-Prés, que tinham sido tão maltratadas pelos vikings. Para ter o bom Deus à sua disposição, manda erguer, no palácio, uma capela dedicada a são Nicolau, que, um século e meio mais tarde, se tornará a Sainte-Chapelle.

Roberto pensa em sua alma, é verdade, mas também um pouco em seu conforto pessoal: restaura o palácio da Cité, o aumenta com a Conciergerie, edifício destinado à residência do *concierge* do palácio... *Concierge!* Um termo bem comum para uma alta função: a de fazer exercer pelos magistrados a baixa e média justiça, com privilégios exorbitantes, entre os quais o direito de recolher uma taxa sobre cada tonel de vinho e cada quantidade de aveia.

De passagem, acabemos com uma crendice bem enraizada: "*concierge*" não vem de "*comte des cierges*", aquele que fiscaliza as velas do palácio! A palavra é tirada do latim *conservius*, companheiro de escravidão, e designa aquele que está a serviço do palácio.

Restaurando o palácio da Cité, o rei Roberto restitui a Paris seu papel de capital, papel que os reis carolíngios tinham um pouco negligenciado. Mas é verdade que o estatuto e a geografia da cidade ainda estão um pouco vagos. O condado de Paris é finalmente anexado à coroa. Mas onde fica essa cidade? Na île de la Cité encerrada atrás das muralhas? Na margem direita que se povoa de belas casas, mas cuja expansão está limitada pelos pântanos? Na margem esquerda essencialmente ocupada pelas abadias, igrejas e seus pomares?

Que destino para a Conciergerie?

Com as quatro torres do Quai de l'Horloge e a Sainte-Chapelle, as cozinhas, a sala dos guardas e a dos soldados da Conciergerie são os únicos vestígios do palácio medieval. O resto provém das obras de Haussmann e de um arranjo digno do museu Grévin. Haussmann para o palácio, Grévin para a Conciergerie. Esse monumento, que se visita ainda hoje, se esforça para recompor o ambiente carcerário da prisão que ocupou o local de 1392, quando o palácio foi abandonado por Carlos V e seus sucessores, até seu fechamento em 1914. As celas ocupavam o andar térreo do edifício ladeando o Quai de l'Horloge.

Os vestígios autênticos não são numerosos, nos levam ao século XVIII e ao período extremamente rico em detentos que foi a Revolução.

Primeiramente, o pátio das mulheres, com sua fonte onde as prisioneiras lavavam sua roupa, e a grade que as separava dos homens. Depois, eis a capela dos girondinos, onde estes viveram sua última noite de 29 a 30 de outubro de 1793, e a capela Maria Antonieta, construída sob Luís XVIII em lembrança da cela onde a rainha passou seus últimos momentos em 1793.

O local situado entre as duas capelas foi onde Robespierre, ferido na cabeça, esperou o suplício supremo.

Diante da fachada do século XVIII do Palácio de Justiça, olhe a escadinha à direita que conduz a um barzinho. É a escada pela qual todos os condenados saíram para ir para a forca... É o testemunho mais emocionante e mais discreto da terrível prisão.

No ano 1003, a devoção de Roberto foi recompensada: sua mulher, a primeira, a velha Rozala, morreu em Flandres, para onde se retirara. Canonicamente, Roberto está livre e pode se casar de novo... O que faz imediatamente, pois necessita de um herdeiro. Desposa Constância de Arles, que tem a particularidade de ter apenas dezessete anos e não ser viúva nem matrona.

O rei tem 31 anos e, para sua mulher, é um velho. Então, da Provença, ela traz para o palácio um monte de jovens que dão um frescor ao local, mas horrorizam a velharia! Pois esses fidalgotes têm os cabelos curtos, o rosto imberbe e se vestem de maneira extravagante, verdadeiros bufões! Imaginem, usam botinas absolutamente ridículas, terminadas por um bico recurvado. Se não tomarem cuidado, logo será toda a juventude de Francie que arrisca se deixar tentar por esses atavios grotescos! Os piedosos abades que cercam o rei balançam a cabeça, dizendo que a corte não é mais o que era, que a juventude atual, meu Deus, só pensa em prazeres e devassidão. Em suma, em Paris tudo degringola.

Roberto não liga para as botinas dos amigos de sua mulher. Ele cumpre seu dever conjugal para dar um herdeiro ao trono, desempenha sua tarefa com tanta aplicação que faz sete filhos na bela Constância... Mas sua felicidade está em outro lugar: sua querida Berta voltou ao palácio! Mas bem discretamente. E felizmente a residência real é bastante vasta para evitar encontros desagradáveis.

De qualquer modo, Constância não quer mesmo ficar em Paris. Os clérigos e os senhores a olham de soslaio, lhe reprovam a juventude arrogante, as doidices e, sem dúvida, a alegria de viver. Mas não é só isso: ela deve cruzar nos corredores do palácio com multidões de mendigos que seu piedoso marido manda buscar para alimentá-los e lhes dar algumas moedas. Ela, que tanto gostaria de se perder no luxo e na despreocupação, se vê constantemente confrontada com a infelicidade e a miséria. Em certos dias, vêm ao palácio até mil indigentes, cada um mais miserável que o outro, sujos, fedorentos, intrometidos.

E o mais terrível acontece um pouco antes da Páscoa. Na Quinta-feira Santa, trezentos pobres penetram juntos no palácio. Sentam-se ruidosamente à mesa, e o rei se encontra entre os criados, servindo a refeição a esses miseráveis. Depois do jantar, em uma cerimônia bem-organizada, Sua Majestade limpa os pés de alguns deles, enquanto um diácono canta o capítulo do Evangelho de São João onde o próprio Cristo lava os pés de seus discípulos: "Durante a ceia, Jesus se levantou da mesa, tirou seu manto, tomou uma toalha e a atou à cintura. Em seguida, deitou água numa bacia e se pôs a lavar os pés dos discípulos, e a enxugá-los com a toalha que atara na cintura..." (São João, 13, 1).

Se fossem só os mendigos, talvez Constância pudesse se resignar, mas há também os leprosos! Roberto adora os leprosos, que lhe permitem mostrar-se tão devotado e caridoso... Recebe-os em seu palácio e apressa-se a beijar-lhes as mãos corroídas pela doença. Alguns senhores se espantam com essa bela mas excessiva bondade...

— Jesus Cristo tomou a forma de um leproso — lembra o rei num tom sentencioso.

Segundo as Escrituras, o Cristo teria, na verdade, curado um leproso. E logo o rei, em sua humildade turbulenta, vai fazer o mesmo. Em todo caso, atribuem-lhe curas milagrosas: bastaria que ele fizesse o sinal da cruz sobre um doente e a lepra desapareceria... E o povo ingênuo acredita, ou finge acreditar nisso. Depois de Roberto, e até Luís XVI, se atribuirá aos reis da França o poder de curar as escrófulas, isto é, todas as espécies de fístulas purulentas.

Com os seus mendigos e seus leprosos, Roberto atinge o cúmulo da felicidade. Com efeito, quanto mais ele vive no pecado com Berta mais ele se torna bom cristão, modesto e bondoso. Finalmente, Constância abandona o lugar. Ela deixa Paris, abandona Roberto com seus mendigos, seus leprosos e sua amante para passar a maior parte de seu tempo em Étampes, onde o castelo acolhe sua corte pessoal e seus filhos.

Em 1031, Roberto, o Piedoso — pois agora não se poderia chamá-lo de outro modo — tem 59 anos. Uma idade razoável para a época, mas enfim ele está bem. Tudo segue dentro dos conformes até 29 de junho. Nesse dia, um eclipse do sol vem perturbar seu fervor religioso. É certo, esse eclipse é um presságio de morte, aliás todo mundo diz isso.

Efetivamente, o rei é logo atormentado por uma febre que o faz sufocar... e ele morre em apenas três semanas. De Melun, onde o mal atacou o rei, seus despojos são transportados até Saint-Denis, onde são inumados ao lado de seu pai Hugo Capeto.

Os monges de Saint-Denis são devedores de tantas bondades ao rei defunto que, em seus escritos hagiográficos, eles imaginam essa morte acompanhada de fenômenos extraordinários e de cataclismos: um cometa teria passado no firmamento, os rios teriam transbordado, levando as casas e afogando as crianças... Maneira de mostrar que até o céu chora o desaparecimento do piedoso Roberto.

Essa piedade foi proveitosa para Paris. Pela primeira vez, desde as invasões vikings, um rei põe na cabeça reconstruir a cidade. É verdade que só os mosteiros, as abadias, as igrejas e o próprio palácio aproveitaram suas generosidades, mas o impulso foi dado.

* * *

A subida ao trono de Henrique I, filho de Roberto, o Piedoso, marca o início de um período difícil: fomes, epidemias e incêndios vão se suceder. Além disso, os parisienses estão divididos, alguns aclamam o novo rei Henrique, outros exigem a coroa para seu irmão mais novo, Roberto. Preocupado ao ver uma parte da população contestar sua autoridade, Henrique acha prudente fugir e se refugiar em Fécamp, com o duque da Normandia, seu aliado.

Ele tem razão de partir: em Paris não há mais nada para comer. Nos mercados, vende-se carne de cachorro ou de rato, e até, dizem, de cadáveres desenterrados às pressas, que é preciso cozinhar bem se não se quiser morrer também. Nas igrejas, os infelizes esfaimados se amontoam, esperando encontrar socorro, ou então a morte; enfim, qualquer coisa que acabe com esse sofrimento. Tudo vai mal. Em 1034, um incêndio mais violento do que os outros destrói os casebres onde se abrigava o povinho. Em 1035, a fome é acompanhada de uma espécie de peste que mata ainda mais gente que a falta de alimento.

Enquanto isso, Henrique I persegue os rebeldes que contestam seu trono. Quer dizer que tem pouco tempo para se ocupar com Paris.

É chegado o momento de a Igreja aproveitar todas essas desordens para afirmar sua autoridade. Em 1049, o papa alsaciano Leão IX, mal foi eleito, resolveu erradicar a simonia que corrói o clero. É verdade, na Francie em todo caso, e especialmente em Paris, os titulares dos bispados e das abadias nem sempre são os mais crentes nem os mais merecedores, são antes de tudo aqueles que puderam comprar seus cargos do soberano. Essa prática bem instaurada satisfaz os ricos ambiciosos, é claro, mas também o rei, que tira da venda das dignidades eclesiáticas uma parte não negligenciável de sua renda. Ainda mais, o alto clero, tornado devedor do monarca, não pode lhe recusar levantar alguns batalhões quando há clima de guerra.

Henrique I deve se perguntar o que o papa tem a ver com isso. Querendo suprimir alguns maus hábitos, a Santa Sé tenta também impor sua autoridade sobre todos os países da cristandade. É intolerável! Para começar, e mostrar o mau humor do reino, nenhum bispo da Francie responde ao convite do papa Leão IX que réune um concílio sobre o tema delicado dos clérigos simoníacos.

Aliás, o papa não cessa de procurar confusão com o rei dos francos. Durante uma estada em Ratisbonne, Sua Santidade visita a abadia de Saint-Emmeran, na qual se encontra um relicário presumivelmente contendo... o corpo de são Denis! Mas são Denis repousa perto de Paris, todo mundo sabe disso. Pois bem, o pontífice declara que os únicos despojos verdadeiros são os que estão em poder do império germânico.

O rei Henrique recusa essa verdade revelada. Solenemente, diante dos parisienses que acorreram em multidão, ele manda abrir o sarcófago da abadia de Saint-Denis. O odor que dele escapa é tão doce e tão suave que todos estão de acordo que só pode prover dos restos de um santo! E todos continuam alegremente a rezar para Denis em sua igreja nos arredores de Paris.

Contudo, o rei Henrique quer fazer melhor, bater com mais força e mais alto, para diminuir a influência e a ingerência papais. Para isso, vai criar, em Paris, uma suntuosa abadia da qual ele será o senhor, apesar de todas as vociferações romanas.

No local da capela dedicada a são Martinho, Henrique I funda o mosteiro de Saint-Martin-des-Champs, cerca-o de muralhas, lhe oferece riquezas e terras, lhe concede rendimentos, direitos, privilégios, isenções de taxas...

A tarefa é imensa e só será terminada pelo filho de Henrique, o rei Felipe I. No momento da dedicação, em 1067, Saint-Martin-des-Champs constitui um vasto conjunto cercado de muralhas com ameias munidas de dezoito guaritas de vigia e de quatro sólidas torres de guarda.

E é esse famoso mosteiro que, em 1079, é dado à ordem de Cluny. Os cônegos que ocupam o local são logo substituídos por setenta monges beneditinos. Saint-Martin-des-Champs torna-se priorado, "a quarta filha de Cluny", segundo o vocabulário da época. Pois a abadia possui outras na Francie, mas também na Suíça, na Espanha, na Inglaterra.

Com esse gesto, Felipe I quer, sem dúvida, fazer algumas concessões à Santa Sé, fazer um agrado ao papa, resignar-se a acordos entre dois interditos solidamente implantados...

Pois esse século termina como começou: com amores proibidos. Felipe apaixona-se perdidamente pela jovem Bertrade, prometida ao velho conde de Anjou. Para encontrar a felicidade, o rei repudia a esposa e manda trancá-la no castelo de Montreuil-sur-Mer. Enquanto isso, infelizmente, a doce Bertrade casou-se com seu velhinho. Se fosse para parar nessas contingências, de que adiantava ser rei? Bertrade é raptada, operação que não se revela muito complicada, já que a vítima consente! A jovem de 22 anos se entrega com ardor ao rei, mais velho que ela quase trinta anos, satisfeita e feliz por desfilar pelo palácio da Cité como uma verdadeira rainha dos francos.

Uma rainha que a população parisiense aceita e ovaciona quando ela sai de sua residência. Gente de bom senso, os habitantes da cidade julgam que seu rei tem direito à felicidade. Em outros lugares, entretanto, a opinião não é a mesma...

O papa Urbano II está estupefato: "Um semelhante atentado mostra evidentemente a decadência de todo o reino e anuncia a próxima ruína de vossas igrejas...", escreve ele. E como ele não pode vencer a resistência dos apaixonados, ele os excomunga definitivamente. De agora em diante, o rei e sua bela dama não podem mais ser recebidos nas igrejas, as portas dos mosteiros se fecharão diante deles. Em princípio, pois são muitos os que conservam pelo rei uma estima misturada com uma cumplicidade amigável.

E isso dura doze anos! Doze anos de concílios de negociações, de promessas não cumpridas, doze anos durante os quais o palácio da Cité abriga essa paixão escandalosa. Enfim, em 1104, Bertrade é de repente tocada pela fé! Seu estado de pecado torna-se insuportável, ela quer fazer penitência e só pensa em se vestir de trapos e se retirar para uma cabana no Poitou.

Podemos compreender que o rei Felipe esteja bastante abalado. Mas nada resiste à vontade de Bertrade! E é assim que, num concílio reunido em Paris, o rei se apresenta descalço, com roupas grosseiras, a fim de jurar que ele renuncia àquela que já perdeu... Felipe volta sozinho para seu palácio, Bertrade voa para sua cabana no Poitou, retira-se a excomunhão, o mundo volta a funcionar perfeitamente..

↓ Ⓜ ⑪ E onde ficam os *Arts et Métiers* em tudo isso?

Os reis de França que se sucederam fizeram doações consideráveis ao priorado Saint-Martin-des-Champs. E o lugar de prior foi muito procurado: ele rendia 45 mil libras de renda.

O priorado possuía também cárceres, que se tornaram, no século XVI, a prisão real Saint-Martin. Aí ficavam principalmente as prostitutas presas na rua, e imagina-se, com certa apreensão, a difícil coabitação entre essas damas de pouca virtude e os monges austeros!

A partir de 1702, o antigo claustro foi derrubado e reconstruído. O corpo principal do edifício tinha 31 janelas de frente e o vestíbulo media trinta pés de rei (quase dez metros) por 36 (um pouco menos de doze metros). Entretanto, logo se percebeu que tudo isso fora construído com material de má qualidade: os construtores tinham roubado sem escrúpulo os monges. Um empreiteiro tinha empregado apenas terra e caliça recobertas de pedras, o carpinteiro só tinha fornecido madeira velha... Esse último sentiu remorsos, ou temeu por sua alma. Em todo caso, confessou seu erro e ofereceu um pequeno desconto de 25 mil libras sobre o total da fatura.

Além disso, aproveitando esses embelezamentos, os monges mandaram construir grandes e belas casas na rue Saint-Martin, ergueram uma fonte na esquina da rue du Vertbois e abriram um mercado público.

Situado, na época, fora de Paris, o priorado tinha as próprias muralhas, já dissemos isso; as que podemos ver hoje datam de 1273. O burgo que se desenvolveu foi finalmente anexado à cidade no século XIV e integrado na nova muralha desejada por Carlos V.

A Revolução transformou o priorado em Conservatório Nacional de Artes e Ofícios, que ainda podemos visitar no número 292 da rue Saint-Martin. O museu das Artes e Técnicas que ele contém, é, como no tempo dos monges de Cluny, um refúgio da memória do progresso humano.

O exterior do conservatório também vale uma visita: não esqueçamos que a arquitetura do ano 1000 verá, com Cluny, a difusão da arte românica, arte maior uniformizada e submetida a Roma. A base do campanário sul, com seu telhadinho de telhas bicolores, e as capelas da cabeceira em forma de alvéolos de colmeias são belos vestígios românicos do século XI. Na igreja, pode-se ver ainda o coro com suas fundações de 1067, cujo aspecto atual data do século XII, época em que o gótico começa a aparecer no horizonte: os arcos circulares da arte românica são misturados com ogivas, símbolos da arte gótica.

A importância do passado do priorado se encontra no refeitório dos monges, transformado em biblioteca, sublime testemunho da arte gótica do século XII. Das muralhas dessa época restam, na rue du Vertbois, uma cortina e uma pequena torre em parte restaurada.

A esquina da rue Bailly lembra o limite sudeste da muralha cuja torre de ângulo é visível no vão da escada do número 7.

Enfim, na altura do cruzamento da Vertbois com a Saint-Martin, eleva-se a torre do Vertbois, a propósito da qual Victor Hugo, opondo-se a um arquiteto que sugeria sua destruição, expressou essas palavras cruéis:

— Demolir a torre? Não. Demolir o arquiteto? Sim.

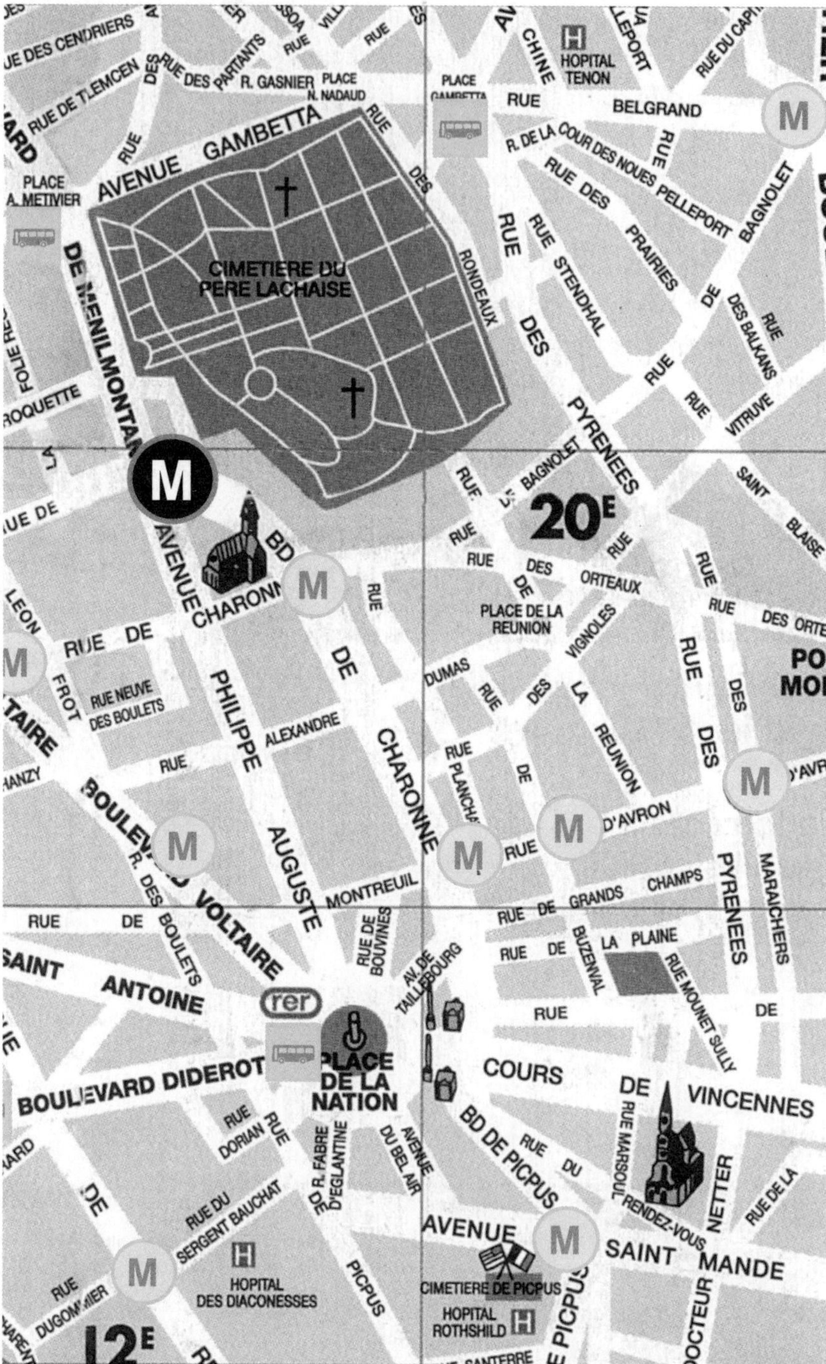

RUE DES CENDRIERS
RUE DE TLEMCEN
RUE DES PARTANTS
R. GASNIER
PLACE N. NADAUD
PLACE GAMBETTA
HOPITAL TENON
RUE BELGRAND
AVENUE GAMBETTA
PLACE A. METIVIER
R. DE LA COUR DES NOUES
RUE PELLEPORT
RUE DES PRAIRIES
RUE DE BAGNOLET
CIMETIERE DU PERE LACHAISE
RUE STENDHAL
RUE DES PYRENEES
RONDEAUX
DES BALKANS
RUE VITRUVE
DE MENILMONTANT
ROQUETTE
RUE DE BAGNOLET
20E
SAINT BLAISE
BD DE CHARONNE
RUE DES ORTEAUX
PLACE DE LA REUNION
RUE DE LA REUNION
RUE DES VIGNOLES
RUE DUMAS
AVENUE PHILIPPE AUGUSTE
RUE ALEXANDRE DUMAS
RUE DE CHARONNE
RUE NEUVE DES BOULETS
RUE FROT
BOULEVARD VOLTAIRE
RUE PLANCHAT
RUE D'AVRON
RUE DES GRANDS CHAMPS
RUE DE MONTREUIL
RUE DES MARAICHERS
RUE DES BOULETS
RUE DE BOUVINES
AV. DE TAILLEBOURG
RUE DE BUZENVAL
RUE DE LA PLAINE
RUE MOUNET SULLY
SAINT ANTOINE
PLACE DE LA NATION
BOULEVARD DIDEROT
COURS DE VINCENNES
RUE DORIAN
BD DE R. FABRE D'EGLANTINE
AVENUE DU BEL AIR
BD DE PICPUS
RUE DU RENDEZ-VOUS
RUE MARSOULAN
RUE DU DOCTEUR NETTER
RUE DE LA
RUE DU SERGENT BAUCHAT
HOPITAL DES DIACONESSES
RUE DUGOMMIER
RUE DE PICPUS
AVENUE SAINT MANDE
CIMETIERE DE PICPUS
HOPITAL ROTHSHILD
RUE SANTERRE
12E

Século XII

Philippe Auguste

Paris, capital da França

Descer na estação Philippe Auguste, a dois passos da Nation, é se encontrar bem longe, fora das muralhas da Paris do século XII. O bairro conserva, no entanto, algumas evocações do tempo desse rei: a avenida com seu nome, avenue de Bouvines, lembrança de sua vitória sobre o imperador germânico, e, sobretudo, a estátua de quatro metros de altura colocada sobre uma das colunas do trono, erguida em 1843 no bordo da Place de la Nation. Mas essa voltinha fora do centro não será a ocasião de se perguntar sobre os limites que o soberano queria dar à sua capital?

A cidade inteira tem a marca de Felipe Augusto, um rei conquistador, combatente, que lutou muito para impor sua soberania.

Mas, antes de mais nada, era preciso defender Paris, sua capital, com uma muralha poderosa. A muralha de Felipe Augusto media cerca de três metros de largura sobre nove de altura, e era marcada por torres, algumas se erguendo a 25 metros. Essas formidáveis muralhas iriam fixar os limites de Paris por quase dois séculos, e numerosos fragmentos dessa obra podem ser vistos ainda hoje.

Se quiser encontrar esses vestígios, é preciso afastar-se, começar o périplo pela margem direita, lá onde a muralha foi iniciada, pois as ameaças de invasão eram mais insistentes desse lado.

A oeste, o Sena foi barrado por pesadas correntes e ladeado pela fortaleza do Louvre. Vimos que já existia uma cidadela ao longo do rio. Mas Felipe Augusto vai fazer dela um ponto seguro em torno do qual logo se estabelecerá a defesa da cidade, praça forte protegendo todo o reino.

Primeiramente, peça mestra do edifício, ele faz erigir um forte torreão de 32 metros de altura. Transformação na arquitetura militar: esse torreão não é de forma retangular, como é geralmente o caso, mas circular, o que complica a agressão — oferecendo menos facilidade aos projéteis — e simplificando a vigilância e os tiros dos arqueiros.

O próprio castelo se desenvolve à sua volta: ele forma um enorme retângulo feito de poderosas muralhas. No meio de cada paredão, levanta-se uma torre, e outra torre em cada ângulo. O desvio dos riachos de Belleville e Ménilmontant alimenta com água os grandes fossos que circundam o edifício. A porta de entrada, situada a leste, é relativamente estreita, enquadrada por duas novas torres. Para aceder ao interior e permitir às tropas e aos veículos transpor o fosso, uma ponte levadiça se abaixa por uns instantes e é logo levantada, fazendo do Louvre um castelo fortificado, praticamente inexpugnável. Ele defende Paris contra uma eventual invasão. Mas também oferece ao rei um refúgio, caso irrompa uma cólera popular. Aliás, os apartamentos destinados a acolher Felipe Augusto e sua família em caso de emergência se encontram no próprio torreão, bem no centro, em sua parte mais protegida.

↓ (M) (12) Onde estão os vestígios da fortaleza do Louvre?

Definitivamente, o torreão, chamado a Grande Torre, nunca serviu de residência real, e sim de prisão e de depósito para o Tesouro real a partir de 1295. Em 1527, Francisco I mandou demoli-la: a fortaleza medieval foi substituída por um castelo estilo renascença. Por ocasião de obras no Carrousel du Louvre, empreendidas entre 1984 e 1989, os arqueólogos des-

cobriram, sob a cour Carrée, vestígios da fortaleza construída por Felipe Augusto. Essas impressionantes fundações de torres e muralhas podem ser vistas na cripta arqueológica do museu. Diante dessas pedras maciças, percebe-se o papel defensivo do Louvre da época.

A esplêndida sala Saint-Louis permanece o último testemunho do interior medieval do castelo de Felipe Augusto. No lugar onde se encontrava o torreão, veem-se os restos de um poço e de uma fossa, traços da antiga fortaleza.

É preciso esperar Carlos V, e o ano 1360, para que o Louvre se torne residência real. Desde então, cada rei, ou quase, transformou o palácio a seu modo. Até Napoleão III, que fez grandes obras a partir de 1854, ordenando principalmente a destruição das cabanas que atravancavam os arredores do palácio há séculos. O aspecto do Louvre como o conhecemos hoje é devido em grande parte a esse imperador. Enfim, a última transformação: a pirâmide de vidro desejada por François Mitterrand, obra do arquiteto Ming Pei, que oferece ao maior museu do mundo uma entrada condigna.

A muralha começava na altura da atual Pont des Arts pela Tour du Coin, atravessava o Louvre para passar na rue de l'Oratoire, onde se pode ver ainda um fragmento da torre na sacristia do templo reformado. Continuemos. Atravessemos a rue Saint-Honoré, cujas chaminés dos números 148 e 150 mostram que os prédios se apoiavam na muralha (aliás, a construção do número 148 tem a mesma largura da muralha).

Aqui ficava a porta Saint-Honoré. Chegamos à rue du Louvre, onde o número 11 conserva a base de uma outra torre: a forma arredondada dos prédios geminados a faz parecer surgir desse molde de pedra. Passando a Bolsa do Comércio, a muralha seguia a orientação dada à rue du Jour, situada sobre o caminho de ronda interior: no número 9, um pedaço de torre está perfeitamente visível. Prosseguimos pela antiga porta Montmartre, lembrada por uma placa no número 30 da rue Montmartre, e penetramos na rue Étienne-Marcel, que também segue a orientação interior das muralhas. Caminhamos assim até um vestígio importante, a torre Jean-sans-Peur, um torreão, resto do palácio parisiense dos duques de Borgonha, construído desde 1409 contra a muralha, lado do campo. No andar térreo da torre, descobrirão o vestígio arredondado de uma torre de Felipe Augusto: há então duas torres, uma dentro da outra!

Avancemos até a Porte Saint-Denis, no número 135 da rue Saint-Denis. A muralha costeava em seguida a direita do beco dos Peintres, um caminho de ronda exterior... Nós vamos até à Porte Saint-Martin, no número 199, rue Saint-Martin. A partir desse lugar, a muralha se fechava, tornando-se oblíqua em direção ao sudeste, seguindo o ângulo do beco Beaubourg, em direção à passagem Sainte-Avoie. Essa passagem nos conduz à rue des Archives, depois Francs-Bourgeois, que esposa em grande parte o caminho de ronda exterior da muralha. Na altura dos números 55-57, da Francs-Bourgeois, encontra-se a base de uma torre aumentada grosseiramente por uma construção mais moderna. Um calçamento no chão nos revela o traçado da cortina. Tomamos o caminho da muralha no número 10, rue des Hospitalières-Saint-Gervais, depois o da rue des Rosiers, onde, no pátio do número 8, ainda se vê uma torre. A muralha se elevava sobre esse eixo até a rue de Sévigné, onde se inclinava para o sul, passava pela Porte Baudet, na interseção da rue Saint-Antoine, ladeava à direita a igreja, cuja dupla espessura é bem visível na passagem Charlemagne. Atingimos então o mais belo trecho ainda de pé: o que ladeia o liceu Charlemagne, rue des Jardins-Saint-Paul, mais de sessenta metros de muralha, da qual faz parte a torre Montgomery — do nome do capitão da guarda escocesa que aí teria sido preso depois de ter ferido, num torneio, o rei Henrique II, em 1559. Em outra torre, nos jardins do Hôtel des Tournelles, descobrimos "marcas de operários", isto é, assinaturas dos artesãos que trabalharam aquelas pedras. A muralha acabava no Sena na altura dos números 30-32, Quai des Célestins.

Para passar para a margem esquerda, prosseguimos na direção da rue Poulletier, na île Saint-Louis, na época deserta e formada por duas ilhotas separadas nesse lugar. No tempo da muralha, uma pesada corrente era aqui estendida à noite, para impedir qualquer circulação sobre o Sena.

Nessa margem esquerda, a muralha começava na altura do número 1, Quai de la Tournelle, do nome da torre da esquina. O pequeno prédio estreito do 7 bis, boulevard Saint-Germain, é, na realidade, parte da muralha que passava aqui. Podemos também encontrar vestígios no pátio do número 7, rue des Chantiers: a casa dos pedreiros conservou traços dos ornamentos das pequenas torres da muralha. Seguimos o traçado da antiga muralha até a rue des Écoles, onde, sob o correio, podemos ver um arco aberto no paredão para deixar passar o canal de derivação do Bièvre, o rio que serpenteava pela região.

Vamos encontrar agora a rue du Cardinal-Lemoine, que segue, a partir da rue des Écoles, o traçado do fosso exterior da muralha: vemos um pedaço vizinho ao quartel dos bombeiros, nos números 48-50, e um outro no jardim dos números 9-11, rue d'Arras. Belos fragmentos são ainda visíveis em diversos lugares: 60-64 e 68, na rue du Cardinal-Lemoine; 4 e 6, rue Thouin; 1 e 7, rue Clovis; e, sobretudo, no número 47, rue Descartes, onde se pode, armando-se de paciência e passando por três porteiros eletrônicos, subir à cumeeira da muralha. Essa passagem encantadora, protegida zelosamente, é para mim a mais bela recompensa de minhas buscas: um lugar mágico.

No número 50 dessa mesma rue Descartes, temos uma visão da porta Bordelle ou Saint-Marcel. Estamos na rue des Fossés-Saint-Jacques, ainda situada sobre o fosso exterior da muralha, e chegamos ao número 151, rue Saint-Jacques, lugar onde ficava a porta Saint-Jacques, a mais importante da margem esquerda. A muralha descia em seguida a rue Soufflot até a rue Victor-Cousin.

A porta Saint-Michel se encontrava na altura do número 56, boulevard Saint-Michel, depois a muralha costeava a direita da rue Monsieur-

-le-Prince, onde há uma lembrança no número 40, uma placa: "Antiga rue des Fossés". Nessa rua, o restaurante chinês La Grande Muraille é uma brincadeira, sem dúvida involuntária, às obras de Felipe Augusto. As paredes do fundo desse restaurante, como as dos outros que se prolongam até a rue Racine, são na verdade a própria muralha.

Cortada pelo boulevard Saint-Germain, a muralha continua seu caminho: subsiste uma torre na Casa da Catalunha, na esquina da rue Saint-André-des-Arts e da rue de l'Ancienne-Comédie.

A rue Mazarine representa, até o Sena, o traçado do fosso exterior da muralha, do qual podemos ver alguns vestígios no estacionamento do número 27 e no jardinzinho do 35. No número 13 da passagem Dauphine, subamos ao primeiro andar do Instituto de Línguas: um terraço oferece uma bela vista exterior do cimo de uma torre.

Mais longe, a Mazarine deveria se comunicar com a rue de Nevers, mas um muro transforma essa passagem em beco: esse muro é a muralha. Voltando à rue Mazarine, tome a rue Guénégaud, e, no número 29, entre um instante na sede das edições do Seuil, no fundo do pátio verá uma torre da muralha...

E a proteção de pedra terminava no Sena pela célebre torre de Nesle, que se erguia onde hoje fica o Institut de France, Quai de Conti (uma placa nos lembra isso, na ala esquerda do Instituto).

Fragmentos de muralha ainda estão por descobrir em casas particulares ou nas fundações de alguns prédios... Essa procura constitui, para numerosos apaixonados, uma verdadeira caça ao tesouro.

Encontrar vestígios da muralha de Felipe Augusto foi minha primeira alegria de caçador de vestígios! Se os convidei a seguir esse jogo de pistas meio longo e complicado, é para que compreendam melhor a paixão que me anima e os desafios que até hoje tenho prazer em resolver. Paris é um enigma cativante. Se isso lhes fala ao coração...

* * *

Como sua muralha, Felipe Augusto é fascinante! Ele fez tudo, imaginou tudo, reinventou tudo. Impôs a autoridade real, aumentou o país, renovou Paris.

Quando sobe ao trono em 1179, aquele que chamam Felipe II tem apenas quinze anos, ainda não é nada. Ou pouca coisa. Um muito jovem rei dos francos que reina essencialmente sobre a Île de France... Mas ele vai transformar seu destino. Faz conquistas e se impõe como rei da França, mostrando assim a coerência de seus territórios, aos quais ele dá uma história, uma língua e um projeto comuns. Com ele, Paris toma ares de uma capital digna de um novo reino que surge. Felipe II torna-se Augusto em vida, dignidade imperial romana que lhe conferem os padres em suas homilias e os escribas em seus escritos.

É claro que os métodos do rei são rudes e expeditivos. Bem no tom da época, e, digamos francamente, às vezes abomináveis. Por exemplo: pressionado pela necessidade de dinheiro desde sua subida ao trono, ele decide espoliar a comunidade judaica. Num sábado de manhã do ano 1181, os judeus de Paris são jogados na prisão. Para obter a liberdade, os cativos devem fazer doação de seus bens ao rei. Mas isso não basta. No ano seguinte, ele suprime pura e simplesmente as dívidas dos cristãos para com os judeus. Um bom negócio para as finanças públicas: os devedores são obrigados a reverter ao tesouro real a quinta parte das quantias devidas!

No dia 24 de junho de 1182, é decretado um edito de expulsão. Pela primeira vez na História, um reino cristão expulsa a totalidade de seus judeus por um decreto oficial. As sinagogas de Paris, a que se abriga à sombra da catedral sobre a île de la Cité e a da rue de l'Attacherie (mais tarde rue de la Tacherie), na margem direita, são transformadas em igrejas, e os imóveis dos judeus, vendidos por ordem do rei. Com as quantias conseguidas, Felipe manda principalmente edificar um mercado no antigo bairro judeu de Champeaux, agora despojado de seus habitantes. O rei ordena que se construam edifícios cobertos, cercados de muros, cujas portas são fechadas à noite. Esses mercados assim organizados constituem uma novidade vantajosa: eles permitem que os negociantes guardem sua mercadoria em segurança, ao abrigo da chuva e de ladrões. Rapidamente, o mercado de Champeaux torna-se o mais concorrido da cidade. Ele é grande, e oferece um pouco de tudo: de gêneros alimentícios a tecidos. O rei lança assim as bases do que se tornará esse lugar durante quase oito séculos: as Halles de Paris...

↓ Ⓜ ⑫ Como desapareceram as Halles?

Face à multiplicidade da oferta, o mercado se estendeu e, no século XVI, Francisco I empreendeu a reorganização do local. Construções bem especiais se ergueram então — "as pilastras das Halles": no andar térreo, galerias cobertas abrigavam as lojas, e, no centro dessas galerias de arcadas, se encontrava o "quadrado", onde o povo vinha se abastecer de pão e laticínios.

No século XIX, as Halles causavam graves problemas de organização e de higiene: era necessário reestruturar tudo novamente. O concurso de arquitetura lançado em 1848 foi vencido por Victor Baltard, que edificou, em 1852 e 1870, dez pavilhões cobertos de vidraças com paredes de vidro e colunas de ferro. Mais dois pavilhões foram acrescentados em 1936.

Com o século XX triunfante, as velhas Halles iam ser sacrificadas. O aumento da população parisiense e as normas de higiene obrigaram a transformar o bairro e a transferir de lugar o mercado. Em 1969, realmente, as Halles fizeram as malas para se instalar em Rungis, na região parisiense.

Nos anos seguintes, entre 1971 e 1973, a idiotice, a ignorância, o modernismo arrogante e o princípio de rentabilidade abatiam os pavilhões Baltard. Triste época para Paris: destruíam-se as Halles e se construía a torre de Montparnasse! Um dos pavilhões de Baltard subsiste, mas transplantado a Nogent-sur-Marne.

Nova transformação: proximamente o atual fórum Les Halles será renovado e encimado pela Canopée, uma estrutura de vegetação e de vidro realizada pelos arquitetos Patrick Berger e Jacques Anziutti.

Felipe Augusto vela por tudo o que constitui Paris, ele sabe que a cidade deve evoluir e crescer. Perto das Halles, o velho e extenso cemitério dos Inocentes oferece uma imagem desesperadora: entre os túmulos e diante da cova comum aberta, acumulam-se as imundícies, os porcos se agitam e as lindas moças vendem sem vergonha o corpo. Um muro, lá também, vai pôr fim a esse caos. Pede-se às peripatéticas que vão exercer sua rentável atividade em outro lugar, os leitões voltam ao chiqueiro e os detritos são evacuados. De agora em diante, só se entra aqui de dia, para orar junto a um túmulo ou enterrar um defunto. De noite, as portas são fechadas à chave.

O rei quer ordem e limpeza, sua cidade não deve parecer uma cloaca aberta aos quatro ventos. Um dia, quando ele estava na janela do palácio da Cité para olhar o movimento dos barcos no Sena e as idas e vindas das carroças, vê alguns veículos chafurdarem na lama... Os cavalos batem os cascos no chão, as rodas patinam e fazem jorrar jatos de lama. Esse movimento exala um cheiro fétido de esterco e de podridão.

"Como, no futuro, impedir esses insuportáveis eflúvios de dejetos?", pergunta-se o rei. Outrora, os romanos tinham cuidadosamente recoberto as ruas de pedras, mas, com o tempo, as camadas sucessivas de lixo afundaram esse calçamento tão profundamente que dele só resta uma vaga lembrança. Felipe convoca os burgueses e o preboste da cidade: apesar das despesas que isso acarretará, as vias principais de todos os bairros deverão ser pavimentadas o mais depressa possível com "pedras duras e fortes" sobre as quais as carroças poderão circular sem levantar lama nauseabunda.

* * *

Em 1187, Heraclius, patriarca latino de Jerusalém, chega nessa Paris em plena mutação. O prelado é portador de uma dramática notícia que despedaça o coração da cristandade e faz derramar torrentes de lágrimas: Saladino, o sultão do Egito, tomou Jerusalém! A cidade da Revelação está nas mãos dos sarracenos... Ao saber dessa terrível agressão, o papa Urbano VIII, tomado de pânico, morreu na hora. Mas para Heraclius há outra maneira de dar sua vida pela Cidade Santa: partir para a conquista da Palestina, levantar tropas em todo lugar, na França, na Inglaterra, na Germânia. O patriarca vem pregar a terceira cruzada, com esse objetivo dito, redito, repetido, martelado: é preciso libertar Jerusalém!

Essa exortação, ele a pronuncia na catedral de Notre-Dame, em construção. Na verdade, a velha igreja episcopal Saint-Étienne, bastante deteriorada e muito exígua para a população parisiense em constante crescimento, foi demolida por vontade do bispo Maurice de Sully. Em seu lugar, o eclesiástico está construindo, há 25 anos, uma nova basílica.

As obras estão muito longe de terminar, por isso Heraclius prega mais num canteiro de obras do que num lugar de culto. É uma extensão de pedras talhadas, cordas, roldanas, escadas, vigas de madeira, e, lá em cima, se ergue o que é ainda uma meia catedral: o coro do edifício, já esplêndido e impressionante. Quatro níveis se elevam em direção às abóbadas, cujas nervuras descem das alturas e se prolongam sobre pilastras arredondadas; à volta, um duplo deambulatório se abre para pequenas capelas.

Talhadores de pedras, carpinteiros, telheiros, ferreiros, pedreiros, charreteiros trabalham sob a ordem de um mestre que, sobre grandes pergaminhos, traça projetos e esboça a mais vasta igreja que ele pode imaginar. Apesar de toda a impaciência irritada do bispo para apressar o trabalho, a construção progride com uma lentidão exasperante. Nesse mês de outubro, como cada ano nessa estação, o trabalho arrefece e entra num período de letargia. O gelo que se anuncia arrisca estragar a argamassa, então os pedreiros largam a colher, cobrem de palha o trabalho começado, desertam o local e esperam tranquilamente a primavera para voltar a exercer seu ofício. Quanto aos talhadores de pedra, eles prosseguem bem o trabalho no frio, porém mais lentamente, refugiados em barracos de madeira levantados no canteiro.

É nesse canteiro sublime que Heraclius soluça, grita, ameaça, anuncia o fogo do Apocalipse se Jerusalém não for libertada, abre as portas do Céu e as palavras terríveis parecem subir, se amplificar, rolar em eco sob as abóbadas do coro. O auditório treme, as palavras do venerável patriarca preocupam os poderosos e fazem fremir os humildes.

Felipe Augusto não pode deixar de participar dessa causa sagrada: a libertação de Jerusalém e do túmulo de Cristo. Aliás, a atmosfera está extraodinariamente belicosa na Europa. Em Paris, como em todo o reino e como na Inglaterra, aristocratas e campônios exigem esse périplo aos confins da fé. O rei da França não tem muita escolha, ele deve partir. Mas não imediatamente. É preciso primeiro firmar um acordo de paz com Ricardo Coração de Leão, o monarca inglês, que fará parte da expedição. Os dois soberanos assinam um tratado de fidelidade: "Nós faremos juntos a viagem de Jerusalém, sob a direção do Senhor. Cada um de nós promete ao outro guardar-lhe boa-fé e boa amizade..."

Em 15 de março de 1190, a rainha Isabel, esposa de Felipe Augusto, sucumbe dando à luz gêmeos que nasceram mortos. Ela não tinha vinte anos. Dez anos antes, Isabel de Hainaut, ainda criança, casara-se com o rei por questões territoriais: ela trazia como dote o Artois. Felipe nunca amou muito essa frágil mocinha lamurienta, mas seu desaparecimento apaga todos os ressentimentos. Felipe exige funerais grandiosos para a rainha. Eles se realizam na catedral de Notre-Dame, e o corpo é inumado num subterrâneo cavado nessa ocasião.

Antes de partir para a Cruzada, o rei da França tem ainda algumas tarefas a cumprir. Ele sabe que Paris é praticamente uma cidade sem defesas. Há ainda as velhas muralhas da Cité, mas a aglomeração cresceu muito nas duas margens. Em caso de invasão, não haveria nada verdadeiramente dissuasivo para protegê-la. E o risco não era negligenciável. Normandos e ingleses ameaçam periodicamente o reino da França. É nesse momento que nasce a ideia de uma muralha para o norte, sobre a margem direita.

Felipe Augusto pensa grande para sua capital. Ele espera que a segurança das novas muralhas atraia para as margens do Sena uma população numerosa, então traça para essa cidade reinventada um verdadeiro projeto urbanístico. No interior da futura muralha, imagina espaços verdes, jardins dispersos entre as habitações a serem construídas.

* * *

Depois de ter designado seis burgueses parisienses para executar suas ordens durante sua ausência, o rei dirige-se a Saint-Denis, onde recebe a benção solene "do santo prego e do santo espinho" e toma possessão do estandarte semeado de cruzes de ouro, sinal de seu engajamento. Assim ornado, Felipe Augusto pode partir para a conquista da Terra Santa.

No dia 4 de julho de 1190, o rei da França e o rei da Inglaterra se encontram em Vézelay. Caminham juntos ao longo do vale do Ródano, onde multidões entusiastas saúdam os dois grandes monarcas que vão destruir o sarraceno arrogante. Felipe embarca em Marselha, Ricardo continua para Gênova...

Felipe Augusto fica longe de Paris e de seu reino durante quase um ano e meio! E para quê? Para nada. Para ele, a Cruzada se resume a seis meses de espera na Sicília, na esperança cada dia frustrada de ver se acalmarem as tempestades mediterrâneas, depois a um sítio calamitoso da cidade de São João d'Acre, que não afetou nem um pouco os soldados de Saladino. Para completar, Felipe Augusto adoece. Gravemente. Uma febre muito forte o sacode, faz com que perca os cabelos e as unhas, a inflamação sobe para um olho, o corrói, o cega... Felipe só tem um desejo: deixar essa terra inospitaleira, voltar a Paris, esquecer seus sonhos piedosos. Ele envia emissários a Ricardo Coração de Leão para lhe pedir que o desobrigue de seu engajamento e lhe permita voltar mais depressa para a França.

— Se o rei vai embora sem ter realizado seu voto — declara com desprezo o rei da Inglaterra —, a desonra será dele, e a vergonha, do reino da França. Não será por meu conselho que ele agirá assim. Se ele deve escolher entre morrer e voltar para seu país, que ele decida!

Para Felipe, já está tudo decidido: ele embarca em Tiro, deixando no lugar os cruzados franceses à disposição de Ricardo. O rei que chega a Paris em 27 de dezembro de 1191 não é mais o fogoso cavaleiro que partiu dezoito meses atrás... Com 26 anos, é um doente calvo e caolho, que viu a morte de perto, que tem consciência do tempo que passa e que deseja agir para construir alguma coisa durável.

Quando volta de sua triste expedição, a construção das muralhas da margem direita já está bem adiantada, o rei prossegue nesse caminho e traça o contorno destinado a encerrar a margem esquerda.

Durante esse tempo, Ricardo Coração de Leão persiste em sua Cruzada. Ele ocupa o porto de Jafa, restabelece o reino latino de Jerusalém, mas fracassa em sua tentativa de retomar a Cidade Santa. Finalmente, para pôr um fim numa aventura que já durou demais, negocia uma trégua com Saladino e deixa a Palestina no mês de outubro de 1192. As tempestades o surpreendem, e seu navio vem encalhar no porto da ilha de Corfu. Capturado como um vulgar mercenário, o rei da Inglaterra torna-se prisioneiro de Henrique VI, imperador germânico.

Essa situação encanta Felipe Augusto: ele tem em seu poder João sem Terra, irmão mais novo do rei sequestrado. Para cingir a coroa da Inglaterra no lugar de seu irmão mais velho, João está pronto para tudo. Com efeito, ele ajuda o rei da França a sitiar as praças-fortes da Normandia, possessões inglesas, e lhe permite tomar Gisors e outros castelos em mãos dos plantagenetas, a família real da Inglaterra.

Mas as melhores coisas acabam, e Ricardo é finalmente libertado em 2 de fevereiro de 1194. Como uma faísca prestes a pegar fogo, a guerra entre Felipe e Ricardo inflama imediatamente a França. Há, para isso, razões políticas: o rei da França quer aumentar o reino até suas fronteiras naturais, o rei da Inglaterra quer conservar seus territórios continentais. Porém, além dessa argumentação lógica, há dois homens que se detestam. Eles são tão diferentes! Ricardo é uma força da natureza, um guerreiro pronto para pegar em armas. Felipe, ao contrário, combate porque a época o exige, mas é feito para administrar seus domínios, melhorar a sorte de seus contemporâneos, trabalhar para o progresso.

Aliás, os exércitos franceses não oferecem uma grande resistência diante das tropas inglesas, eles recuam em todo lugar. Na realidade, não há verdadeiramente confronto, mas somente fugas, retiradas, avanços, aldeias queimadas, castelos tomados e abandonados...

No dia 3 de julho de 1194, sem dúvida por inadvertência, os dois exércitos se encontram face a face na floresta de Fréteval, perto de Vendôme. Ricardo ataca à frente de seus esquadrões e os franceses se apressam em fugir. Retiram-se tão depressa que Felipe abandona no lugar sua bela baixela e seus cofres de dinheiro. Mais grave ainda, talvez, ele deixa no campo de batalha o que ele chama seus "arquivos", suas contas que leva sempre consigo, segundo o costume. No fundo, pensa ele, será sensato levar toda essa papelada para a guerra?

De agora em diante, os arquivos reais não viajarão mais. Ficarão em Paris, atrás das paredes espessas e seguras do Louvre. Assim, forçado pela necessidade, esclarecido pela experiência, Felipe Augusto cria o ancestral dos Arquivos Nacionais!

De tanto dar uma de fanfarrão, Ricardo Coração de Leão acaba como devia acabar: combatendo. Em 26 de março de 1199, sitiando o castelo de Châlus, no Limousin, ele é gravemente ferido por uma flechada. A gangrena se manifesta, ele morre onze dias depois.

As hostilidades continuam, dessa vez contra João sem Terra. Felipe agora voa de vitória em vitória, despedaça o reino plantageneta em terras da França e conquista a Normandia, o Maine, a Touraine e logo o berço plantageneta: o Anjou e o Poitou.

Finalmente João sem Terra é definitivamente vencido pelo filho de Felipe, Luís VIII, em Roche-aux-Moines, em 2 de julho de 1214. Durante esse tempo, o pai abate o imperador germânico Oton IV na famosa batalha de Bouvines, em 27 de julho de 1214, e impõe assim a soberania capetíngia ao império enfraquecido.

Se Felipe Augusto realizou seu intento vencendo militarmente os principais rivais, ingleses, alemães, espanhóis, ele também realizou sua Paris! Nos últimos anos do século XII, a cidade progrediu. Em alguns decênios, a população duplicou, atingindo agora 50 mil habitantes, as vias de comunicação melhoraram, o comércio está florescente, as feiras e os mercados se desenvolveram. Paris é agora uma das grandes cidades da Europa. E, sobretudo, a capital do mais poderoso reino do Ocidente.

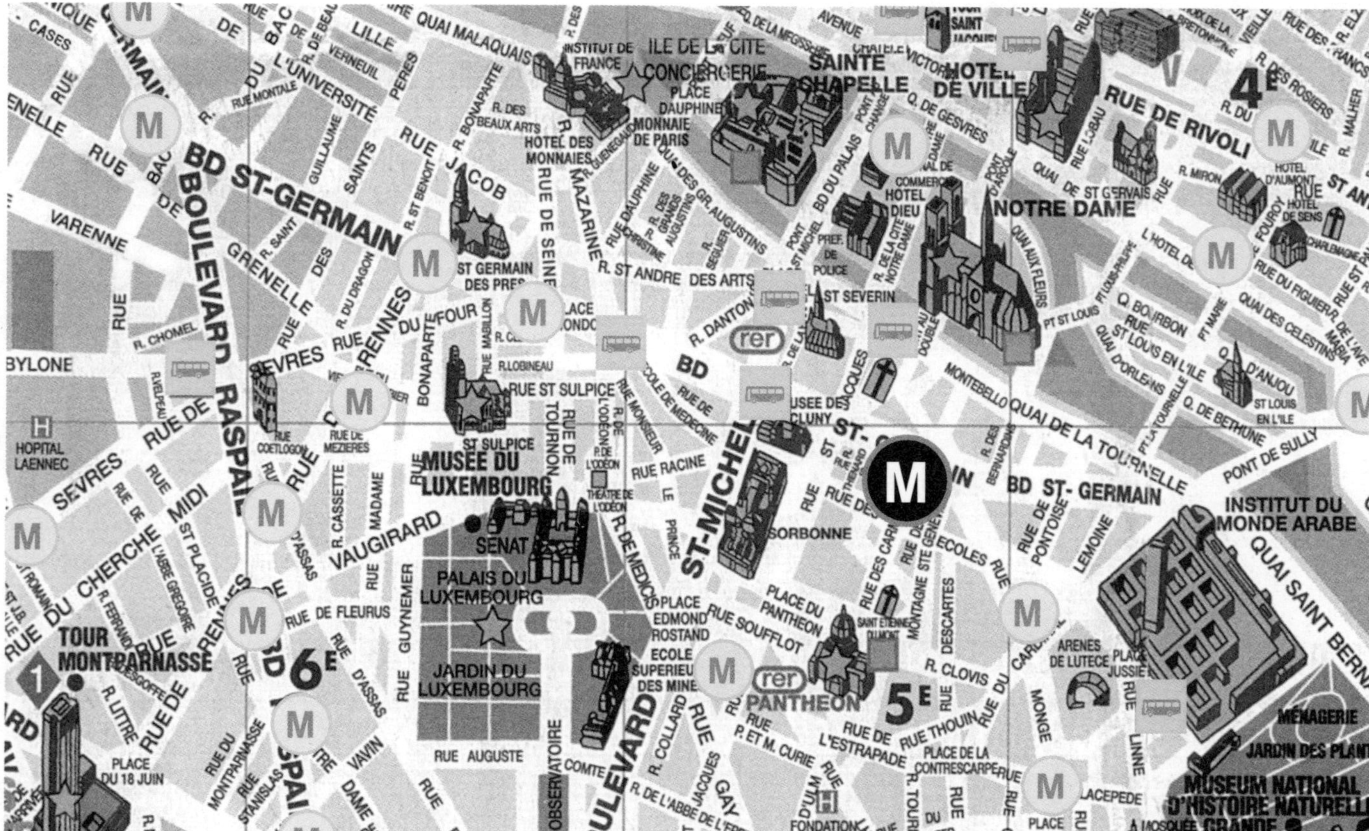

BD ST-GERMAIN
BOULEVARD RASPAIL
TOUR MONTPARNASSE
6E
5E
4E
MUSÉE DU LUXEMBOURG
SENAT
PALAIS DU LUXEMBOURG
JARDIN DU LUXEMBOURG
ST SULPICE
ST GERMAIN DES PRES
ST-MICHEL
SORBONNE
PANTHEON
NOTRE DAME
SAINTE CHAPELLE
HOTEL DE VILLE
ILE DE LA CITE
CONCIERGERIE
INSTITUT DE FRANCE
HOTEL DES MONNAIES
MONNAIE DE PARIS
INSTITUT DU MONDE ARABE
ARENES DE LUTECE
MÉNAGERIE
JARDIN DES PLANTES
MUSEUM NATIONAL D'HISTOIRE NATURELLE
HOPITAL LAENNEC
RUE DE RIVOLI
QUAI MALAQUAIS
QUAI DE LA TOURNELLE
QUAI SAINT BERNARD
PONT DE SULLY
RUE VAUGIRARD
RUE DE RENNES
RUE DE SEVRES
RUE DU CHERCHE MIDI
RUE GUYNEMER
RUE DE FLEURUS
RUE MADAME
R. CASSETTE
RUE BONAPARTE
RUE JACOB
RUE MAZARINE
RUE DE SEINE
RUE DE TOURNON
RUE ST SULPICE
RUE RACINE
RUE SOUFFLOT
RUE MONGE
RUE DESCARTES
RUE DES ECOLES
R. CLOVIS
RUE DE L'UNIVERSITE
RUE DU BAC
VARENNE
GRENELLE
RUE DES SAINTS PERES
RUE DAUPHINE
BD DU PALAIS
RUE DE PONTOISE
LEMOINE
ST LOUIS EN L'ILE

Século XIII

Maubert-Mutualité

A universidade decola

Letras brancas num fundo de cerâmica azul, a estação Maubert-Mutualité é do gênero clássico *made in* RATP. Se não fossem os assentos cor de laranja de desenho banal dos anos 1980, tudo estaria perfeito.

Saindo, podemos nos dirigir ao palácio da Mutualité, que esconde atrás de sua fachada discretamente *art déco* manifestações contestatórias de toda espécie. Podemos também ir em sentido oposto, para descobrir a Place Maubert, seu mercado, suas ruazinhas carregadas de história.

Antes das transformações do Segundo Império, essa praça era menor do que é hoje, mais alongada, escarpada e de acesso difícil. A modesta plataforma da fonte lembra seu formato original, uma espécie de triângulo, que partia para o norte até a rue des Carmes, e voltava na esquina da Lagrange.

A Universidade de Paris conheceu suas premissas aqui mesmo... ao ar livre! Nessa Place Maubert, e também na rue du Fouarre, os estudantes vinham escutar a palavra dos mestres.

↓ Ⓜ ⑬ Rue du Fouarre, Place Maubert. Por quê ?

Fouarre... *palavra do francês antigo que significava "fourrage", porque os jovens com curiosidade intelectual aguçada vinham sentar-se sobre os feixes de feno, há pouco desembarcados dos barcos que navegavam no Sena.*

E por que Maubert? Esse nome é uma contração engraçada de Magister Maubus, do nome latino de Albert von Bollstädt, dito Mestre Alberto, um dominicano alemão instituído mestre em teologia na Universidade de Paris em 1245. Aliás, bem perto, encontra-se a rue Maître-Albert, uma viela em curva que já existia no século XI com o nome de Perdida... Decididamente, essa rua não foi nem um pouco perdida: ela existe há mil anos e atravessou sem mudanças todas as modificações do lugar, todos os planos de urbanismo!

Mestre Alberto era um dominicano, mas ele fazia questão de se afastar das lições pré-digeridas da Igreja, afastamento no sentido próprio e no figurado: deixou a majestosa autoridade de Notre-Dame para dar seus cursos primeiramente no convento dominicano da rue Saint-Jacques, entre as paredes do qual se achou logo muito apertado, tão grandes eram as multidões de "*escholiers*" que se espremiam. Veio então ensinar na lama da margem esquerda! Era preciso ter muita fé e muita saúde para ensinar assim, em pleno vento, sob o sol ou sob a chuva, empoleirado num caixote de madeira, diante de estudantes apaixonados sentados em seus feixes de feno. Hoje, os estudantes fazem manifestações para ter locais adequados e têm razão. Mas, na época, quando se podia morrer de um resfriado malcuidado, os estudantes arriscavam pegar uma pneumonia... apenas pela felicidade do estudo!

O hábito persistiu por muito tempo, pois, mais tarde, se viu tomar lugar sobre os feixes de palha um jovem florentino de rosto magro, era Dante Alighieri, que ainda não havia escrito sua *Divina comédia*... Eis por que achamos, a dois passos, a rue Dante. O célebre poeta conheceu uma rue du Fouarre aberta, frequentada e animada dia e noite pelos estudantes. Muito mais tarde, em 1358, tudo mudou: a fim de impedir que os jovens exuberantes viessem fazer suas safadezas com as prostitutas do bairro, a rua foi fechada por duas portas de madeira ao cair da noite.

A Place Maubert era situada sobre um eixo importante de comunicação: a via romana que ligava Paris, Lyon e Roma pela rue Galande e pela rue de la Montagne-Sainte-Geneviève, mas também o caminho que conduzia a Santiago de Compostela. Ergueu-se então, no século XII, uma igreja dedicada a Saint-Julien-le-Pauvre, patrono dos peregrinos e dos viajantes, um pequeno edifício que permanece um belo exemplo da transição do românico para o gótico; a fachada atual data do século XVII, mas pode-se ainda ver, no exterior, belos contrafortes do século XII, assim como restos de capitéis e de colunas. No interior, dois vãos da nave também são do século XII. Quando a universidade foi reconhecida e organizada, o reitor sediava nessa igreja e deixou as ruas e as praças para os colégios e escolas que pululavam, a ponto de o conjunto da margem esquerda ser chamado Universidade.

Abandonada pelos estudantes após a criação dessa universidade, a Place Maubert tornou-se um lugar sinistro, temido e perigoso. Gravuras antigas a representam eriçada de forcas e de "*échelles de justice*", espécie de cangas onde eram expostos publicamente blasfemadores, perjuros e bígamos que se queria marcar com o selo da infâmia. A praça foi transformada em lugar de enforcamento e de sofrimento. Além disso, as margens do Sena, por serem mal-aterradas e não muito altas, eram frequentemente inundadas. No número 29 da rue Maître-Albert, uma placa em letras góticas já meio apagadas lembra a que nível subiu o rio por ocasião da enchente de 1711.

A ameaça de constantes inundações e a atmosfera lúgubre da praça desapareceram no século XIX sob os golpes de picareta do inevitável barão Haussmann, quando ele cismou de criar o boulevard Saint-Germain e a rue Monge.

* * *

No século XII, o conhecimento e o ensino estão ainda nas mãos de uma igreja dogmática e petrificada. A teologia, mas também a ciência, a gramática, a retórica e a dialética se exercem apenas nos mosteiros. É preciso obedecer à escola episcopal, submeter-se ao direito canônico ensinado na escola Notre-Dame, na île de la Cité. Diante de tantas proibições e de tanta rigidez, surgem dissidentes... Oh! não são rebeldes perigosos e também ainda não são humanistas: religiosos e leigos sonham apenas com um pouco de independência. Para conseguir uma relativa autonomia junto ao papa e à escola episcopal — a única habilitada a conceder diplomas — eles se instalam na margem esquerda onde as comunidades de mestres e de alunos ganham altura subindo a encosta da montanha Sainte-Geneviève.

Tudo isso acontece na maior confusão, cada mestre afirma poder ensinar, cada discípulo escolhe seu mestre, enquanto o bispo de Paris protesta veementemente contra os ataques a seus privilégios.

Em 1200, o rei Felipe Augusto julga que é preciso pôr um pouco de ordem nessa cacofonia. Ele regulariza a liberdade relativa das escolas conferindo-lhes cartas patentes: elas agora são chamadas coletivamente *Universitas parisiensis magistrorum et scholarum*. A palavra *universitas* deve aqui ser tomada em seu sentido estritamente latino, isto é, "sociedade" ou "companhia"; resumindo, uma reunião de pessoas exercendo a mesma atividade. Pouco importa: o rei criou o quadro no qual o ensino pode ser praticado livremente, libertado da tutela eclesiástica. O século XIII será portanto o século da universidade.

Os mestres mais famosos abrem cursos livres na montanha Sainte-Geneviève, e os estudantes os seguem em massa. Os professores procuram se afastar da ortodoxia, isto é, da "justa opinião" imposta. Querem principalmente ensinar a medicina, tarefa difícil, pois o papa Honório III, em 1219, proibiu seu ensino aos monges, temeroso de ver essas tolices científicas desviarem os servidores de Deus da teologia, única verdadeira erudição. Por isso, os trabalhos de Hipócrates e de Galieno se estudam mais ou menos clandestinamente, em todo caso, à margem da Igreja, transmitidos por professores de diferentes ordens religiosas, apressados em marcar assim uma certa independência.

A margem esquerda do Sena se cobre rapidamente de colégios e de escolas que acolhem não só os estudantes do reino, mas também atraem estudantes de toda a Europa.

Em sua *Histoire occidentale*, o bispo Jacques de Vitry nos dá um quadro aterrador desse Quartier Latin em gestação. É preciso ver aí, é claro, a parte do eclesiástico horrorizado com os costumes que se liberalizam, tanto no plano intelectual quanto na vida privada, mas seu testemunho nos dá assim mesmo uma ideia dessa Paris medieval.

Para Jacques de Vitry, a cidade é "uma ovelha negra", e o bom bispo vê prostitutas em toda parte! Em todo caso, nos descreve casas da margem esquerda nas quais se encontram uma escola no primeiro andar e uma prostituta no térreo... Os estudantes passam assim alegremente da felicidade do conhecimento aos prazeres dos sentidos. E todo esse mundinho, que reúne franceses, normandos, bretões, borguinhões, alemães, flamengos, sicilianos, romanos, briga e se fere a qualquer pretexto, enquanto os mestres, mais preocupados com o dinheiro vivo do que com a ciência pura, tentam roubar os alunos uns dos outros. E tudo isso se agita em inúteis sutilezas, que têm o defeito, aos olhos do bispo, de se preocupar com outras coisas e não com a alma eterna e a onipotência divina.

Malgrado esse crítico rigoroso do Quartier Latin, as escolas se multiplicam. Ricos aristocratas e numerosas ordens religiosas, como os dominicanos e os franciscanos, financiam e abrem fundações onde os estudantes têm casa e comida e podem se instruir. Entre a Place Maubert e a montanha Sainte-Geneviève, brotam colégios em toda parte. Alguns, é verdade, abrem apenas para um punhado de alunos, e há os que se absorvem, se fundem, se devoram. O colégio dos irlandeses absorve o colégio dos lombardos, o colégio da Dinamarca é vendido ao convento dos carmelitas, o colégio de Presles faz parte do colégio de Dormans-Beauvais, o célebre colégio Coqueret é eclipsado pelo colégio Sainte-Barbe... Quarenta e dois mil estudantes de todas as idades, entre quinze e cinquenta anos, seguem os cursos de quase 75 colégios. Na mesma época, em outras cidades europeias, encontram-se apenas algumas raras escolas. Paris representa verdadeiramente o coração vibrante do mundo intelectual.

↓ M 13 **Mas onde estão os colégios desaparecidos?**

Um dos colégios mais antigos — do qual tudo nos leva a crer que não resta nada — tinha o nome de seu fundador, o cardeal Lemoine. Todos os escritos asseguram que esse colégio foi completamente demolido no fim do século XVII. Será mesmo? É não contar com meu feio defeito de fuçar em todos os cantos onde há cheiro de velhas pedras... Os historiadores de Paris, como Jacques Hillairet, mencionam a sala de espetáculos Le Paradis Latin, construída sobre as ruínas do colégio e evocam também uma misteriosa rua particular... mas aparentemente não tiveram acesso a isso. Emboscando-se aí, você se surpreenderá ao descobrir um pedaço de edifício, feito de velhas pedras grandes datando sem dúvida do século XVII: é provavelmente uma parte do colégio do cardeal Lemoine! Aproximem-se um pouco mais, perto da reentrância que lembra a antiga entrada para as escadas, decifrarão na pedra amarelada os sulcos traçados pela mão dos "escholiers": "3C", em letras típicas do século XVII... Inscrição que significa que aquele estudante morava na escada 3C. Emocionante, não?

O mais belo entre todos os colégios visíveis ainda hoje é o dos Bernardins, fundado em 1224. Ampliado no século XIV, é um testemunho impressionante da arquitetura medieval civil de Paris, frequentemente ignorada, com suas janelas góticas de rosáceas. No número 24, rue de Poissy, o subsolo abobadado — uma antiga despensa — ainda está lá, e o andar térreo também, que foi o refeitório do convento. O último prédio ainda de pé é a mais comprida sala gótica de Paris: mais de 35 metros de comprimento. Cinco anos de trabalhos permitiram restaurar esse imenso espaço medieval, dedicado ao estudo e à pesquisa, mas que tem a vantagem de ser igualmente aberto ao público, para nosso encantamento.

O número 14 da rue des Carmes abriga os restos do colégio de Presles, fundado em 1314. Atrás de compridas janelas ornadas de cortinas, pessoas habitam hoje no que era uma capela no século XVI!

No número 17 dessa rue des Carmes subsistem vestígios da capela do colégio dos lombardos, fundado em 1334. O portal data de 1760, e os restos da capela são bastante estranhos, como se tivessem sido lavados, erodidos, pela água de uma antiga fonte.

O colégio de Cornualha, fundado em 1321, esconde-se numa pequena passagem da velha Paris, que leva da rue Galande ao 12 bis, rue Domat. No primeiro pátio interior, vire-se: você está vendo o prédio de entrada desse colégio com quase sete séculos de existência!

O colégio dos escoceses se instalou no número 25 da rue du Cardinal-Lemoine. Transformado em prisão sob o Terror, ele foi devolvido à Igreja Anglicana em 1806. Encontram-se aí uma escada e um pátio de honra, mas sobretudo o prédio que dá para a rua com a inscrição "Collège des Écossois" *e o brasão "FCE" (Feudo do colégio da Escócia). Todas essas marcas bem visíveis mostram como era importante para cada país assinalar sua presença no seio de uma universidade que se dizia internacional.*

No número 9 bis, rue Jean-de-Beauvais, eis uma capela do século XVII incrustada em imóveis modernos, lembrança do colégio dos Dormans, criado em 1365.

Siga-me até o número 21 da rue Valette, para descobrir uma escada, testemunho e vestígio. Entre no pátio do antigo colégio de Fortet, fundado em 1394. Silêncio e luminosidade para essa brecha histórica a céu aberto no coração de Paris. E os lances dessa escada que avançam, não terminam, lhe dão vontade de escapar do mundo... Foi justamente o que fez o aluno João Calvino, um dia em que se viu perseguido por heresia. O mais célebre dos alunos desse colégio ganhou os telhados para fugir para Genebra, onde elaborou sua teoria reformada. Ironia da sorte, esse colégio de Fortet tornou-se o lugar funesto do nascimento de um movimento da contrarreforma: a famosa Santa Liga Católica do duque de Guise, criada em 1572, instigadora da Noite de São Bartolomeu.

Em oposição a esse radicalismo, o colégio Sainte-Barbe, conhecido por seu espírito aberto, ensinou uma disciplina hoje um pouco esquecida: a lógica. Esse colégio se encontra na rue Valette e absorveu o antigo colégio de Coqueret, célebre por ter formado os poetas do Renascimento Joachim du Bellay e Pierre de Ronsard.

Em 1229, Felipe Augusto já estava morto há seis anos, o reino da França vive sob a regência de Branca de Castela, esperando a maioridade de Luís IX e a universidade se revolta. Os estudantes dessa época têm péssima reputação: esses jovens, presumidamente representantes da elite da nação, amedrontam de tal forma os burgueses de Paris que, à noite, as ruas ficam desertas... Os estudantes são acusados, às vezes com razão, de roubar para sobreviver, de raptar mulheres pela cidade para satisfazer seus baixos instintos e até de matar se preciso for. Para tentar impor a calma, o bispo de Paris, Guillaume de Seignelay, ameaça de excomunhão os que andarem armados. Mas os atrevidos pouco se importam com esse anátema e prosseguem alegremente com suas sevícias. O bispo se zanga, manda prender os mais violentos, bane outros, que se façam enforcar em outro lugar!

No mês de fevereiro desse ano 1229, na segunda-feira depois do carnaval, um bando de estudantes veio beber vinho num cabaré do *faubourg* Saint-Marcel. No fim da noite, bastante embriagados, começaram uma discussão animada sobre o preço da bebida, um pouco alto para seus bolsos. Rapidamente o debate pecuniário se envenena, o tom sobe, às palavras sucedem-se os golpes... O taberneiro grita, grita tão alto que os homens grandes acorrem de todo o bairro. Uma batalha organizada desenrola-se na noite entre estudantes e parisienses, e finalmente os malfeitores são rechaçados.

No dia seguinte, os estudantes humilhados vêm invadir a famosa taberna do *faubourg* Saint-Marcel. Armados com pedaços de pau, saqueiam a loja e vão de rua em rua assaltando outras lojas. No caminho, agridem os burgueses e as burguesas que encontram, ferindo e matando à mercê de sua fúria.

O escândalo levantado por esses excessos atravessa Paris e chega até a regente. Esta declara sumariamente dar razão aos burgueses contra os estudantes e encarrega sargentos e arqueiros de "castigar os estudantes da universidade".

Nada se parece mais com um estudante do que um outro estudante, e os militares não se preocupam nem um pouco em descobrir os verdadeiros culpados: dirigem-se alegremente às muralhas, para atacar alguns rapazes que se encontram por lá. Com armas e capacetes, os enviados da regente caem sobre esse pequeno grupo, matam alguns jovens, ferem outros e roubam todo mundo.

A Universidade de Paris se julga ridicularizada. Seus privilégios são anulados, sua independência é contestada, seus estudantes são ameaçados. Em resumo, o saber universal parece estar vacilando! Para pressionar as autoridades, mestres e alunos empregam um novo meio: param de trabalhar! Logo o ensino é suspenso e as escolas se esvaziam. A palavra "greve" só aparecerá seis séculos mais tarde, mas já se trata de um conflito sério e sem concessão. Mestres e alunos deixam Paris para ir ensinar ou estudar em outros lugares. Angers, Orléans, Toulouse, Poitiers alegram-se por recuperar em seu proveito a esplêndida reputação da universidade parisiense. Até o rei da Inglaterra, Henrique III, esfrega as mãos de contentamento por receber em Oxford alguns estudantes em situação delicada na capital francesa.

Ambos se obstinam, ninguém quer ceder. Na realidade, o desentendimento nada tem de anedótico. A universidade luta por seus privilégios e sua independência. A autoridade real quer demonstrar sua capacidade de instaurar a ordem. Passam-se os meses. A Universidade de Paris é uma concha vazia.

"É preciso saber parar uma greve", diz Georges Séguy, secretário-geral da CGT em maio de 1968. Pois bem, esse problema já existe na Idade Média. Felizmente, o papa Gregório IX mexe um pouco nessa situação paralisada. Ele quer que Paris continue a ser um lugar de excelência do ensino, principalmente religioso. Então ele encaminha a negociação e insiste. Por seu lado, Luís IX, jovem rei de dezesseis anos, intervém junto a sua mãe...

Finalmente, Branca de Castela para de resmungar e consente em indenizar os estudantes vítimas da violência dos arqueiros, renova os privilégios da universidade e se propõe a obter dos proprietários parisienses preços razoáveis para os quartos de estudantes. Por seu lado, o bispo de Paris, os abades de Sainte-Geneviève e de Saint-Germain-des-Prés, assim como os cônegos do episódio de Saint-Marcel fazem o juramento de respeitar, no futuro, mestres e estudantes da universidade. Essa antiga luta "privado contra público" pelo saber entre a Igreja e os mestres leigos encontra, por um tempo, um compromisso, mas a rivalidade existe ainda em nossos dias.

Quanto ao papa Gregório IX, ele aceita validar os diplomas obtidos pelos estudantes refugiados em Angers e Orléans, com a condição de voltarem imediatamente para Paris. Além disso, o Santo Padre confirma à corporação estudantil o direito de votar estatutos, autoriza mesmo a utilização da arma da "cessação" — a greve — no caso de um estudante ser morto e seu assassino não ser punido. Mais ainda, pela bula *Parens scientiarum universitas*, de 13 de abril de 1231, o pontífice reconhece definitivamente a independência jurídica e intelectual da Universidade de Paris.

Estudantes e mestres podem voltar para Paris: a greve durou dois anos! Os cursos recomeçam e a população parisiense parece satisfeita de ver o Quartier Latin se revitalizar após um sono tão longo.

* * *

Sob o reinado de Luís IX, mais conhecido pelo nome de são Luís, a universidade ainda se desenvolve. A sede da instituição deixa a pequena igreja de Saint-Julien-le-Pauvre, tornada muito exígua, e vem se estabelecer na Sorbonne, onde hoje ainda se encontra. Essa Sorbonne, da qual dependem agora todas as faculdades da região parisiense, é, simplesmente, em sua origem, um dos colégios do bairro, fundado em 1257 pelo confessor do rei, Robert de Sorbon.

Por que esse sucesso fulgurante? Porque seu fundador é um autêntico pedagogo. Outros mestres abrem colégios para alojar estudantes pobres apenas com o intuito de recrutar entre eles futuros religiosos, ou, pelo menos, torná-los devedores da ordem ou do poderoso que os acolheu. Robert de Sorbon não quer fabricar criados devotados à sua glória. Ele tem a constante preocupação de formar o espírito dos jovens para o rigor, o sentido do estudo, o gosto da exigência intelectual.

Na época em que os colégios se combatem por meio de debates teológicos e filosóficos, os *sorbonnards*, armados até os dentes com argumentos, fazem seu estabelecimento passar para a posteridade: ainda hoje, quem diz "Sorbonne" diz "universidade". Eis como um colégio entre tantos outros, mas não como os outros, eclipsou todos os seus rivais.

↓ M 13 O que resta da Sorbonne de outrora?

A fama da Sorbonne depressa se espalhou pela Europa inteira. No século XV, entretanto, a instituição voltou para as mãos da Igreja, que tinha finalmente, reconhecido a universidade para melhor recuperá-la. Com o aparecimento do Humanismo, novos colégios dissidentes se criaram. A Sorbonne perdeu sua influência, tornando-se tão refratária às novas ideias quanto tinha sido outrora a velha escola Notre-Dame.

Um acontecimento que marcou ao mesmo tempo a amplitude de sua fama e o início de seu declínio foi a criação, entre suas paredes, da primeira gráfica francesa, em 1470. A Sorbonne tinha se transformado em instituição dos poderes real e papal.

No século XVII, o cardeal de Richelieu, bastante fiel ao papa, reagiu tentando salvar a Sorbonne com seus próprios fundos. Investiu grandes quantias para redourar o brasão da velha escola. Sendo assim, as construções que podem ser vistas hoje não datam da época de sua criação, mas da intervenção de Richelieu e das do século XIX. Mas, no interior da capela, pode-se admirar o túmulo de Richelieu esculpido por Girardon. Em torno dessa capela, cujo domo que se pode ver do exterior foi mandado erguer pelo cardeal, com sua cúpula típica da época clássica e seus três andares, só há construções modernas. Da Idade Média, não resta nada! Entretanto, sobre o calçamento irregular do pátio de honra, há pontilhados brancos que lembram a localização da primeira construção. Os restos da Sorbonne original estão soterrados sob as pedras. Grandes lareiras do século XIX, de estilo pretensamente neorrenascentista, querem recordar as antigas lareiras medievais. Infelizmente, na época, restauração não rimava com reabilitação.

Para Paris, são Luís não garante apenas a independência da universidade. Ele adquire, pagando muito caro, do imperador Baudouin II de Constantinopla, pressionado por problemas de dinheiro, um pedaço da verdadeira cruz, a santa esponja com a qual os carrascos romanos deram vinagre para o Cristo beber e a ponta da santa lança que serviu para perfurar o flanco do Filho. Com a coroa de espinhos, o bastão de Moisés, o sangue de Cristo e o leite da Santa Virgem, a coleção de relíquias do rei da França era verdadeiramente impressionante! Para abrigar tal conjunto, a pequena capela Saint-Nicolas do palácio da Cité parece irrisória. É preciso fazer melhor, maior, mais belo, mais rico.

Pierre de Montreuil, o presumido arquiteto, transforma esse prédio-relicário em obra-prima da arte gótica radiante. Ele foi consagrado em 26 de abril de 1248, dois meses antes da partida de são Luís para a cruzada. Hoje, essas relíquias desapareceram, dispersadas ou destruídas pela Revolução, mas a Sainte-Chapelle continua ali, quase intacta, mesmo se estranhamente inserida nos edifícios do Palácio da Justiça.

Durante cinco anos, Luís IX combate sob a cidadela do Cairo, restabelece as muralhas de Cesareia e de Jafa, depois retorna enfim a seu reino quando sabe da morte de sua mãe, Branca de Castela.

Voltando, o rei se preocupa com a administração parisiense. Numa cidade que atinge agora 160 mil habitantes, os problemas de segurança são recorrentes. Em Paris, rouba-se o fulano e mata-se o beltrano com uma facilidade desconcertante. É preciso que se diga que a autoridade municipal se dilui, pois a condição de capital é um tanto vaga: ao contrário das outras cidades do reino, não há administrador em Paris, pois o soberano não precisa ser representado na própria capital. Sim, mas o que acontece quando Sua Sublimidade vai guerrear no fim do mundo durante anos?

São Luís incita os burgueses a se organizar e lhes pede para escolher, entre eles, um *prévôt des marchands* (preboste dos mercadores), encarregado de assumir a direção dos negócios da cidade. Exercendo sua autoridade através do "parlatório dos burgueses", espécie de tribunal da cidade, esse preboste julga os casos comerciais e fluviais.

Além disso, o rei nomeia um preboste para Paris, instalado na fortaleza do Grand Châtelet. É ele que faz justiça, recebe os impostos, decide sobre as diferentes corporações de ofícios, comanda os sargentos reais e garante os privilégios da universidade. A partir de 1261, Étienne Boileau assume essa importante função. Perfeito organizador, homem bom e justo, ele chega a restabelecer certa serenidade nas ruas de Paris.

Em 1270, são Luís pode serenamente partir para uma nova cruzada. Ele deu à sua boa cidade estruturas que praticamente não mudarão mais, e que são encontradas ainda hoje. O preboste dos mercadores é o prefeito; o preboste de Paris é o *préfet de police* (que equivaleria ao secretário de segurança pública). Nada mudou sob o sol.

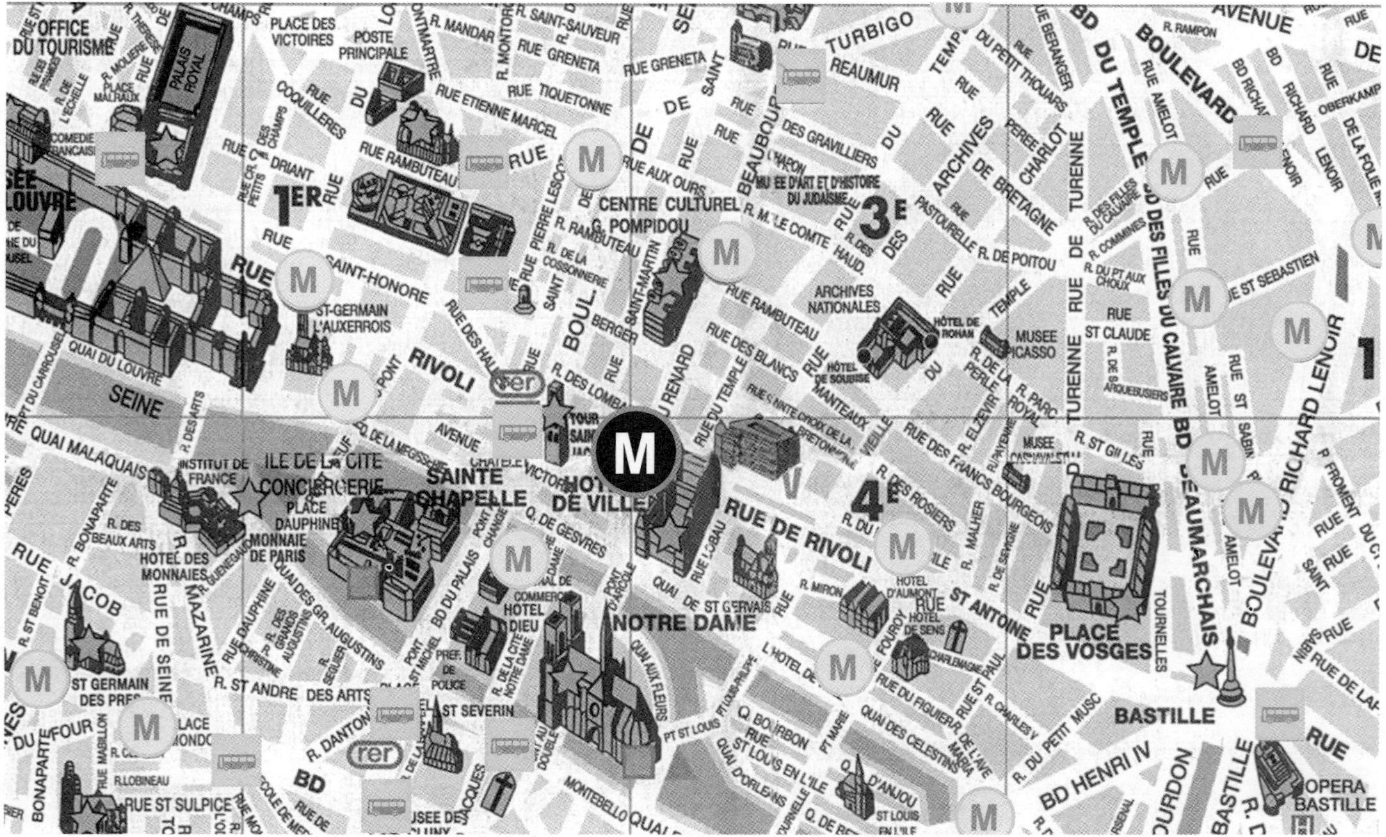
OFFICE DU TOURISME
PALAIS ROYAL
PLACE DES VICTOIRES
POSTE PRINCIPALE
LOUVRE
1ER
RUE SAINT-HONORE
ST-GERMAIN L'AUXERROIS
RIVOLI
SEINE
QUAI DU LOUVRE
QUAI MALAQUAIS
INSTITUT DE FRANCE
ILE DE LA CITE
CONCIERGERIE
SAINTE CHAPELLE
PLACE DAUPHINE
MONNAIE DE PARIS
HOTEL DE VILLE
CENTRE CULTUREL G. POMPIDOU
BOUL. SAINT-MARTIN
RUE RAMBUTEAU
RUE ETIENNE MARCEL
RUE TIQUETONNE
RUE GRENETA
TURBIGO
REAUMUR
BEAUBOURG
MUSEE D'ART ET D'HISTOIRE DU JUDAISME
3E
ARCHIVES NATIONALES
ARCHIVES
DE BRETAGNE
CHARLOT
TURENNE
MUSEE PICASSO
BD DU TEMPLE
BOULEVARD
BD DES FILLES DU CALVAIRE
BD BEAUMARCHAIS
BOULEVARD RICHARD LENOIR
4E
RUE DE RIVOLI
NOTRE DAME
HOTEL DIEU
ST ANTOINE
PLACE DES VOSGES
BASTILLE
BD HENRI IV
OPERA BASTILLE
ST GERMAIN DES PRES
RUE JACOB
RUE DE SEINE
MAZARINE
RUE DAUPHINE
QUAI DES GR. AUGUSTINS
R. ST ANDRE DES ARTS
ST SEVERIN
RUE ST SULPICE
QUAI DE ST GERVAIS
QUAI AUX FLEURS
RUE ST LOUIS EN L'ILE
QUAI DES CELESTINS
RUE DU FIGUIER

Século XIV

Hôtel de Ville

O nascimento do Terceiro Estado

Quando seu nome é "Hôtel de Ville", você não pode ser exatamente uma estação de metrô como as outras. Na plataforma da linha 1, uma exposição permanente apresenta a história das principais instituições políticas da capital. Uma boa aula de reciclagem destinada a todos aqueles para quem as palavras *préfecture*, *mairie*, ou *conseil régional* permanecem obscuras.

Estamos na Place de l'Hôtel-de-Ville, o burgo mais antigo da margem direita. A igreja Saint-Gervais, escondida atrás do conjunto da atual Prefeitura de Paris, foi certamente o primeiro lugar de culto cristão desse lado do Sena.

A partir do século XII, a poderosa corporação dos mercadores de água, herdeira dos nautas parisienses, senhores do tráfico fluvial, fez aqui a aquisição de terras para criar um porto: o porto de Grève. Desde o fim do século XIII, essa corporação era a representante do povo parisiense junto ao rei. Quando são Luís criou a primeira instituição municipal de Paris, o preboste dos mercadores era, portanto, naturalmente, saído dessa corporação, daí o emblema da cidade: uma nave sobre o rio.

Foi nessa praça, perto do porto de Grève, que o preboste dos mercadores Étienne Marcel, em luta com o poder real, instalou, em 1357, o local de reunião dos mercadores parisienses numa casa chamada a Casa das Pilastras, que se encontrava onde fica hoje nosso Hôtel de Ville.

Aliás, Étienne Marcel está imponente nos jardins contíguos, orgulhoso e empertigado em seu cavalo de bronze verde. Esse monumento foi inaugurado em 1888, num contexto bem específico que transformou essa homenagem ao preboste de outrora em protesto político, silencioso, mas veemente. Com essa estátua, os edis parisienses manifestavam sua oposição à decisão governamental de deixar a municipalidade sob a tutela de um prefeito. Realmente, o governo da Terceira República, escaldado pela insurreição da Comuna em 1871, desejava evitar qualquer impulso revolucionário, vigiando Paris e principalmente recusando dar-lhe um prefeito. Celebrar Étienne Marcel era exigir um símbolo forte da política da cidade. O governo da época e o presidente Sadi Carnot não se enganaram: eles recusaram em bloco assistir à cerimônia de inauguração. Foi o prefeito do Sena, Eugène Poubelle — o homem das *poubelles*, das latas de lixo — quem pronunciou o discurso de praxe. Foi preciso esperar 1977 para que os parisienses pudessem novamente eleger um prefeito, que foi Jacques Chirac.

Voltemos ao Hôtel de Ville: a Casa das Pilastras, onde Étienne Marcel exercia sua administração, foi reconstruída dois séculos mais tarde, em estilo renascença, incendiada durante a Comuna em 1871, depois reconstruída e aumentada no estilo neorrenascença que nós conhecemos.

Entremos na rue de l'Hôtel-de-Ville para nos encontrar diante da estátua de Étienne Marcel. À esquerda, as escadas da rue des Barres lembram que estamos numa elevação, primeiro lugar de habitação nos mangues da margem direita, porque as enchentes do Sena não podiam subir até aqui.

Essas *barres* evocam a segunda muralha de Paris, na época dos primeiros Capetíngios, isto é, no fim do século X. Tratava-se, na verdade, de altas paliçadas de madeira à beira de um largo fosso. Em abril de 2009, escavações feitas na rue de Rivoli revelaram definitivamente a existência dessa muralha: um fosso de três metros de profundidade, cavado em forma de V, com mais ou menos vinte metros de comprimento e doze de largura. Dessa muralha, nada resta hoje, a não ser o nome de rue des Barres.

Na esquina da rue du Grenier-sur-l'Eau admire essa casa do século XVI, cuja flor de lis na altura do primeiro andar foi raspada na Revolução. Volte depois para a rue de l'Hôtel-de-Ville até o hotel de Sens, que termina a rua e nos oferece um magnífico testemunho da arquitetura medieval.

Siga agora a rue Saint-Paul para se encontrar diante da igreja Saint-Paul-Saint-Louis, cujo relógio de 1627 acima do portal é um vestígio da primitiva igreja Saint-Paul.

Para permanecer nas ruas tortuosas dessa Paris do século XIV observe a rue François-Miron, onde numerosas casas com frontão nos lembram a Idade Média. No número 44, a casa de Ourscamp conserva uma magnífica adega gótica e abriga sobretudo a indispensável Associação pela Salvaguarda e pela Valorização do Patrimônio, que se atribuiu como missão proteger a velha Paris.

No fim da rue François-Miron, pegue a rue des Archives, suba pelo lado direito para admirar, no número 26, o único claustro medieval de Paris: o do convento das Billettes, cuja construção remonta ao início do século XV.

Você chega assim ao número 58 diante do soberbo portal de Olivier de Clisson, que data de 1375. Esse Clisson foi um dos valentes guerreiros do rei Carlos V. É a seus soldados que se deve a reconquista do país no fim do século XIV. Esse portal está hoje incorporado ao conjunto dos Arquivos Nacionais, instalados desde a Revolução no que era antes o hotel de Soubise, magnífico exemplo da arquitetura clássica do início do século XVIII.

Fique diante desse hotel e olhe para a esquerda: uma grade permite o acesso a um pátio mais antigo. Na realidade, essa passagem corresponde a uma capela do século XVI, e o pátio dos Marronniers é ladeado por prédios da mesma época, conjunto que formava o hotel dos Guises, cujo brasão está ainda visível no frontão do venerável portal de Clisson.

Pegue em seguida a rue de Montmorency. No número 51, você encontrará a casa dita de Nicolas Flamel. Ela data de 1407, e seria a mais velha de Paris! O misterioso alquimista nunca morou aí, mas alojava generosamente os camponeses que vinham trabalhar nas terras dos arredores. Basta ler sobre a fachada, tudo em letras góticas: "Nós, homens e mulheres lavradores, morando no alpendre dessa casa que foi feita no ano de graça de 1407, devemos dizer todos os dias um Pai-nosso e uma Ave-Maria pedindo a Deus que com sua graça perdoe..."

Eu sei, a casa número 3 da rue Volta, que dataria do início do século XIV, passa às vezes por ser a mais antiga da capital. É lá que teria habitado o administrador do priorado e do burgo Saint-Martin. Seu andar térreo é composto por duas lojas medievais típicas: à direita, porta com ferragens, beirada separando a loja da rua e abertura sem calçamento nem grade. Entretanto, alguns contestam a autenticidade dessa construção e sustentam que ela não passa de uma recriação do século XVII.

↓ M 14 Quem era Nicolas Flamel?

Livreiro juramentado por profissão, Nicolas Flamel tinha por função mandar copiar os manuscritos destinados aos estudantes das faculdades. De repente, por volta de 1382, tornou-se fabulosamente rico e fez doações prodigiosas às igrejas.

O rei Carlos VI, curioso em saber a origem dessa rápida prosperidade, pediu ao senhor de Cramoisy, referendário, que investigasse esse homem estranho e generoso...

O enviado do rei dirigiu-se à casa do opulento livreiro, intimado a explicar de onde provinha uma tão rápida riqueza. Nicolas confessou que ele era alquimista: tinha descoberto o princípio da pedra filosofal, conseguindo transformar todos os vis metais em ouro puro!

As divagações de Nicolas Flamel durante muito tempo fizeram sonhar os candidatos à fortuna. Imaginou-se um tesouro fabuloso escondido em algum lugar... Alguns pensaram que o ouro estava enterrado na sua casa na esquina da rue des Écrivains.

Em 1724, Henri Sauval contava em suas Histoires et recherches des antiquités de la ville de Paris *que os curiosos tinham "tantas vezes remexido, escavado e trabalhado nessa casa que dela só restam duas adegas muito bem-construídas, todas rabiscadas com hieróglifos irregulares". Essa casa, a única onde viveram Nicolas Flamel e sua esposa, foi destruída em 1852 por ocasião da abertura da rue de Rivoli. Também dessa vez, nada foi descoberto. Mas o tesouro continua a fazer sonhar os aventureiros do imaginário...*

⋆ ⋆ ⋆

Subindo ao trono em 1285, Felipe IV, o Belo quer uma monarquia absoluta. Ele está obcecado por isso e se mostra determinado a reunir em suas mãos todos os poderes. Seus ancestrais inventaram a monarquia de direito divino; ele exige uma coroa absoluta e total. Para marcar com um símbolo forte a centralidade de sua autoridade, ele transforma o palácio da Cité, aumenta-o, remodela-o com grandes obras que duram dezessete anos e só terminam em 1313.

Com o que se parece esse novo palácio? Para estender seus domínios mais amplamente até o Sena, o rei não hesita em desalojar os proprietários das terras e levanta uma muralha do mais belo efeito ao longo do rio. Essa muralha não tem uma verdadeira função defensiva, ela se ergue como a marca da força e da grandeza reais. No interior do palácio, são construídas vastas salas, e os apartamentos do soberano são reformados, ornados de tapeçarias, pratarias e mármores dos mais preciosos.

A Casa do rei, isto é, a administração encarregada de organizar a vida do monarca em seu palácio, compreende seis funções: a cocheira, a *fourrière* — encarregada dos veículos —, a *paneterie* — responsável pela roupa de mesa —, a copa — para escolher e comprar o vinho —, a cozinha e, enfim, o fruteiro. Mas para seu serviço particular, o rei dispõe de muitos funcionários: cinco camareiros, três criados de quarto, dois barbeiros, um alfaiate e um esquenta-cera, cuja função é, como seu nome indica, fazer esquentar a cera para selar os atos oficiais. A esses se acrescentam dois médicos, três capelães, quinze clérigos consagrados aos escritos, trinta sargentos de armas e uma multidão de criados, falcoeiros e caçadores. Com a Casa da rainha Joana de Navarra, são mais de duzentas pessoas que trabalham diariamente no palácio da Cité, que é o centro das decisões, mas onde o rei só habita durante uma parte do ano, essencialmente no inverno. No resto do tempo, Felipe e seus cortesãos estão fora, passando de um castelo a outro, para caçar nas florestas densas e abundantes em caça da Île de France.

O palácio da Cité reformado seria apenas uma vã pretensão se Felipe, o Belo não pudesse assegurar uma plena supremacia. A seus olhos, duas estruturas lhe fazem sombra e ofuscam sua preponderância: a Santa Sé e a Ordem do Templo. A primeira se obstina em considerar o poder espiritual superior ao poder temporal dos reis, a segunda constitui a mais rica e a mais poderosa congregação religiosa. Felipe, o Belo decide acabar com ambas.

Em 1304, o desaparecimento súbito do papa Bento XI, morto em consequência de uma indigestão de figos, permite que Felipe, o Belo entre em cena e manifeste suas vontades. Em Perúsia, o conclave se eterniza e se divide entre os partidos italiano e francês. Após onze meses de debates tumultuados, o grito tão esperado ressoa enfim:

— *Habemus papam*! Temos um papa!

Esse papa, que sobe ao trono de são Pedro sob o nome de Clemente V, é um gascão, antigo arcebispo de Bordeaux. O rei Felipe, tendo pagado suficientemente e conspirado para obter essa eleição, Sua nova Santidade nada poderá lhe recusar. Sagrado em Lyon, depois estabelecido em Avignon, o papa permanece sob a dependência do rei da França.

Tendo resolvido a questão do lado do Santo Padre, Felipe, o Belo pode se voltar contra os Templários. Na sexta-feira, 13 de outubro de 1307, de madrugada, os homens do rei cercam o Domínio do Templo, um conjunto construído nos mangues da margem direita, drenados pelos próprios monges. Essa comendadoria abriga os edifícios destinados a alojar os monges-soldados, as grandes cocheiras, uma igreja — réplica gótica da cúpula octogonal do Santo Sepulcro de Jerusalém — e uma sólida fortaleza com um alto torreão flanqueado por quatro torres. Esse vasto domínio é cercado por muralhas rendilhadas de ameias, mas essas poderosas defesas são inúteis contra os arqueiros reais: a regra da ordem proíbe usar a espada contra os cristãos. Os Templários deixam-se então levar sem protestar, não desconfiam nem da sexta-feira 13, dia de azar, nem sobretudo do rei da França, pois eles dependem juridicamente do papa. Eles não sabem que Clemente V não passa de uma marionete nas mãos de ferro de Felipe.

Como desapareceu o Domínio do Templo?

Depois da erradicação dos Templários seus bens foram atribuídos à ordem dos Hospitaleiros. Em 1667, as muralhas do Domínio, que não tinham mais função, caíram sob as picaretas dos operários para permitir a construção de hotéis particulares e de algumas casas para alugar destinadas a artesãos.

Durante a Revolução Francesa, a fortaleza do Templo foi transformada em prisão. Luís XVI e sua família foram aí encarcerados, o pequeno Luís XVII aí morreu em 8 de junho de 1795.

Quanto à igreja do Templo, ela foi vendida, em 1796, a um particular que a fez demolir. Restava o torreão, tornado lugar de peregrinação para os monarquistas. Napoleão, irritado com o culto prestado ao soberano guilhotinado, ordenou, por um decreto de 1808, a destruição da torre.

Hoje, a lembrança dos Templários vive nas placas azuis enquadradas de verde: boulevard du Temple, rue du Temple, Place du Temple, rue Vieille-du-Temple. Não tão depressa! Entrando no número 73 da rue Charlot e dirigindo-se para a esquerda, você verá o último vestígio do Domínio, uma torrinha do século XIII. Nada foi previsto até agora para valorizá-la, porém, em setembro de 2009, um programa de escavações em torno do Carreau du Temple poderia, espero, dar-lhe maior importância.

O processo que se abre para julgar os Templários já está escrito de antemão. Confissões são extorquidas sob tortura a infelizes prestes a confessar todos os pecados do mundo. Pede-se auxílio à Inquisição, e ela sabe como fazer: quebra os ossos, queima as carnes, arranca os braços, desloca os tornozelos, esmaga as genitálias com um conhecimento perfeito.

Sodomia e heresia constituem o essencial das acusações, e penas leves são prometidas àqueles que consentirem em se declarar culpados.

No dia 18 de março de 1314, Jacques de Molay, grão-mestre da ordem do templo, e três outros dignatários são tirados de suas celas e arrastados para o adro de Notre-Dame onde devem ouvir a sentença pronunciada contra eles. Os quatro homens avançam envoltos em trapos sujos, cabelos e barba hirsutos... À vista desses prisioneiros destruídos por sete anos de suplícios e de humilhações, a multidão deixa escapar um longo murmúrio de compaixão. Segundo um roteiro bem organizado, os Templários depostos confessam seus crimes e suas culpas. Na realidade, recitam a lição que lhes ensinaram em troca de uma pena mais leve.

Porém, os juízes condenam os acusados à prisão perpétua! Nesse momento, Jacques de Molay se ergue, ele não é mais a pobre vítima resignada, volta a ser o mestre, e sua voz firme se eleva no adro. Diante do povo de Paris, ele clama sua inocência. Ele urra:

— Os crimes de que me acusam são apenas mentiras! A regra templária é santa, justa e católica. Sim, eu mereço a morte, pois em minha indignidade, no temor dos tormentos que me oprimiam, enganado pelo papa e pelo rei, pronunciei falsas confissões!

Hugues de Pairaud, outra autoridade do Templo, tornado audacioso por esse exemplo, protesta por sua vez, jura inocência, denuncia os torturadores e renega sua confissão...

Um frêmito de terror percorre a multidão. Esses homens que o poder apresenta como perversos violadores e blasfemos aparecem de repente como são: seres desamparados, caídos nas malhas da rede armada por Felipe, o Belo.

O movimento da multidão é lento como uma onda, mas bastante perceptível para fazer empalidecer os cardeais. O povo de Paris avança, se aproxima do estrado onde tronam os prelados, e parece zangado: os parisienses não gostam que os enganem nem que lhes mintam. Os cardeais sentem o perigo, é preciso acabar tudo, e rápido. Os acusados são entregues às pressas ao preboste do rei, que ele se arranje com a sentença...

É preciso acalmar a cólera parisiense e terminar a questão. Naquela mesma noite, Jacques de Molay e Hugues de Pairaud são queimados vivos na ilha dos Judeus, pequena língua de terra no Sena, em frente ao palácio da Cité.

Amarram os dois condenados no poste, e Jacques de Molay pede que o virem para Notre-Dame, para que morra com a imagem da fé diante dos olhos.

— Os corpos pertencem ao rei da França, mas as almas pertencem a Deus — diz ele antes que as chamas o consumam.

Segundo o testemunho do cronista Geoffroy de Paris, que presenciou a cena, o mestre dos Templários lança então uma maldição sobre seus perseguidores:

— Deus sabe quem errou e pecou, e a infelicidade cairá em breve sobre aqueles que nos condenam injustamente. Deus vingará nossa morte. Senhor, sabei que em verdade todos aqueles que são contrários a nós irão sofrer.

A imprecação atingiu os espíritos, pois o papa Clemente V morreu 42 dias depois, talvez de um câncer dos intestinos, e o rei Felipe, o Belo sucumbiu após uma queda de cavalo oito meses mais tarde. Quatorze anos apenas deviam passar antes que se extinguisse a linhagem real dos Capetíngios diretos, deixando o trono para a dinastia dos Valois.

↓ Ⓜ ⑭ **Onde foram queimados os mestres do Templo?**

A ilha dos Judeus era uma das três ilhotas desabitadas que ficavam na ponta da île de la Cité. Senhoria do abade de Saint-Germain-des--Prés, ela talvez tenha sido o teatro de incineração de hereges, bruxas e judeus...

Em 1577, quando Henrique III decidiu criar a primeira ponte de pedra de Paris — que foi a Pont-Neuf — ele achou melhor corrigir um pouco os caprichos da natureza. Os braços do Sena que separavam as três ilhas foram aterrados e esses pequenos espaços vieram se incorporar à île de la Cité.

Jacques de Molay e Hugues de Pairaud morreram no que é hoje nosso quarteirão do Vert-Galant, *isto é, a extremidade oeste da atual île de la Cité, diante da ponte, na altura da estátua de Henrique IV.*

O fim dos Capetíngios diretos causou um interminável conflito entre a França e a Inglaterra, uma guerra de Cem Anos que vai durar 116. Em 1328, Carlos IV, filho de Felipe, o Belo, morre sem descendente masculino. Ora, Isabel de França, irmã do rei defunto, tem um filho: Eduardo III, soberano da Inglaterra. Este quer se apoderar da coroa da França, mas os franceses recusam entregá-la a um estrangeiro. É Felipe VI de Valois, sobrinho de Felipe, o Belo, que sobe então ao trono. A Guerra dos Cem Anos tem evidentemente numerosas causas econômicas e demográficas, mas esse caso da sucessão acende o estopim.

Grande tático, Eduardo III vence numerosas batalhas contra os exércitos franceses. Em 1340, em Écluse, Flandres, as forças navais inglesas aniquilam a frota francesa. Em 1346, em Crécy, na Picardia, os arqueiros ingleses cortam em pedacinhos as tropas francesas...

Paris, contudo, não está preocupada. O grande negócio, na cidade, é seguir a moda, que se transforma, se adapta, se modifica. Em uma estação adota-se a túnica longa, mas logo é preciso mudar porque agora se usa o casaco curto. O que não varia são as cores, sempre vivas, sempre múltiplas, sempre misturadas num arco-íris permanente e alegre.

Que tristeza! Tudo isso vai ser varrido pela peste negra, que traz mortes, ruínas, pânico e desespero. Vinda do sul, a epidemia chega ao burgo de Roissy-en-France no mês de agosto de 1348. Alguns dias mais tarde, atinge Paris. A doença devasta a cidade, e cada um treme de medo. Desconfia-se de tudo, sobretudo do outro, o vizinho, o parente, o amigo. Será que ele está empestiado? No Hôtel-Dieu — o grande hospital que já existe há mais de três séculos, morrem quinhentos doentes por dia, e as religiosas se dedicam arriscando a própria vida: são 136 irmãs no início do drama, restam apenas quarenta alguns meses depois. Jogam-se os cadáveres rapidamente na fossa do cemitério dos Inocentes, logo saturada. É necessário procurar novos lugares para a inumação fora dos muros da capital.

Esperando debelar o flagelo, incendeiam-se as casas dos doentes e, pelas ruas, piedosas procissões tentam comover os Céus. Em Paris, reza-se muito, mas se morre mais ainda. Os médicos entregam os pontos, confessando sua impotência, alguns feiticeiros tentam se aproveitar da ocasião vendendo a peso de ouro chás acompanhados de orações e de rituais tão extravagantes quanto inúteis.

E depois, no fim de um ano, sem que ninguém saiba como nem por quê, de repente o mal se acalma e se afasta. Mas Paris mudou. Paris está abatida, torturada; pelo menos 60 mil parisienses morreram, mais de 40% da população.

Vindas dos campos do reino, multidões de camponeses se refugiam na grande cidade ferida. Abandonaram seus campos e suas fazendas porque o pai, o filho ou o trabalhador morreu, porque faltam braços para recuperar uma magra colheita. Essa população espera encontrar o que comer em Paris, mas não há nada na cidade, e essas multidões perdidas, tocadas pela infelicidade, aumentam ainda mais a miséria geral.

E o ciclo dos desastres continua... A guerra contra a Inglaterra custa caro e obriga o rei a decretar novos impostos. De agora em diante, todas as mercadorias, os objetos manufaturados ou os gêneros alimentícios vendidos em Paris ou em seus subúrbios, são submetidos a uma taxa especial. O preço do pão aumenta, e a miséria se torna mais negra ainda.

Em 11 de setembro de 1356, uma nova catástrofe se abate sobre o reino: o novo rei da França, João, o Bom, é feito prisioneiro pelos ingleses em Poitiers. Depois de um inverno passado em Bordeaux, o monarca detido é levado para a Inglaterra. Oh! ele não tem do que se queixar, é tratado como um hóspede importante, mas, na França, o povo deverá pagar um resgate de 3 milhões de libras para libertar seu soberano.

Enquanto isso, em Paris, o poder está fraco, na ausência do rei. É o preboste dos mercadores, Étienne Marcel, quem toma as rédeas do governo. Primeiramente, é urgente reforçar as defesas da cidade, pois a sucessão ininterrupta de derrotas francesas faz temer um ataque inglês à capital. Desde o fim do mês de setembro, multidões de operários trabalham, aterram, reforçam, constroem. Na margem esquerda, alguns fossos, muito estreitos ou muito pouco profundos são cavados e alargados. Na margem direita, novos fossos vêm completar o circuito já existente. Desse lado do Sena, constroem-se fortificações que ressaltam nas muralhas, e as muralhas são aumentadas para englobar o Louvre, o priorado Saint-Martin e o Domínio do Templo.

Tudo isso, evidentemente, custa muito caro, então o preboste instaura uma nova taxa sobre as bebidas. Agora, esvaziando sua garrafa de vinho ou sua caneca de cerveja, é a defesa de Paris que se financia!

Porém, é necessário um exército para proteger a cidade. Étienne Marcel levanta uma guarda civil que ele organiza, não como o faria um chefe de guerra, mas como julga melhor fazer o prefeito que ele é, de certo modo. Os homens válidos, incitados a se engajar, são organizados por ruas e bairros, Paris é toda ocupada por tropas prontas a atacar o inimigo inglês.

No palácio da Cité, o delfim Carlos, de dezoito anos, assegura a regência e tenta se impor, mas os Valois estão muito desacreditados por causa de suas derrotas militares. Étienne Marcel e o bispo Robert le Coq impõem um decreto pelo qual a monarquia seria controlada pelos Estados Gerais, reunião da nobreza, do clero e da burguesia.

Em Londres, onde ainda está preso, João, o Bom explode e faz saber que ele proíbe a aplicação desse decreto. Ao mesmo tempo, ou quase, o rei prisioneiro assina com seus carcereiros um tratado vergonhoso que cede à Inglaterra a Guyenne, o Saintonge, o Poitou, o Limousin, o Quercy, o Périgord, a Rouergue e a Bigorre, prometendo, ainda por cima, um resgate que se eleva agora a 4 milhões de escudos... Não só o rei recusa aceitar que a monarquia seja controlada, mas ainda liquida uma boa parte do reino! Essa loucura provoca a indignação...

Quando Regnault d'Arcy, o advogado do rei, volta da Inglaterra trazendo esse tratado infame, Étienne Marcel sabe que chegou a hora de agir. Na manhã de 22 de fevereiro 1358, ele consegue reunir 3 mil homens armados no priorado de Saint-Éloi, na île de la Cité a alguns passos da Sainte-Chapelle. Dirige-se à multidão. Fala de Paris, Paris prestes a ser entregue aos bandos famintos de miseráveis que vagueiam em torno das muralhas, prestes a roubar as riquezas da capital... O que fazem os soldados do delfim contra essas hordas de bandidos, o que fazem os aliados do delfim para acabar com a miséria da cidade? Galvanizados por essas palavras, os parisienses deixam aflorar seu furor. Têm raiva do poder? Mas o poder está lá, inerte e apático, bem em frente, do outro lado da rua, no palácio da Cité onde se escondem os príncipes e os nobres...

A multidão agitada atravessa a rua e se dirige para o palácio. De repente, veem um homem tentando fugir: é Regnault d'Arcy, que trouxe da Inglaterra o tratado assinado pelo rei! Ele anda depressa, Regnault, está com medo, corre, entra na loja de um confeiteiro... Alguns homens o alcançam e o degolam entre as bandejas de bolos e os sacos de farinha.

Seguido por seu exército improvisado, Étienne Marcel marcha para o palácio. Cercado por seus homens, o preboste entra no edifício, sobe para os apartamentos do delfim, força a porta... O delfim Carlos não parece muito surpreendido por essa intrusão e um debate colérico se estabelece entre o rapaz e o preboste. Étienne Marcel censura o filho do rei por nada fazer para manter a ordem contra os bandos de bandidos que percorrem os subúrbios. Carlos responde que devem tomar as responsabilidades aqueles que dispõem das finanças, isto é, o prebostado...

A discussão se torna tão violenta que dois marechais, Jean de Conflans e Robert de Clermont, tentam intervir. Não têm tempo de se perder em sutilezas, ambos são atravessados pelas espadas dos aliados do preboste. O sangue jorra e suja de manchas escarlates a túnica clara do delfim... O pessoal do palácio, amedrontado, foge apressadamente enquanto Carlos suplica ao preboste para poupá-lo, por favor.

— Sire, não precisais temer — diz Étienne Marcel. — Meus homens são benevolentes, vieram em vosso interesse...

Dizendo isso, Étienne Marcel tira seu chapéu azul e vermelho — as cores de Paris — e o coloca na cabeça do delfim, sinal da proteção concedida ao jovem príncipe pela cidade. E depois? Nada. A revolta não é uma revolução. Sem teóricos, sem doutrina, sem projeto, a cólera leva a um impasse. Encantados com a própria audácia, o preboste e seus homens se consideram satisfeitos. Apressam-se em deixar o palácio para manifestar sua alegria na Place de Grève, com seus partidários. O povo de Paris toma uma parte do poder. Nasceu o Terceiro Estado.

No dia seguinte, durante uma assembleia reunida no convento dos agostinianos, na beira da margem esquerda, Étienne Marcel, que tinha reunido o pessoal do prebostado, o clero e a universidade, toma a decisão de aplicar o sistema da monarquia controlada pelos Estados Gerais e de restabelecer o conselho dos Trinta e Seis, número de magistrados encarregados das nomeações. Falando claramente, Étienne Marcel instaura seu poder total sobre Paris.

O delfim sabe, não há salvação para ele na sua capital. É preciso fugir, ir para outro lugar recuperar suas forças. Um mês depois, em 25 de março, Carlos deixa Paris e toma o caminho de Senlis. Étienne Marcel, que manda dez burgueses acompanharem o príncipe, crê assim poder vigiá-lo e lhe impor sua vontade. Ele se engana.

Enquanto o delfim Carlos caracola em suas províncias e reagrupa seus amigos, não é bom ser monarquista sob a autoridade de Étienne Marcel: Matret, mestre carpinteiro do palácio, e Perret, mestre das pontes de Paris, são decapitados e seus corpos cortados em quatro pedaços.

O preboste instaura sua nova ordem. Acolhe em sua cidade seu aliado Carlos de Navarra, chamado Carlos, o Mau, um bisneto de Felipe, o Belo, e pretendente à coroa da França. Só que Carlos de Navarra tem relações amigáveis com os ingleses, aliança que desagrada aos parisienses. Aliás, Carlos, o Mau chama em seu auxílio as tropas inglesas... Aliar-se a Carlos, equivale a uma traição! A população começa a pensar que a tranquilidade só voltará com os Valois, ainda mais porque o delfim impõe a Paris um bloqueio cujos efeitos começam a se fazer sentir. Faltam víveres. Os mais fracos entre os parisienses começam a sofrer fome e privações.

Isso precisa acabar. No final da manhã de 31 de julho, Étienne Marcel está vigiando as defesas perto da porta Saint-Antoine. Uma multidão hostil cerca o preboste e um grito de guerra ressoa:

— Montjoie Saint-Denis! À morte! À morte!

Étienne Marcel quer falar:

— Por que vocês me querem mal? O que estou fazendo é pelo seu bem, como pelo meu...

O preboste é empurrado, tropeça, cai no chão, então é o massacre: machados e espadas atravessam seu corpo de um lado a outro.

Dois dias depois, o delfim Carlos entra triunfalmente em Paris. No dia 4 de agosto, ele convoca a população a Halles e faz um discurso em que denuncia um pretenso complô urdido por Étienne Marcel e Carlos de Navarra para deixar os ingleses penetrarem em Paris.

— Na noite em que o preboste foi morto, eles queriam mandar matar todos aqueles que sabiam ser do partido do rei e de seu filho, e diversas casas de Paris já estavam marcadas com muitos sinais.

* * *

Sabe-se agora: é de Paris que sobe a cólera, é de Paris que vem a contestação. Vinte e cinco anos depois, a evocação da revolta parisiense ainda faz tremer o trono de França. Em 1383, o jovem rei Carlos VI manda ler, no salão do palácio, um decreto pelo qual ele diminui os poderes do prebostado dos mercadores "para rebeliões, desobediências, monopólios, crimes e malefícios, tanto de lesa-majestade como outros, em atos ou palavras". Por um segundo decreto, o rei confisca a "Maison de Ville, situada na praça dita de *Grève*". Enfraquecendo o prefeito e fechando o Hôtel de Ville, o rei espera conter os parisienses. Doce ilusão, é claro.

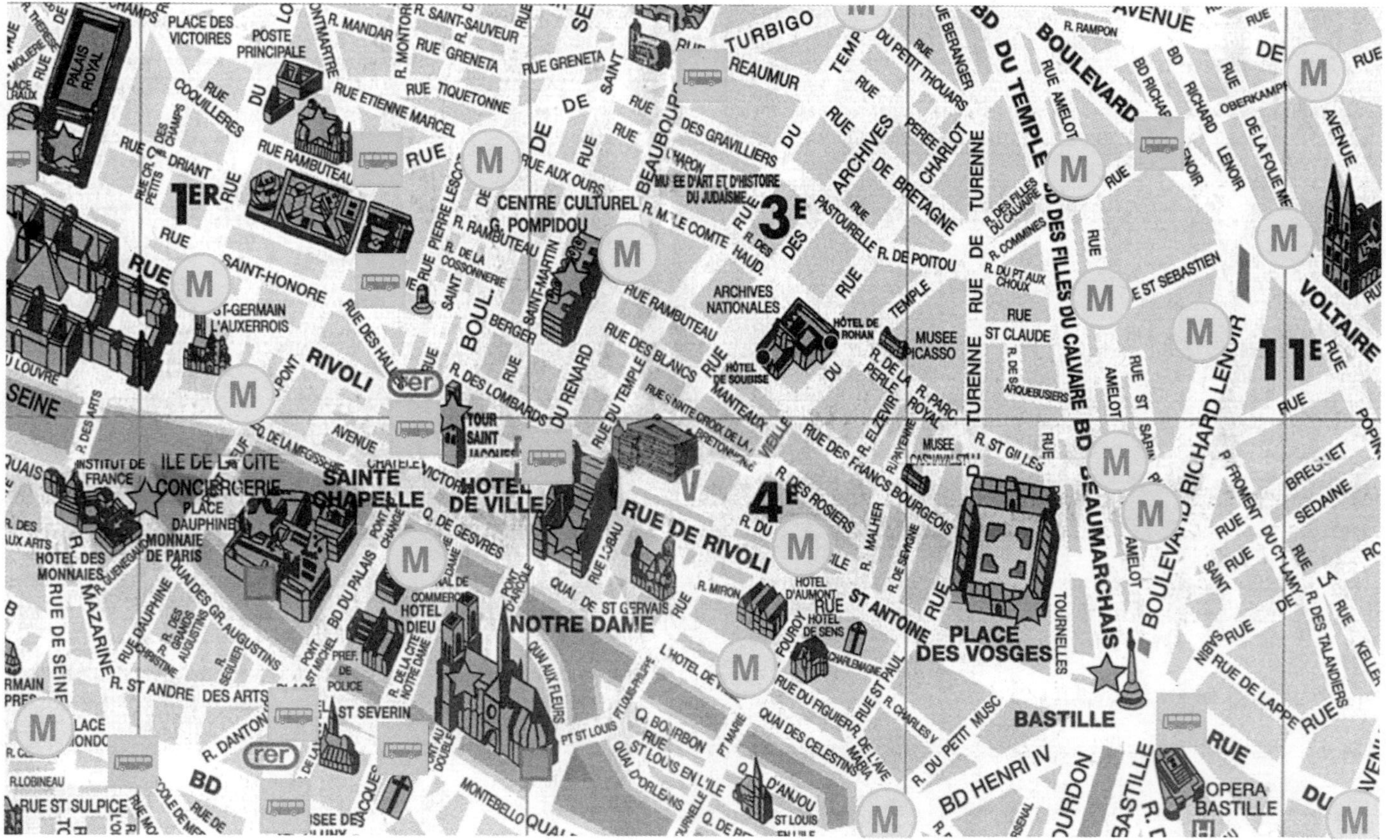

PALAIS ROYAL
PLACE DES VICTOIRES
POSTE PRINCIPALE
1ER
RUE SAINT-HONORE
ST-GERMAIN L'AUXERROIS
RIVOLI
SEINE
ILE DE LA CITE
CONCIERGERIE
SAINTE CHAPELLE
HOTEL DE VILLE
TOUR SAINT JACQUES
CENTRE CULTUREL G. POMPIDOU
MUSEE D'ART ET D'HISTOIRE DU JUDAISME
3E
ARCHIVES NATIONALES
HÔTEL DE ROHAN
HÔTEL DE SOUBISE
MUSEE PICASSO
4E
RUE DE RIVOLI
NOTRE DAME
HOTEL DIEU
PREF. DE POLICE
ST SEVERIN
MONNAIE DE PARIS
INSTITUT DE FRANCE
PLACE DAUPHINE
RUE ST ANTOINE
PLACE DES VOSGES
BASTILLE
OPERA BASTILLE
BD HENRI IV
BD BEAUMARCHAIS
BOULEVARD RICHARD LENOIR
BD DES FILLES DU CALVAIRE
BD DU TEMPLE
11E
VOLTAIRE
TURBIGO
REAUMUR
RUE DE TURENNE
RUE ST SULPICE

Século XV

Château de Vincennes

Paris perigosa

Depois de Saint-Denis no século VIII, permitamo-nos uma nova incursão fora da cidade para emergir diante do bloco claro e brilhante do Château de Vincennes, dominado pela forma elegante de seu torreão, residência e proteção dos reis.

Traumatizado pelo assassinato em sua presença de dois de seus marechais pelos homens de Étienne Marcel, o rei Carlos V recusou-se a permanecer mais tempo no palácio da Cité, onde se passara o drama. Ele se esforçou para encontrar outros lugares do poder, e, primeiramente, mandou construir o hotel Saint-Pol, fora dos limites de Paris, no atual Quai des Célestins. Esse vasto conjunto de edifícios cercados por belos parques, hoje desaparecido, parecia mais favorável para a saúde frágil do soberano do que o ar confinado de Paris. Carlos V também apreciava o Louvre e mandou organizar numa torre sua biblioteca particular, feita de madeira preciosa, onde colocou sua coleção de livros, iniciando assim as bases do que seria mais tarde a Biblioteca Nacional.

Por fim, mandou fazer novas construções no castelo de Vincennes: em 1371, o torreão e sua muralha estavam terminados; em 1380, acabaram a grande muralha cercando a fortaleza. Lançando essas obras, Carlos V queria dispor, não de novos edifícios utilitários, que já existiam, mas de um volume superior de espaços residenciais. A organização do castelo marcava a vontade real de modificar profundamente a natureza da construção, de fazer algo mais do que uma fortaleza erguida às portas de Paris.

Esse conjunto arquitetônico extraordinariamente bem-conservado apresenta um interesse histórico excepcional. Mais do que tudo, melhor do que escritos e testemunhos, ele exprime na pedra o nascimento do Estado moderno. Com efeito, o projeto de Carlos V não era apenas afastar-se de Paris, que arriscava tornar-se uma armadilha para o poder real, mas também adotar um novo funcionamento da autoridade. O círculo de pessoas em torno do soberano, seus familiares, seus oficiais, seus escribas e seus secretários tomavam uma importância maior e formavam à sua volta uma equipe compacta e eficiente. Essa forma original de "governança" marcou uma mudança essencial na monarquia, ela já anunciava o Estado moderno, com um soberano cercado de ministros.

Aliás, essa forma reforçada de poder tornava-se necessária: a entrada no século XV prometia um inexorável mergulho nos abismos da guerra, da fome, da morte. As populações tremiam porque reis e príncipes redesenhavam a geografia para estender seus privilégios e seus domínios. Até a referência religiosa, último recurso dos povos esmagados, estava alterada: o Grande Cisma separava o Ocidente, e dois soberanos pontífices pretendiam ocupar o trono de são Pedro, um em Roma, o outro em Avignon. A desunião dos soldados de Cristo aguçava os apetites conquistadores do Islã e o sultão da Turquia não mais escondia sua impaciência em devorar Constantinopla, farrapo ofegante do Império Bizantino. Na Europa, Henrique IV, rei da Inglaterra, enfrentava as revoltas dos escoceses e dos galeses, perturbações incessantes que não o impediam de continuar a reivindicar a Bretanha, a Normandia e a Flandre.

Na França, Carlos VI, que subiu ao trono em 1380, ficara louco. Com olhar perdido, perambulava nos corredores de seu Hôtel Saint-Pol, lancetando as carnes de sua coxa com uma pequena lâmina de ferro e se arrastando pelo chão para lamber a tigela como um cão. Depois, quando a demência se afastava, o rei retomava as rédeas do governo, esperando a próxima crise. As sucessivas regências, encarregadas do bom andamento do governo durante as "ausências" do rei, deixavam pilhar o tesouro real. Todas as reconquistas de Carlos V nos planos político ou geográfico começaram a derreter como a neve exposta ao sol! Paris afundava na miséria, e, durante as noites de inverno, os lobos penetravam na cidade para devorar alguns pobres coitados que se arrastavam nas vielas escuras...

* * *

Em 23 de novembro de 1407, a guerra sem fim com a Inglaterra tomou novo rumo. Naquela noite, o duque Luís de Orléans, irmão do rei Carlos VI, ceava no Hôtel Barbette com sua cunhada, a rainha Isabel da Baviera. Esta, algum tempo atrás, dera à luz um menino fraco e doentio, que só viveu alguns dias. Luís tem todas as razões para se encontrar ao lado de Isabel: talvez ele seja o pai dessa criança natimorta. Desaparecimento rápido e silencioso. Que foi útil para todos... Evitou tantas perguntas inconvenientes!

E se essa criança não estivesse realmente morta? E se não fosse um menino, mas uma menina chamada Joana... nossa Joana d'Arc, fruto dos amores da rainha e do irmão do rei? Essa tese é sustentada por inúmeros historiadores, e por mim, mas é uma outra história...

Longe do Hôtel Saint-Pol onde Carlos VI mergulha na loucura, a rainha se estabeleceu nesse Hôtel Barbette, pequena joia discreta situada na rue Vieille-du-Temple, do qual, infelizmente, não resta nada. É lá que Isabel, mulher de 36 anos, tenta reanimar as últimas chamas de seu ardor amoroso. Ela ainda é bela com seu rosto fino e longo, seu corpo gracioso poupado pelos onze filhos que ela já deu ao rei. A rainha lançou-se numa relação apaixonada com Luís, "belo garanhão pronto a relinchar diante de qualquer mulher", afirmam os rumores.

Esses dois se amam com um furor em que se misturam o doce frêmito do interdito e a razão política. Com efeito, os subentendidos, as alusões e os interesses diplomáticos não estão ausentes de suas carícias. Cada um necessita do outro, ou pensa necessitar.

A loucura do rei fez de Isabel a regente do reino. Ela preside o Conselho Real, sem todavia conseguir dominá-lo. João sem Medo, duque de Borgonha, tenta aumentar sua influência, mas a ele se opõe Luís de Orléans. Além de uma luta entre pessoas, é ainda a guerra contra a Inglaterra que está no centro das polêmicas: é preciso prolongar a trégua, como deseja o duque de Borgonha, ou retomar os combates, como sugere o duque de Orléans?

No Hôtel Barbette, a noite transcorre agradavelmente e a pequena alma que se foi tão depressa já está esquecida entre os risos e a despreocupação. De repente, um criado do rei se apresenta e se dirige ao duque:

— Monsenhor, o rei vos manda chamar urgentemente. Ele tem pressa em vos falar de uma coisa que muito vos interessa e a ele também.

Luís está habituado aos caprichos de seu irmão, que tem prazer em chamá-lo em plena noite para compartilhar seus delírios. Bem, o rei está louco, mas é o rei. É preciso se despedir...

Na noite parisiense, encarapitado em sua mula que avança devagarinho, Luís cantarola alegremente, enquanto cinco ou seis criados levando archotes lhe abrem caminho, iluminando um pouco a escuridão da noite. Alguns passos adiante, quando Luís está passando diante de uma taberna chamada L'Image Notre-Dame, uns vinte homens surgem de um canto e se precipitam sobre ele.

— O que é isso? Eu sou o duque de Orléans! — grita o irmão do rei, acreditando estar sendo atacado por alguns impetuosos ladrões de casacos.

Ele não tem tempo de pronunciar nem mais uma palavra. É arrancado de sua montaria, cai de joelhos, tenta se levantar, mas é massacrado a golpes de machado, de espada e de bastão.

— Assassinato! Assassinato!

É a mulher de um sapateiro que berra. Ela ouviu a confusão na rua, foi para a janela e tenta alertar as sentinelas.

— Cala a boca, mulher má! — grita um dos agressores.

Com a notícia desse assassinato, o senhor de Tignonville, preboste de Paris, manda fechar as portas da cidade e pede a seus arqueiros para velar pela calma nas ruas: temem-se escândalos e reações violentas dos aliados da vítima.

Onde foi assassinado o duque Luís de Orléans?

Se, como eu disse, nada resta do Hôtel Barbette, a pequena viela que conduzia à sua entrada secundária ainda está lá. É nesse beco dos Arbalétriers, na altura do número 38, rue des Francs-Bourgeois, que o crime foi cometido.

Dois dias depois, uma procissão espetacular vai da igreja dos Blancs-Manteaux, onde foi exposto o corpo do príncipe, até à igreja dos Célestins, onde ele deve ser inumado. O rei da Sicília, o duque de Berry, o duque de Bourbon e o próprio duque de Borgonha, os grandes do reino, levam o caixão recoberto com um veludo azul semeado de flores de lis.

A investigação do preboste primeiramente se perde procurando um marido enganado, mas logo a verdade aparece: João sem Medo, o duque de Borgonha, encomendou o crime!

Sua traição tendo sido revelada ao público, João abandona a expressão contrita dos lutos irreparáveis para reivindicar em alto e bom som seu gesto homicida. Foi pelo bem do reino e pela maior glória da França que ele mandou trucidar o duque! Quem poderia lamentar esse cachorro que dilapidava o tesouro real para construir castelos para si e sustentar amantes dispendiosas?

A situação logo se revela inextricável. De um lado, eis João sem Medo, que se beneficia do apoio dos parisienses porque promete abaixar os impostos e controlar a monarquia. De outro, é Carlos de Orléans, o filho do duque assassinado, que pede vingança e se vê apoiado pelos senhores da nobreza. Mas, aos treze anos, o menino não tem verdadeiramente o estofo de um chefe de guerra. No ano seguinte, casam-no às pressas com Bonne, filha do conde Bernard d'Armagnac: na pessoa do sogro, o partido dos Orléans encontrou seu campeão. Doravante, Armagnacs e Bourguignons se entregarão a uma guerra cruel que dividirá o país.

Consciente das disputas que se realizarão e com a finalidade de conservar Paris, João sem Medo, duque de Borgonha, decide transformar o hotel particular que ele possui na rue Mauconseil em zona fortificada, em pequena fortaleza. É preciso que se diga que a geografia citadina se presta maravilhosamente para isso: o hotel se apoia sobre dois sólidos trechos da antiga muralha de Felipe Augusto, muralha tornada inútil já que a cidade ultrapassa de muito seus limites do século XIII e os velhos muros foram substituídos há 25 anos por uma muralha maior. As vetustas fortificações não servem apenas de reforço ao Hôtel de Bourgogne: em outros lugares, suas torres abandonadas se tranformaram em refúgio para mendigos, nos fossos vazios moram bandos de errantes, de miseráveis, e os caminhos de ronda se tranformaram em passeios onde os parisienses jogam bocha.

Para melhorar a defesa de seu castelo, João sem Medo manda construir uma sólida torre que ergue orgulhosamente seus 27 metros como uma rocha inexpugnável e parece zombar do Louvre e do Hôtel Saint-Pol, as duas sedes da autoridade real. Atrás das altas muralhas da fortaleza, o duque de Borgonha não teme nem a inconstância do rei nem a fúria das multidões.

O que ainda se pode ver do Hôtel de Bourgogne?

No século XVI, totalmente reformado, o Hôtel de Bourgogne transformou-se numa sala de espetáculos onde se apresentavam primeiramente mistérios de tipo religioso. Em 1634, sob Luís XIII, nele se instalou uma trupe real. Lá foram criadas as principais peças de Pierre Corneille, depois quase todas as tragédias de Jean Racine.

Nesse teatro Racine descobriu a Champmeslé, jovem comediante fazendo o papel de Hermione em sua Andromaque. *A moça deu provas de uma paixão tão tempestuosa, de uma violência tão exuberante que o autor, finda a representação, precipitou-se nos bastidores, olhos em fogo, e caiu a seus pés para lhe agradecer por aquele instante de intensa felicidade. Desde esse momento, Racine não mais deixou a atriz. Jurou-lhe amor eterno, que chegou a durar seis anos. A marquesa de Sévigné escrevia: "Quando a Champmeslé entra em cena, um movimento de admiração se espalha no teatro de um lado a outro, toda a sala fica enfeitiçada, e ela faz, como quer, rolar nossas lágrimas."*

O Hôtel de Bourgogne continuou a ser um teatro até 1783, data em que os atores ocuparam a nova Opéra-Comique que acabava de ser construída. O antigo teatro tornou-se mercado de couros, até ser completamente destruído, em 1858, para permitir a abertura da Étienne-Marcel.

É precisamente no número 20 da rue Étienne-Marcel que se ergue ainda a torre construída por João sem Medo para proteger seu hotel. E pode-se visitar essa surpreendente arquitetura medieval em plena Paris! Vê-se uma sala de guardas no andar térreo, apartamentos no primeiro andar, uma bela sala no segundo, o quarto de dormir dos escudeiros no terceiro, e, no último, o esplêndido quarto do duque.

Bem no alto da primeira escada em caracol, encontram-se duas lembranças interessantes do duque de Borgonha. Primeiramente, o magnífico carvalho de pedra que sobe sob as abóbadas. Um carvalho com três tipos de folhas: as do carvalho, para lembrar o pai de João sem Medo, as da roseira selvagem para lembrar sua mãe e as do lúpulo para ele mesmo (uma folha do norte porque sua mãe era flamenga). Descobrem-se em seguida dois vitrais, o primeiro com as armas do duque, e o segundo representando uma plaina de marceneiro... É a resposta às ameaças de Luís de Orléans, que desejava dar-lhe umas bordoadas. João o aplainou: o crime é reinvidicado!

Enquanto João sem Medo faz construir sua torre parisiense, o conde de Armagnac levanta, no sul, um exército de mercenários, malfeitores que só pensam em pilhar as regiões que atravessam. Chegam a Île de France, saqueiam campos e fazendas, depois avançam até os fossos que protegem o *faubourg* Saint-Marcel, na margem esquerda. Vão entrar em Paris, mas, no dia 2 de novembro de 1410, um tratado assinado em Bicêtre interrompe as operações militares. Segundo os termos desse acordo, cada príncipe deve voltar para suas terras e só ir à capital com o consentimento do rei Carlos VI.

O inverno se passa numa calma relativa. Quando chega a primavera, a guerra entre Armagnacs e Bourguignons recomeça no Beauvaisis e na Picardia... Mas é Paris que eles querem, é Paris que ambicionam, é Paris que é preciso tomar. No mês de agosto, o Parlamento — a corte judiciária da capital — procura manter a paz e para isso exige a prisão daqueles que pronunciarem discursos perigosos para a segurança pública. Para fiscalizar que essa sentença seja executada, os senhores do Parlamento nomeiam um governador de Paris na pessoa de Waléran de Luxembourg, conde de Saint-Paul. É um fiel aliado do rei, como todo mundo... mas também um partidário dos Bourguignons.

Logo o conde e seu amigo João sem Medo organizam a caçada aos Armagnacs! Eles criam uma milícia burguesa de quinhentos homens e têm cuidado de só engajar na tropa açougueiros, esfoladores, peleteiros, cirurgiões; enfim, homens aptos a manejar a faca e habituados a ver correr o sangue. Essa trupe feroz, que recebe o nome prestigioso de "milícia real", tem como missão prender, em Paris, todos aqueles que são conhecidos por favorecer o clã Armagnac.

Começa então uma repressão cega e violenta. Para se livrar de um parente, um vizinho, um concorrente, basta chamá-lo de Armagnac. E pode-se ficar aliviado quando os milicianos se contentam em jogar o culpado numa masmorra e em saquear sua casa, pois, mais frequentemente, o suposto Armagnac é simplesmente afogado no Sena. Nem mesmo o rei e sua família se sentem completamente seguros. Eles deixam o Hôtel Saint-Pol e vão se estabelecer no Louvre, cidadela que suas tropas poderiam defender melhor, caso os açougueiros excitados se voltassem contra a coroa.

Esses excessos levam trezentos burgueses entre os mais importantes, comandados pelo preboste dos mercadores, a abandonar a cidade para se preservar e para não ser testemunhas mudas de tais horrores.

Ninguém pode pôr fim à desordem, senão o próprio Deus. Então os cônegos da Sainte-Chapelle, os padres bernardinos, os irmãos carmelitas e os monges maturinos unem suas forças espirituais para fazer uma procissão, de pés descalços, até Saint-Germain-l'Auxerrois, seguidos respeitosamente pelos conselheiros do Parlamento. Não se trata de tomar partido pelos Armagnacs ou pelos Bourguignons, espera-se apenas pôr todo mundo de acordo, mergulhando na devoção. Todos pedem, por meio de orações, de cantos e de cânticos, o imediato retorno da paz entre os príncipes...

Porém, essa bela demonstração não impressiona ninguém. Em todo caso, não João sem Medo, que, no mês de novembro de 1411, depois de ter ido buscar tropas, entra em Paris à frente de divisões inglesas. Três mil parisienses se precipitam a seu encontro para lhe dar apoio. Agora Paris e seus subúrbios pertencem aos Bourguignons: os Armagnacs são expulsos do reino e seus bens confiscados. Por seu lado, o Parlamento, suspeito de ligações com os Armagnacs, foi multado em mil libras, que servirão para pagar o apoio das tropas inglesas e delas obter um afastamento provisório. Na verdade, Henrique V, rei da Inglaterra, espera aproveitar as dissensões francesas para recuperar alguns domínios perdidos.

Em abril de 1413, as classes populares parisienses, que já estão cansadas de ver a cidade e todo o reino em plena decadência, se revoltam sob o comando de um esfolador chamado Caboche. Na verdade, Caboche se chama Simon Lecoustellier, mas, como seu ofício consiste em quebrar a cabeça dos bois para dela retirar os miolos, foi apelidado de Caboche e seus partidários se deram o apelido de Cabochianos...

João sem Medo acredita ser uma boa tática sustentar essa tentativa de revolução e apoiar os Cabochianos, esperando muito, no fim de tudo, descartar esses miseráveis para tomar o poder sozinho. Durante todo o lindo mês de maio, os cabochianos se apoderam da cidade numa espantosa onda de violência. Tomam a Bastilha, massacram os prisioneiros que encontram, matam os parisienses que parecem mais ou menos pertencer ao partido dos Armagnacs, decapitam o preboste de Paris. Chegam a impor ao Parlamento um decreto de 258 artigos para introduzir um controle rigoroso das despesas públicas, uma reorganização do Poder Judiciário, a regulamentação dos pedágios, decreto que permanecerá letra morta e logo será revocado. Enquanto isso, os novos senhores passeiam nas ruas com um capuz branco, seu sinal de reconhecimento. Malditos aqueles que recusarem usá-lo: até o rei deve aceitar exibir o pálido chapéu dos insurgentes.

É demais para as pessoas de bom senso: a maior parte dos parisienses quer pôr um termo às loucuras dos Cabochianos. Para fazer isso, os Bourguignons são os menos indicados: eles não se aliaram à sangrenta rebelião? Então é preciso contar com os Armagnacs! Suas tropas, acantonadas nos arredores de Paris, só esperavam esse momento: penetram na cidade e dela expulsam os Bourguignons.

Dois meses mais tarde, em 4 de agosto, os Cabochianos ainda tentam sublevar a população. Na Place de Grève, reúnem-se oradores que incitam o bom povo a retomar o combate contra os Armagnacs. Mas uma voz surgida da multidão grita então:

— Quem deseja a paz se coloque à direita!

Imediatamente todo mundo corre para a extremidade direita da praça. Que condenação para os Cabochianos! Os mais furiosos planejam se entrincheirar no Hôtel de Ville, para lutar ainda uma derradeira e vã batalha, mas João sem Medo e Caboche já desapareceram, saíram de Paris e fugiram.

Terão sua revanche em Azincourt, no dia 25 de outubro de 1415, o dia em que o exército francês — mais precisamente a cavalaria dos Armagnacs — será esmagado pelo exército inglês. Exatamente um ano depois dessa derrota em forma de vitória para os Bourguignons, João sem Medo terá um encontro secreto, em Calais, com o rei da Inglaterra, Henrique V. Os dois homens repartirão seu mundo e dividirão suas ambições: os Bourguignons não se oporão à reconquista da Normandia pela Inglaterra, os ingleses deixarão Paris para os Bourguignons...

* * *

Na noite de 29 de maio de 1418, às duas da manhã, oitocentos cavalheiros bourguignons entram em Paris pela Porte Saint-Germain-des-Prés e acordam os habitantes.

— Levante-se, boa gente, às armas! Viva o rei e o duque de Borgonha!

Os soldados de João sem Medo invadem o Hôtel Saint-Pol, apoderam-se do rei, vestem-no com um manto de gala, empoleiram-no sobre um cavalo e o exibem pelas ruas como uma marionete coroada. Semi-inconsciente, fechado em sua loucura, Carlos VI sorri beatificamente para a multidão, totalmente alheio aos terríveis acontecimentos que sacodem sua capital. Um vento de alegria sopra sobre Paris, a população acolhe os Bourguignons num delírio de contentamento, persuadida de que os vencedores vão livrá-los dos maus conselheiros do monarca, trazer-lhes abundância e rechaçar o espectro da miséria. Hordas munidas de lanças enferrujadas e de pesadas clavas se fartam de sangue e pilham as ricas residências aos gritos de:

— Matem! Matem esses cães, esses traidores Armagnacs!

Nessa febre, todo mundo esqueceu o delfim Carlos, adolescente de quinze anos e única garantia da posteridade da dinastia. Nessas horas dramáticas, apenas um homem conserva a cabeça suficientemente fria para pensar em preservar a monarquia: Tanguy du Châtel, o preboste de Paris. Ele atravessa a cidade convulsionada, corre ao Hôtel Saint-Pol, precipita-se no quarto onde o delfim se esconde, deitado em sua cama, esperando que os acontecimentos venham surpreendê-lo. Arriscando tudo, o preboste joga uma coberta sobre os ombros do príncipe e o arrasta para a Bastilha, onde os vencidos dessa noite se reúnem para escapar à cólera parisiense. Algumas horas mais tarde, o delfim sai da fortaleza e chega a uma portinhola nas muralhas, entreaberta e mal vigiada. O futuro Carlos VII, disfarçado de burguês, envolto numa pobre capa cinzenta e com um simples chapéu na cabeça, acompanhado por uma pequena tropa de soldados fiéis, atravessa a muralha num galope desenfreado, abandonando a capital mais uma vez entregue à violência.

Príncipe sem coroa e aparentemente sem futuro, Carlos ainda não sabe que deverá reconstruir seu reino em outro lugar, nem que serão necessários dezoito anos de improváveis combates para que possa voltar e exercer sua autoridade em Paris.

Em Bourges, de que faz sua capital, o delfim Carlos se declara único detentor do poder:

— Único filho, herdeiro e sucessor de Monsenhor o rei, e por isso, por razão e por direito natural é a mim que cabe a responsabilidade do reino...

Por carta, proíbe a qualquer um de obedecer às ordens do regime ilegal sediado em Paris: "Os rebeldes tendo assassinado o chanceler do rei e se apoderado do grande selo real, nós vos proibimos de obedecer a qualquer uma de suas cartas, exceto as nossas, seladas com nosso selo particular e assinadas por nós."

Carlos se diz senhor do reino, mas, em Paris, João sem Medo manipula o monarca louco e na Normandia, o soberano inglês se enfeita com o título de rei da França. O país está esquartejado, dilacerado, e ninguém pode prever quem ganhará essa guerra entre príncipes.

Em Paris, é a carnificina. Massacram-se os Armagnacs e quem se pareça com eles. Os chefes, os oficiais são presos na Bastilha e lá, numa encenação regida pelo carrasco Capeluche, os prisioneiros são chamados pelo nome, um por um. Devem sair passando por uma porta baixa, que os obriga a se inclinar... Um golpe de machado bem executado faz sua cabeça rolar no chão. Nem o conde Bernard d'Armagnac escapa dessa vindita e morre como seus companheiros, abatido por Capeluche. Pelas vielas do *faubourg* Saint-Antoine escorrem rios de sangue que não parecem emocionar os artesãos do bairro. O *faubourg*, é verdade, ainda verá muitos outros...

João sem Medo se preocupa com esses excessos, a paciência dos parisienses tem limites, ele sabe disso, já fez essa experiência. Para demonstrar sua boa vontade, ordena a prisão de Capeluche e lhe manda cortar o pescoço, para diminuir no ato o frenesi dos partidários bourguignons.

O 14 de julho seguinte é dia de festa em Paris! João sem Medo e a rainha Isabel da Baviera entram na capital, aplaudidos por uma população certa de ver enfim se anunciarem a paz e a segurança.

Porém, João sem Medo não aproveita muito tempo sua vitória. Um ano mais tarde, no dia 10 de setembro de 1419, um encontro está previsto em Montereau, na Île de France, entre o delfim e o duque de Borgonha. A tensão entre os dois partidos é forte, o ódio tenaz, o tom sobe rapidamente e Tanguy du Châtel, o antigo preboste de Paris tornado conselheiro do jovem Carlos, tira sua espada e a enfia no ventre de João sem Medo.

Assassinato previsto a sangue-frio? Explosão devido à cólera? Emboscada cuidadosamente preparada? Vai-se discutir muito tempo, mas as execuções sucessivas do conde de Armagnac e do duque de Borgonha fazem com que a História tome caminhos contrários. Nesse momento, é o rei da Inglaterra quem sai ganhando.

Pelo tratado de Troyes de 1420, Carlos VI aceita renegar seu filho, o delfim Carlos, e oferece sua filha, assim como o reino da França depois de sua morte, ao rei da Inglaterra Henrique V.

Pouco mais de um ano depois, Henrique V e Carlos VI, cavalgando lado a lado, estão em Paris. Pode-se imaginar a surpresa e a incompreensão dos parisienses: quem é o rei da França? Pergunta pertinente, pois Carlos não passa de uma sombra, apenas um símbolo, e Henrique já se vê sucessor, rei da França e da Inglaterra, o monarca mais poderoso do Ocidente. Porém, os sonhos humanos são limitados pela cruel realidade da morte... No mês de agosto de 1422, Henrique V, aos 36 anos, tem uma terrível crise de disenteria. Enfraquecido, torturado por dores insuportáveis, fica enfermo no castelo de Vincennes, e um eremita vem lhe anunciar o fim próximo... Ele recomenda sua alma a Deus e confia o governo da França a seu irmão João, duque de Bedford. Feito isso, expira como previsto, e é preciso pensar em se desfazer do cadáver. Procura-se um embalsamador para mandá-lo para Westminster, mas não se encontra nas redondezas nenhum especialista nessa arte delicada. Então se manda ferver o defunto rei e ele faz a última viagem através do canal sob a forma de um esqueleto desarticulado, cuidadosamente arrumado em pequenos pacotes de ossos esbranquiçados.

Sete semanas depois, no mês de outubro, Carlos VI, atingido por um mal misterioso, sai por sua vez de cena. Sabendo da morte do pai, o delfim, sem esperar, se proclama rei da França sob o nome de Carlos VII. No dia de Todos os Santos ele entra na catedral Saint-Étienne de Bourges usando o manto real, tecido de prata dourada e de ouro, forrado de arminho, e calçado com borzeguins estampados com a flor de lis.

Para os partidários do jovem rei, a verdadeira capital do reino permanece Bourges, pelo menos enquanto a Inglaterra ocupar as margens do Sena e possuir uma parte do território. Podem-se fazer as contas das terras controladas pelo duque de Bedford, e são impressionantes: mais da metade do reino, Bordeaux, a Normandia, a Champagne, a Picardia, a Île de France, Paris. E ele mantém sob sua influência os territórios de Felipe, o Bom, filho de João sem Medo: a Borgonha, o Artois e a Flandre.

Cada um dos dois inimigos, o duque de Bedford e Carlos VII, apoiado em suas terras, pretende partir à conquista do reino inteiro. E será uma sucessão de batalhas, de sítios e tomadas de cidades, de ocupações de praças-fortes que devastarão os campos durante combates intermináveis, semeando a morte, provocando fomes e epidemias.

Finalmente, esse Carlos VII magricela, com olhos de corça perdida, usa inteligentemente a bravura e a tenacidade de Joana d'Arc, talvez sua meia-irmã desconhecida, uma irmã que Deus teria transformado em pastora esclarecida para justificar e encorajar a reconquista do trono e do território.

Logo, do Avranchin à Picardia, províncias inteiras se revoltam contra a ocupação inglesa. Em 13 de abril de 1439, em Paris, os dobres de todos os sinos chamam o povo à insurreição e as ruas são barradas. Velhos tonéis cheios de terra e charretes tombadas compõem formas ameaçadoras, isolando as tropas inglesas. Pelos bairros, bandos esparsos de arqueiros inimigos vagueiam desordenadamente, sem comando, num ansioso salve-se quem puder...

Ao mesmo tempo, os soldados do rei contornam Paris e se apoderam de Saint-Denis. Por boatos cuidadosamente orquestrados, os franceses deixam pensar que seu exército se prepara para atacar pelo norte: as forças inglesas se precipitam para lá, enquanto o grosso das tropas francesas, fazendo um movimento de rotação, penetra na cidade pela Porte Saint-Jacques, ao sul.

A população parisiense aclama os soldados franceses. Soa enfim o momento tão esperado da libertação! Num derradeiro esforço, os ingleses mobilizam suas últimas tropas em torno da Bastilha, como se os muros espessos e a imponente aparência da fortaleza fossem lhes insuflar a energia da reação. Manobra desesperada e inútil: a orgulhosa cidadela capitula bem depressa.

Os oficiais do rei vão a Notre-Dame ouvir um *Te Deum* enquanto, sinal do retorno da abundância, uma procissão de cem carroças carregadas de trigo entra na cidade. Pouco depois, os arautos percorrem os bairros para anunciar a paz civil desejada pelo rei.

— Se existe alguém dentre vós que tenha cometido uma falta contra o rei, tudo lhe está perdoado. Tanto aos presentes quanto aos ausentes.

A indulgência soberana lança o véu do esquecimento sobre os anos passados, os colaboradores do ocupante — aqueles que são chamados "os franceses renegados"— são definitivamente anistiados. Carlos VII reconstrói seu reino sobre a clemência.

Entretanto, sua generosidade tem limites. Durante todos esses acontecimentos, ele não deixou Bourges. Ele consente em receber uma delegação parisiense que veio lhe implorar para voltar o mais rápido possível para a capital tradicional dos reis da França. O soberano escuta e não diz uma palavra. Na verdade, ele não tem a mínima vontade de reencontrar uma cidade que lhe traz lembranças tão pavorosas, da qual fugiu vergonhosamente outrora e que, no íntimo, ele considera decididamente desleal à coroa.

Porém, Paris é Paris... Depois de ter hesitado durante um ano e meio, Carlos VII faz sua entrada triunfal em Paris em 12 de novembro de 1437. Nessa ocasião excepcional, para celebrar esse reencontro tão longamente esperado pelos parisienses, para glorificar a união do soberano com sua capital histórica, dobram todos os sinos das igrejas, flores cobrem as ruas, bandeiras pendem das janelas e multidões alegres aglomeram-se na passagem do brilhante cortejo.

Ao som das trompas, oitocentos arqueiros e besteiros penetram na cidade, anunciando a chegada de Carlos VII. Esse aparece então, vestindo uma longa capa azul e dourada jogada sobre sua armadura, montado num corcel branco ajaezado de veludo azul constelado de flores de lis. Despertando a alegria popular à sua passagem, ele acolhe com um tímido aceno de mão os gritos de todo um povo ávido de descobrir seu soberano depois de uma espera tão longa.

Contudo, o rei não fica muito tempo: três semanas depois, muito feliz por deixar Paris, Carlos VII retorna a Bourges. De lá, continua a articular a guerra que acabará por expulsar os ingleses do reino da França...

* * *

Seu sucessor, Luís XI, também se manteve à distância de Paris, mas tem consciência da importância estratégica da cidade. É preciso vigiá-la de perto, e esse é o papel atribuído ao castelo de Vincennes. Depois da morte do rei da Inglaterra Henrique V, no torreão, a torre é abandonada. Talvez ela lembre demais a ocupação inglesa e as pretensões dos plantagenetas sobre os territórios da França. Doravante, esse torreão servirá de prisão. Luís XI, apesar de seu aspecto rude de homem de negócios, prefere um conforto menos austero... Em 1470, ele manda construir, no ângulo sudoeste da muralha, um elegante pavilhão de um só andar. Relança também a obra da capela do castelo, testemunha sublime da arquitetura do fim do século XV — o gótico flamejante — com uma nave de um só nível, mas de proporções vertiginosas. É verdade que a arquitetura de defesa não está mais na moda: a Guerra dos Cem Anos acabou há quase vinte anos, os domínios ingleses no continente foram retomados, corroídos, arrancados e o inimigo de ontem só conserva Calais, abertura para o mar e porto comercial. Resta a guerra contra Carlos, o Temerário, duque de Borgonha, mas sem aliados poderosos determinados a apoiá-lo, o combate do Bourguignon parece inútil: sem combater, Luís XI anexa a Borgonha à França em 1477.

Aliás, os costumes estão agora tão distantes dos combates, que Luís XI, fazendo um dia em Vincennes a revista dos nobres de sua corte, verifica que nenhum deles se apresenta com armas de guerra. Manda então distribuir a cada um deles um estojo com o material necessário para escrever...

— Já que vocês não estão em estado de me servir pelas armas, sirvam-me pela escrita — diz o rei.

Simples observação acerba ou premonição da importância cada vez maior da comunicação e da hagiografia?

Luís XI, entretanto, faz a guerra, mas prefere se valer de tratados, alianças e heranças. No fim de seu reinado, o reino está quase unificado. Seu filho, o rei Carlos VIII, pode olhar para fora, para a Itália, onde há terras a tomar. Ele quer conquistar o reino de Nápoles e logo atravessa os Alpes...

↓ Ⓜ ⑮ Qual foi depois o papel do castelo de Vincennes?

No início do ano 1661, o cardeal Mazarino, primeiro-ministro do jovem Luís XIV, encontrava-se muito mal. Suas pernas causavam-lhe muitas dores, ele tossia frequentemente. Depois de terem purgado bastante seu paciente, os médicos julgaram que o ar de Paris lhe era nefasto. Então o transportaram para o castelo de Vincennes onde se respirava melhor, diziam. Assim mesmo, o infeliz deu seu último suspiro no mês de março. Na mesma época, a corte veio aí se instalar provisoriamente, pois o Louvre queimara em parte e alguns tetos das galerias tinham desabado.

Luís XIV mandou restaurar o pavilhão de Luís XI, mas sua paixão por Versalhes cedo o afastou de Vincennes. Com a Revolução, o castelo foi transformado em arsenal. Em 1948, aí se instalou o serviço histórico do Exército.

Em 1958, mal foi eleito presidente da República, o general De Gaulle pensou em não se instalar no Elysée: ele julgava esse palácio parisiense pouco cômodo e não muito digno para receber chefes de Estado estrangeiros. Pensou então seriamente em estabelecer o centro do poder republicano no castelo de Vincennes, mas acabou renunciando à ideia.

Foi um novo adormecer para os edifícios. O torreão ameaçava cair em ruínas, e foi fechado em 1995. Doze anos depois, inteiramente restaurado, 20 mil blocos de pedra recolocados, ele reabria suas portas ao público como testemunha da arquitetura medieval de Paris.

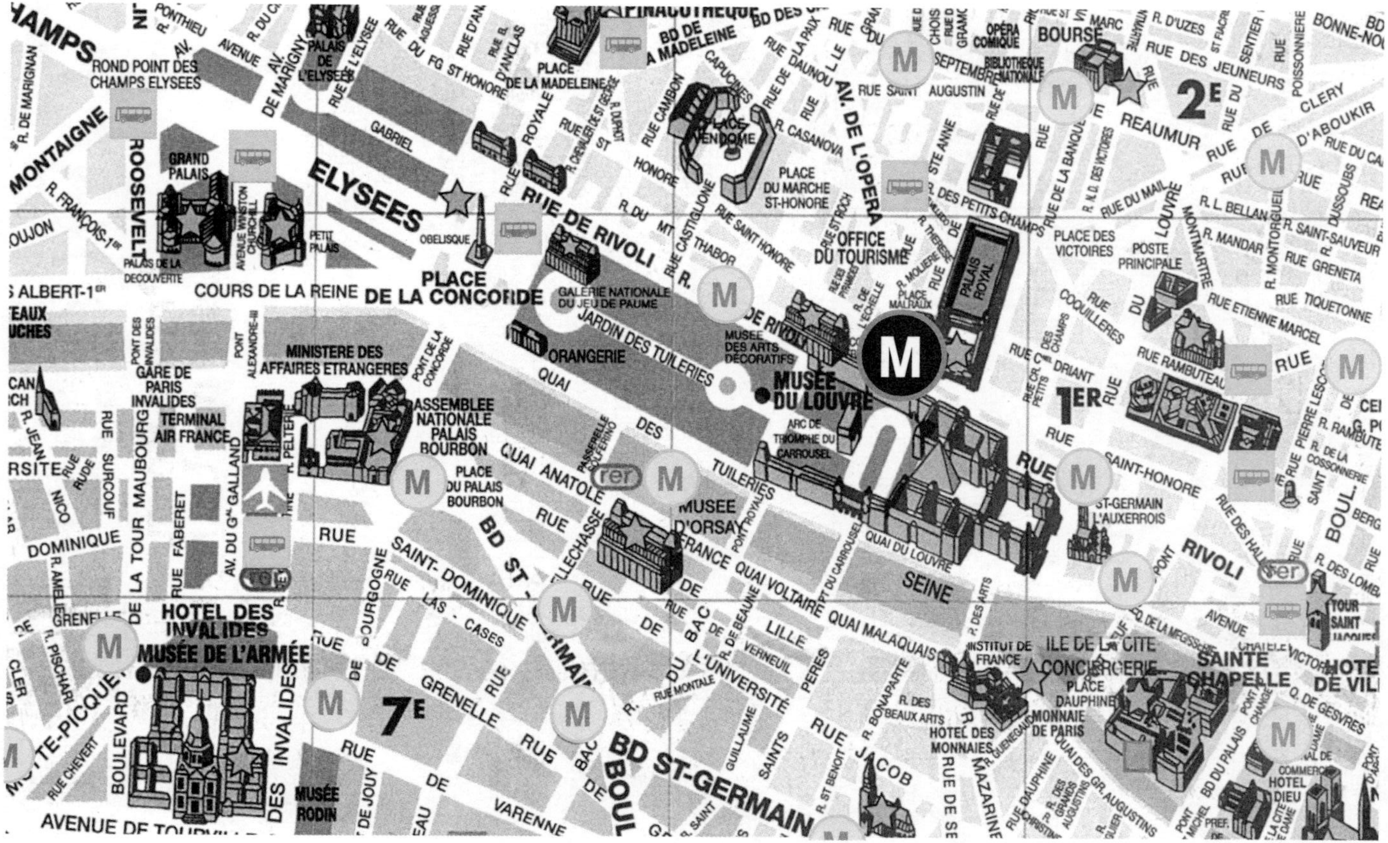

ROND POINT DES CHAMPS ELYSEES
MONTAIGNE
ROOSEVELT
GRAND PALAIS
PETIT PALAIS
AVENUE WINSTON CHURCHILL
PALAIS DE LA DECOUVERTE
ELYSEES
GABRIEL
PALAIS DE L'ELYSEE
RUE DU FG ST HONORE
PLACE DE LA MADELEINE
BD DE LA MADELEINE
RUE ROYALE
OBELISQUE
PLACE DE LA CONCORDE
COURS DE LA REINE
RUE DE RIVOLI
GALERIE NATIONALE DU JEU DE PAUME
JARDIN DES TUILERIES
ORANGERIE
PLACE VENDOME
RUE CASTIGLIONE
PLACE DU MARCHE ST-HONORE
AV. DE L'OPERA
OFFICE DU TOURISME
PALAIS ROYAL
MUSEE DES ARTS DECORATIFS
MUSEE DU LOUVRE
ARC DE TRIOMPHE DU CARROUSEL
OPERA COMIQUE
BIBLIOTHEQUE NATIONALE
BOURSE
RUE REAUMUR
2E
PLACE DES VICTOIRES
POSTE PRINCIPALE
RUE ETIENNE MARCEL
RUE RAMBUTEAU
1ER
RUE SAINT-HONORE
ST-GERMAIN L'AUXERROIS
RIVOLI
TOUR SAINT JACQUES
MINISTERE DES AFFAIRES ETRANGERES
PONT ALEXANDRE-III
PONT DE LA CONCORDE
GARE DE PARIS INVALIDES
TERMINAL AIR FRANCE
ASSEMBLEE NATIONALE PALAIS BOURBON
PLACE DU PALAIS BOURBON
QUAI ANATOLE
PASSERELLE SOLFERINO
MUSEE D'ORSAY
QUAI VOLTAIRE
QUAI DU LOUVRE
SEINE
QUAI MALAQUAIS
INSTITUT DE FRANCE
ILE DE LA CITE
CONCIERGERIE
PLACE DAUPHINE
MONNAIE DE PARIS
HOTEL DES MONNAIES
SAINTE CHAPELLE
HOTEL DIEU
BD DU PALAIS
RUE DE LA TOUR MAUBOURG
AV. DU GAL GALLAND
HOTEL DES INVALIDES
MUSEE DE L'ARMEE
BOULEVARD DES INVALIDES
MUSEE RODIN
7E
RUE SAINT-DOMINIQUE
RUE DE GRENELLE
RUE DE VARENNE
RUE DU BAC
RUE DE L'UNIVERSITE
RUE DE LILLE
BD ST-GERMAIN
RUE JACOB
RUE DES SAINTS PERES
RUE BONAPARTE
RUE MAZARINE
RUE DAUPHINE
QUAI DES GR. AUGUSTINS
AVENUE DE TOURVILLE

Século XVI

Palais-Royal–Musée du Louvre

Sombras e luzes do Renascimento

Quando se sai do metrô na estação Palais-Royal–Musée du Louvre, basta levantar os olhos para o "quiosque dos Notívagos" que o enquadra para compreender que o assunto é arte. Realizada na Place Colette no ano 2000 pelo centenário do metrô, essa construção colorida de Jean-Michel Otoniel provocou quase tantos debates quanto as entradas *art nouveau* do metropolitano, há mais de um século. Com efeito, Hector Guimard, campeão do *modern style*, concebeu as clássicas edículas que horrorizaram na época um grande número de nossos antecessores e são hoje adoradas por todos. Aliás, a estação conserva uma entrada Guimard na Place du Palais-Royal, você pode comparar: de um lado, pérolas de vidro enfiadas numa haste de metal; do outro, uma velha estação como aquelas de que a gente gosta, com sua placa amarela e verde, sua frisa de ferro forjado, seus globos vermelhos que se acendem como dois fanais na noite.

Palais-Royal–Musée du Louvre: essa dupla apelação é enganadora; o Palais-Royal não designa o Louvre, mas a rica residência que o cardeal de Richelieu mandou construir para ficar próximo de Luís XIII, que vivia no Louvre. Depois da morte do cardeal e da morte do rei, Ana d'Áustria, tornada regente, desejou marcar sua autoridade e seu gosto se estabelecendo em um novo palácio. Ela desejava um quadro de vida e de recepção mais agradável do que o velho Louvre. Para dizer a verdade, ela jamais suportou essa austera cidadela, suas salas frias, seus corredores escuros nos quais havia tantas correntes de ar. Para ela, o Louvre era a tristeza, o marasmo, a morte. Mostraram-lhe que o castelo tinha muitas qualidades e grandes vantagens: ele podia suportar um sítio, e proteger a autoridade real dos excessos do povo ou da agressividade dos exércitos inimigos. Mas a rainha não era uma estrategista e nada entendia dessa linguagem de soldado. Em 1644, com seus dois filhos, o futuro Luís XIV e Felipe de Orléans, ela ocupou a antiga residência de Richelieu, rebatizada então Palais-Royal.

Bastante remodelado, esse palácio, tornado republicano, está hoje ocupado pelo Conselho de Estado, no edifício principal, e pelo Ministério da Cultura no que concerne à ala direita. O interesse do Palais-Royal reside também em suas galerias alinhadas em volta do jardim, que fizeram dele o lugar mais agradável de Paris no século XVIII. O teatro do Palais-Royal, que fecha os jardins, data do fim do século XVIII, e permanece um dos mais belos de Paris.

Voltemos ao Louvre, pois estamos no século XVI e é ele que constitui o centro vivo dos acontecimentos desse período. Penetremos no pátio quadrado e dirijamo-nos para a ala Lescot: um vestígio de poço no solo marca a localização do antigo torreão da fortaleza, cujas dimensões não excediam um quarto do pátio atual.

Mais tarde, o Louvre tornou-se o mais vasto edifício da capital e o museu mais resplandecente do mundo pela amplitude de suas coleções... E tudo isso começou com Francisco I. As obras empreendidas por iniciativa do rei duraram finalmente trezentos anos e só foram verdadeiramente acabadas sob Napoleão III, no século XIX.

↓ M 16 **H, K, HHH, HDB... Como ler o Louvre?**

Cada um dos soberanos que contribuiu para o embelezamento do palácio assinou sua intervenção. Os H que podem ser vistos na fachada são a insígnia de Henrique II. Na fachada sul, descobrem-se os três H de Henrique III e o HDB de Henrique de Bourbon, isto é, Henrique IV. Quanto ao K, ele designa o rei Carlos IX.

O pátio quadrado atual foi iniciado por Luís XIII, com a ala Sully. Vê-se a insígnia do rei: o duplo lambda grego ou um A e um L entrelaçados, por Luís e sua esposa Ana d'Áustria. Foi finalmente Luís XIV que terminou o grande projeto, com as plantas de Le Vau para as alas norte e leste que ladeiam a Cour Carrée. Veem-se as insígnias reais: a letra L coroada ou as letras LB para Luís de Bourbon.

Façamos agora a volta do palácio, como podemos admirá-lo hoje.

O Rei Sol quis uma entrada grandiosa, orientada para a cidade, como um modo de impor seu grande poder e sua supremacia sobre os parisienses. Em 1671, ele encarregou então o arquiteto Claude Perrault (o irmão do Charles, autor dos contos de fadas) de construir a sublime colonada situada diante da igreja de Saint-Germain-L'Auxerrois. Porém, o conjunto não será terminado... Na realidade, Luís XIV, com os olhos voltados para Versalhes, não se ocupava mais com o Louvre. Será preciso esperar 1811 para ver terminadas as obras empreendidas um século e meio atrás.

Costeando o Sena, vê-se um longo edifício perpendicular ao rio, e que prolonga o palácio. É a Petite Galerie. Essa galeria de ligação, edificada sobre os fossos da muralha de Carlos V, foi desejada por Catarina de Médicis para ligar o Louvre ao palácio das Tulherias, que ela estava mandando construir. Essa Petite Galerie ficou tristemente célebre durante as guerras de religião: por muito tempo acreditou-se que, do alto do balcão do 1º andar, diante do Sena, Carlos IX atirou com bacamarte em direção aos protestantes, na Noite de São Bartolomeu. Errado: a galeria ainda não estava concluída em 1572. Hoje, o andar térreo e sobretudo o estupendo primeiro andar, tornado Galerie d'Apollon, oferecem uma bela ideia da magnificência dos apartamentos reais do *Grand Siècle*.

A Grande Galeria que costeia o Sena para oeste foi acabada sob Henrique IV. Veem-se aqui as insígnias do bom rei: um H e dois G entrelaçados, para Henrique e Gabriela (Gabrielle D'Estrées). Sob Luís XIII, cunhava-se aqui a moeda real, o famoso luís de ouro. No primeiro andar, Henrique IV organizava as caçadas à raposa, para iniciar seus filhos nas artes da caça.

A partir da porta do Carrousel, o edifício que vai até o pavilhão de Flore é uma reconstituição do que desapareceu por causa de um deslizamento do terreno. Nota-se que os H de Henrique foram substituídos pelos N de Napoleão III. O imperador não devia ser muito querido pelos operários da obra colossal: olhem para o alto dos ornamentos do pavilhão Lesdiguières, o N está ao contrário, uma maneira pacífica de derrubar o poder imperial!

Virando na esquina do pavilhão de Flore, depara-se com uma falha: o palácio das Tulherias, construído em meados do século XVI para Catarina de Médicis, não se levantou das cinzas. Realmente, incendiado durante a Comuna em 1871, ele poderia ter sido reconstruído, mas foi estupidamente demolido doze anos depois. O Carrousel marcava a entrada desse palácio desde o Primeiro Império, e é dele o único vestígio.

Passemos agora à Cour Napoléon, onde se encontra hoje a pirâmide de vidro. Uma impressionante galeria de estátuas dos grandes homens que fizeram a França nos observa do alto do telhado. É a Napoleão III que devemos as construções que enquadram esse pátio e que têm por objetivo corrigir a ausência de paralelismo entre os edifícios que ladeiam a rue de Rivoli e os que costeiam o Sena. Em compensação, foi o primeiro imperador quem mandou abrir a rue de Rivoli com suas galerias cobertas, iniciando assim um século XIX que será o das passagens oferecidas aos parisienses para seus passeios. É, pois, a ele que devemos os edifícios do Louvre até os guichês de Rohan, onde, no lado da pirâmide, as abelhas de Napoleão I nos lembram o mandante dos trabalhos. No lado da rua, os marechais do império observam impassíveis os balés dos carros que atravessam Paris por essa grande via leste-oeste, os mesmos carros que, para sair da cidade, serão novamente obrigados a cruzar com os marechais, tornados bulevares exteriores, antes de aceder ao Periférico.

A partir do guichê de Rohan, as construções que dão para a rue de Rivoli datam de Napoleão III, grande arquiteto desse colossal edifício que viu passar tantos regimes: mesmo a república deixou sua marca! Realmente, pode-se ver sobre as chaminés e as frisas do pavilhão de Marsan, o RF da Terceira República.

Fizemos a volta do palácio, penetremos agora no interior do museu pela pirâmide de vidro. Foi durante a Revolução, em novembro de 1793, que o museu da República abriu suas portas. Bastante enriquecido pelas campanhas de Napoleão, ele continua a se beneficiar da generosidade de prestigiosos doadores e possui hoje quase 350 mil objetos... contra 650 na abertura!

Quanto às salas, a mudança de vocação do palácio em museu modificou-as profundamente, mas algumas resistiram às transformações. Para nos limitarmos ao século XVI, citaremos o quarto de exibição de Henrique II e a escada Henrique II que leva da sala Henrique II à sala das Cariátides. Desse lugar magnífico vê-se ainda a parte de trás do coro da capela de são Luís situada na parede oeste, duas vezes mais espessa do que as outras, pois é um vestígio do Louvre de Felipe Augusto. Esse cômodo era a sala do tribunal, isto é, continha a tribuna onde o rei se sentava por ocasião das festas e das recepções. Seu trono era erguido sob a arcada central, entre duas colunas caneladas. Veem-se também as quatro cariátides que datam do início do palácio renascença. Ah!, se elas pudessem falar, teriam tanto a nos dizer sobre esse século rico em promessas...

* * *

Quando Francisco I volta a Paris em 1527, é um rei vencido e humilhado. Viu a catástrofe de sua expedição à Itália contra os exércitos de Carlos V. Feito prisioneiro, o soberano teve que pagar um resgate de 2 milhões de escudos para recuperar a liberdade depois de um ano de cativeiro. A quantia foi em parte paga pelos parisienses, ricos e pobres reunidos. Por isso, para agradecer tão bons súditos, o rei decide instalar-se momentaneamente no Louvre.

Finalmente, Francisco I transformou em vitória sua derrota italiana: a vitória de voltar para seu reino trazendo as luzes do Renascimento! Com efeito, ele traz da Itália tesouros artísticos e ideias novas. É o prosseguimento de uma política começada de longa data. Pois não tinha ele trazido, em 1515, mais do que a vitória de Marignan, Leonardo da Vinci que transportava a *Mona Lisa* em sua bagagem?

Como um símbolo dos novos tempos, abate-se o velho torreão do Louvre. É a torre de guarda de Clóvis que desaparece, a fortaleza dos normandos, a torre do conde de Paris; resumindo, é o fim da Idade Média...

Outras obras virão a seguir: a fortaleza medieval aos poucos se transforma em um castelo renascentista. A partir de 1546, o arquiteto Pierre Lescot constrói a metade da ala sul do lado oeste, a que marca a chegada do estilo renascença em Paris, com suas três sacadas, suas colunas que enquadram as portas, suas estátuas e seus frontões arredondados ou triangulares.

Trata-se quase do testamento artístico de Francisco I, que só viverá mais um ano e não verá o fim das obras. Definitivamente, para Paris, as promessas artísticas entrevistas no retorno da Itália, quase vinte anos antes, não foram cumpridas. O rei abandonou as margens do Sena pelas margens do Loire. Mandou começar obras dispendiosas para a construção de Chambord e a transformação dos castelos de Blois e de Amboise. É, aliás, perto de Amboise que Leonardo da Vinci viveu até sua morte, e sua obra emblemática, a *Mona Lisa*, foi depois pendurada nas paredes do castelo de Fontainebleau, que talvez tenha sido a residência preferida do rei.

Como a *Mona Lisa* chegou ao Louvre?

Depois da morte de Francisco I, o retrato deixou Fontainebleau para ser pendurado no Louvre, porém mais tarde Luís XIV tirou-o de lá para ornamentar as paredes do gabinete do rei, em Versalhes. Em 1798, a Mona Lisa *voltou para o Louvre, agora museu. Não por muito tempo: o Primeiro Cônsul Bonaparte mandou levá-la dois anos depois para os apartamentos de Josefina, no palácio das Tulherias. Finalmente devolveu-a ao Louvre em 1804.*

Em 1911, a obra de Leonardo da Vinci foi roubada por um operário italiano, Vincenzo Perugia, desejoso de restituir o quadro a seu país. Durante dois anos, o ladrão conservou a tela no fundo de uma mala, embaixo da cama em seu quartinho parisiense. Às vezes, ele abria a mala e a Mona Lisa sorria só para ele.

Reencontrada, a Mona Lisa, retomou seu lugar no Louvre. Ela saiu algumas vezes, pois viajou para ser admirada nos Estados Unidos, na

Rússia e no Japão. Desde 2005, o celebérrimo quadro está exposto na sala dos Estados, renovada e arrumada em sua intenção.

Só que o Renascimento não é unicamente o esplendor das artes e da arquitetura, é também o obscurantismo da intolerância religiosa...

Na manhã de 18 de outubro de 1534, os parisienses acordam para descobrir, sobre os muros da cidade, cartazes com títulos provocadores: *Artigos verídicos sobre os horríveis, grandes e insuportáveis abusos da missa papal...* "Não é possível que um homem esteja escondido num pouco de massa", escreve principalmente o autor dos libelos, fazendo alusão à hóstia da Eucaristia, que, para os que creem, é o próprio corpo de Cristo.

Esse movimento é orquestrado por alguns protestantes impacientes, desejosos de marcar a ruptura com o Catolicismo romano representada pela Reforma. Esse ataque frontal à missa e aos dogmas provoca escândalo e indignação, ainda mais porque algum anônimo ousou pendurar um desses cartazes no castelo de Amboise, bem perto do quarto de Francisco I! Esses panfletos zombeteiros parecem fazer tremer Deus, o rei e o país.

Em Paris, agora a cidade mais populosa da Europa, os 300 mil habitantes vivem no ritmo da Igreja e de seus ritos. Nessa atmosfera de fé exuberante e cega, a comunidade protestante, que reúne no máximo entre 10 e 15 mil almas, se esforçou até então por ser discreta. Essa história dos cartazes, chamada *Affaire des placards*, do termo *placarder*, cobrir de cartazes, lança sobre a Reforma uma luz violenta e inicia a repressão. De uma maneira bem significativa, e para bloquear o desenvolvimento da liberdade de pensar, Francisco I proíbe a imprensa e manda fechar as livrarias. Pelo menos assim, o povo não procurará mais argumentações odiosas em obras renegadas!

E, sobretudo, começa uma caçada furiosa contra os "hereges". Em nome da verdade divina condena-se, queima-se, faz-se procissão agora e sempre... A procissão, com efeito, continua a ser a mais alta expressão da fidelidade religiosa! Para cada festa litúrgica, para conjurar uma epidemia, para evitar uma colheita má, para pedir a misericórdia de um santo, para implorar um milagre, para acalmar a cólera do Céu, a população parisiense é chamada a se reunir aos cortejos piedosos que atravessam a cidade.

Às vezes, em caso de perigo para a capital, faz-se apelo à alma de santa Geneviève. Os monges de Saint-Germain-des-Prés, com roupas brancas semeadas de flores, fazem desfilar pelas ruas as relíquias da protetora de Paris, e é então um exagero de procissões que cortam a cidade: a das igrejas; a dos funcionários municipais, saída do Hôtel de Ville; a das cortes soberanas, saída do Palácio da Justiça; a do bispo, saída de Notre-Dame.

Mas, diante do desvio dos protestantes, não era possível desfilar como sempre, era preciso algo especial, raro, grandioso! Em 21 de janeiro de 1535, Francisco I participa de uma grande procissão expiatória que exibe por Paris as mais célebres relíquias da capital, todas oriundas da Sainte-Chapelle: a coroa de espinhos, uma gota do sangue de Cristo e uma gota do leite do seio da Virgem. E para ter certeza de acalmar a cólera divina, seis protestantes são queimados no adro de Notre-Dame. Tocado por essa atmosfera de perfeita fé, o rei toma a palavra publicamente, para vilipendiar os erros da Reforma:

— Eu quero que esses erros sejam banidos de meu reino e não quero desculpar ninguém... Se meus filhos fossem corrompidos, eu mesmo quereria imolá-los.

Para Paris, como para a França inteira, o belo Renascimento, aquele que fez viver as artes e celebrou a criação humana, morreu nesse dia. Restou o rancor, o ódio e a suspeita. Tudo em seguida vai se encadear com lentidão, mas de maneira irreversível...

* * *

Tarde na noite do sábado, 23 de agosto de 1572, o rei Carlos IX, neto de Francisco I, convoca ao Louvre o preboste dos mercadores e lhe ordena que feche todas as portas de Paris, que estenda correntes sobre o Sena para bloquear os barcos e que mantenha prontos os canhões nas encruzilhadas da cidade. Para os protestantes, a capital se transforma numa ratoeira.

Domingo de madrugada, dia de são Bartolomeu, uma tropa se dirige para o prédio que fica na esquina da rue de Béthisy e da rue de l'Arbre-Sec, onde mora o almirante Gaspard de Coligny. Esse importante personagem, chefe emblemático do partido reformado, está de cama, ferido num atentado de bacamarte dois dias antes.

Os soldados católicos arrombam as portas da residência e trucidam os guardas que lhes barram o caminho. Em seu quarto, o almirante não compreende o que está acontecendo e incita seus companheiros a fugir. Pelas janelas e pelos telhados, é um salve-se quem puder, e muitos conseguem escapar. Coligny enfrenta seus agressores.

— Jovem, respeite meus cabelos grisalhos e minha velhice — diz esse homem de 53 anos ao soldado que irrompe no quarto.

Ele não tem tempo de pronunciar nenhuma palavra mais: um golpe de espada lhe abre o crânio, e o corpo sem vida, precipitado pela janela, se espatifa no calçamento.

↓ (M) (16) **Do almirante de Coligny, o que ficou para a posteridade?**

A casa em que morava e onde morreu, desapareceu com a abertura da rue de Rivoli. Mas sua localização é lembrada por uma placa afixada ao número 144 dessa rua. Em 1811, Napoleão doou ao culto reformado o templo do Oratório, bem perto, no número 160 da rue de Rivoli. Na cabeceira desse lugar de culto protestante foi erguida, em 1889, a estátua do almirante. Com dez metros de altura, de mármore branco, essa obra do escultor Gustavo Crauck foi realizada graças a uma subscrição nacional da qual participaram católicos e protestantes, num espírito de reconciliação.

No momento em que o almirante está sendo trucidado, o lúgubre dobre dos sinos de Saint-Germain-l'Auxerrois põe-se a tocar. É o sinal do massacre generalizado. No Louvre, os nobres protestantes, apesar de hóspedes do rei, são acordados, desarmados e levados para o pátio. Lá, com a maior aplicação, a guarda suíça, ajudada pela guarda francesa, mata um por um com golpes de alabarda. Alguns tentam escapar, correm pelas galerias, mas são apanhados, e o sangue escorre pelas salas do palácio. Enquanto isso, a tropa que assaltou a residência da rue Béthisy, tendo realizado sua obra assassina, dirige-se para o *faubourg* Saint-Germain-des-Prés onde há mais protestantes para eliminar. Ela tem de atravessar a île de la Cité para alcançar a margem esquerda e passar pela Porte de Buci, mas essa está fechada por decreto real. Vão procurar a chave, abrem, passam enfim... Mas o sol já vai alto e os chefes protestantes, alertados por um negociante de cavalos que atravessou o rio a nado, estão reunidos à margem do Sena, numa elevação chamada Pré-aux-Clercs. Eles veem os soldados que se lançam contra eles, compreendem que a luta é inútil e fogem, a pé ou a cavalo. Começa uma corrida de perseguição que vai até Monfort-l'Amaury; alguns conseguem desaparecer, outros são passados a fio de espada.

Em Paris, no cemitério dos Inocentes, desabrocha nessa manhã um arbusto de rosas selvagens, murcho e seco há muitos anos, o que é considerado um sinal divino. Multidões acorrem para ver o prodígio: a florzinha branca é mesmo a prova de que o próprio Deus sorri ante o massacre dos hereges!

O povo católico de Paris mergulha então no terror, e cada um massacra seu protestante, homem, mulher ou criança. O cadáver de Coligny, descoberto pela multidão, é emasculado e depois jogado no Sena, onde apodrece durante três dias antes de ser exposto no pelourinho de Montfaucon. Em todo lugar os cadáveres são dilacerados, desfigurados, pois é urgente mostrar que não são seres humanos que são destruídos, mas demônios tentados pelo Diabo que são jogados no rio como lixo, e as águas do Sena se tornam vermelhas... O rei tenta, sem muito empenho, fazer cessar a matança, que prossegue durante vários dias e se propaga a outras cidades do reino.

Quantos inocentes morreram assim em Paris? É difícil saber, mas os historiadores estimam geralmente em 3 mil o número de vítimas.

* * *

Durante os anos seguintes, as tensões religiosas continuam vivas, e quando parece que o rei Henrique III, que vai morrer sem descendente, poderia ceder o trono ao protestante Henrique de Navarra, a cólera explode entre os católicos! A Santa Liga e seu chefe, o duque Henrique de Guise, não podem aceitar tal perspectiva, e mobilizam suas forças. Em 12 de maio de 1588, de manhã bem cedo, o rei, que deseja evitar a insurreição, manda entrar em Paris os 4 mil guardas suíços acantonados no *faubourg* Saint-Denis. Eles ocupam os pontos-chave da capital — a Petit Pont, a ponte Saint-Michel, o Mercado Novo, a Place de Grève, o cemitério dos Inocentes — e cercam o Louvre.

O rei pensa mandar prender e executar os dirigentes da Santa Liga, mas a população parisiense se insurge para defender os chefes católicos... Sob a direção da milícia burguesa, que representa os dezesseis bairros de Paris, artesãos, comerciantes e estudantes pegam em armas. Alabardas, bacamartes, espadas, lanças e foices se erguem em Paris. Por volta de meio-dia, a população bloqueia as artérias da cidade, alinhando barricas cheias de terra ou de pedras do calçamento... Esses obstáculos serão chamados barricadas. Companhias refugiadas no cemitério dos Inocentes não conseguem mais sair, outras estão imobilizadas na margem esquerda; ouvem-se tiros, jogam-se telhas dos telhados, uns cinquenta suíços são mortos e os corpos cobrem as ruas. Finalmente, os soldados mercenários, pouco inclinados a ter o ventre perfurado em nome do rei, depõem as armas, e, de joelhos, imploram a misericórdia do povo armado.

— Boa França! Misericórdia!

— Viva Guise! — respondem os parisienses.

Na Place Maubert, um advogado galvaniza a multidão:

— Coragem, senhores. Chega de esperar! Vamos prender e trancar esse rei herege no seu Louvre!

Henrique III resolve apelar para o chefe do partido católico, que passou discretamente esse dia de barricadas em sua residência no Marais. Vestindo um gibão de cetim branco, seu sinal de adesão, o duque de Guise sai de casa, toma Paris e instala suas tropas no Hôtel de Ville...

No dia seguinte, o rei sai do Louvre praticamente sozinho, e todo mundo pensa que ele quer apenas dar seu pequeno passeio cotidiano nos jardins... Ele se dirige às cocheiras das Tulherias, pula de repente em seu cavalo e parte a todo galope na direção de Chartres, onde está certo de encontrar alguns seguidores fiéis.

Decidido a retomar o poder, Henrique III manda assassinar o duque de Guise no mês de dezembro seguinte, em Blois, e prender os membros da Santa Liga, se preparando em seguida para sitiar Paris e ganhar a cidade.

No fim do mês de julho de 1589, Henrique III e suas tropas estão nas elevações de Saint-Cloud. Em Paris, cada um pega o que pode para se defender, pois os piores medos agitam a população: todos estão certos de que os protestantes vão cair sobre o rei e vingar a Noite de São Bartolomeu...

Mas não haverá combate. Em 1º de agosto, um monge fanático, Jacques Clément, mergulha seu punhal no ventre do rei.

— Monge maldito, você me matou! — exclama Henrique III.

Com efeito, seus intestinos pendem do ventre e borbulham, mas o soberano ainda leva muitas horas para morrer.

O único herdeiro da coroa é o protestante Henrique de Navarra, que pode então pronunciar o seu célebre adágio:

— Paris bem vale uma missa.

Ele se converte ao catolicismo e sobe ao trono com o nome de Henrique IV.

* * *

E o século termina na concórdia. No dia 30 de abril de 1598, o rei assina o edito de Nantes, que, apesar de suas imperfeições, permanece um ato de reconhecimento do protestantismo e um passo para a liberdade de culto, pondo fim a decênios de guerra civil. Nesse dia, Henrique IV ofereceu a Paris e à França o mais belo símbolo desse século, que, entre tristezas e dores, quis ser humanista e mensageiro de liberdades.

Infelizmente... Doze anos depois, em 13 de maio de 1610, a carruagem de Henrique IV se dirige para o Hôtel de l'Arsenal, onde o ministro Sully está de cama por causa de uma febre passageira. Na rue de la Ferronnerie, a carruagem fica presa num incidente de tráfico: uma carroça carregada de trigo e um transportador de vinho barram a passagem. Para liberar o caminho, os criados do rei deixam a carruagem sem vigilância... Um visionário católico, François Ravaillac, está à espreita. Ele acredita que Deus lhe falou e que ele recebeu a missão de converter todos os protestantes do reino à verdadeira fé. A carruagem real, imóvel, está parada diante dele. Ravaillac se precipita e apunhala duas vezes o rei (as armas do rei gravadas na calçada marcam o lugar do regicídio). O rei perde muito sangue, transportam-no rapidamente ao Louvre para chamar um cirurgião, mas já é tarde demais. Henrique IV morre no momento em que entra em seu palácio.

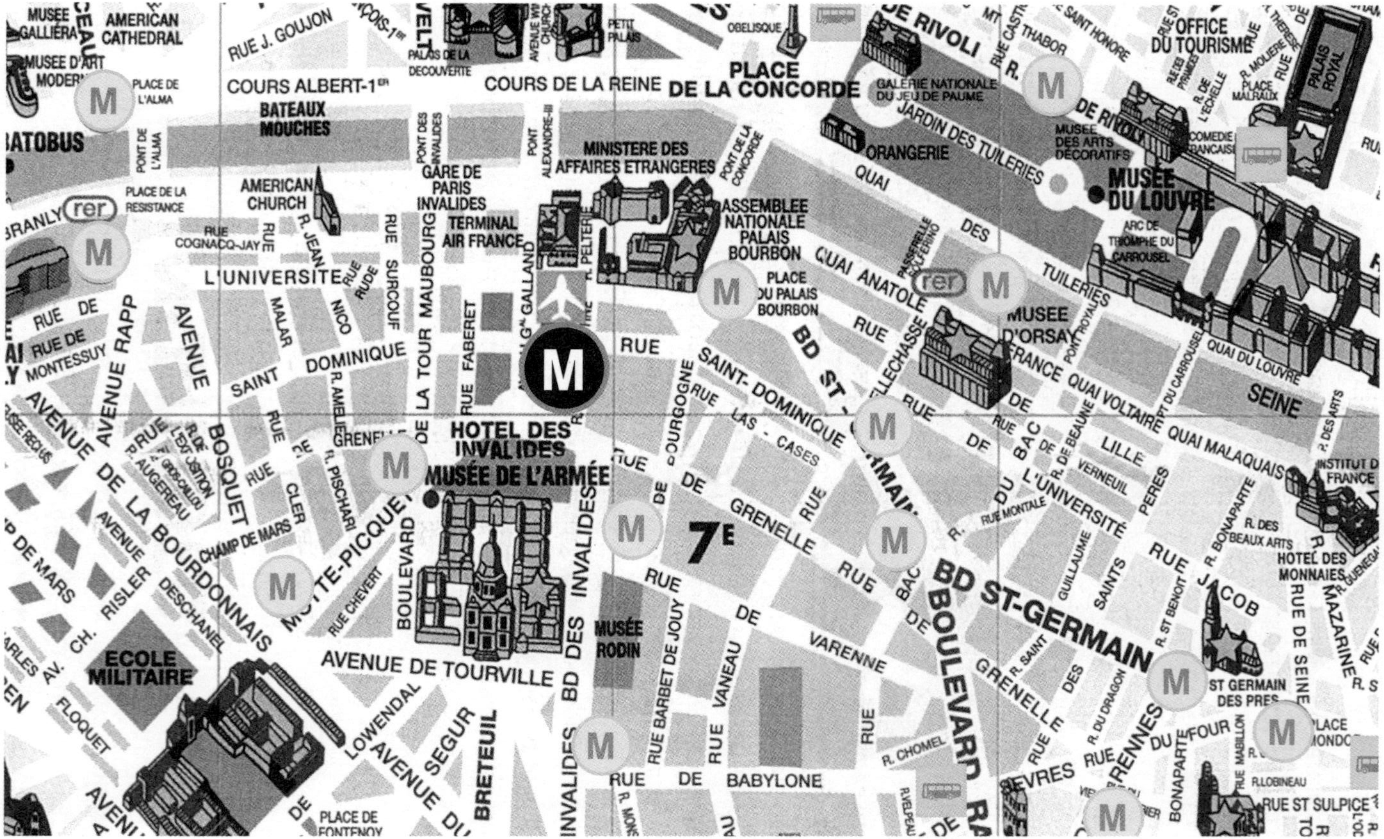
MUSEE GALLIERA
AMERICAN CATHEDRAL
MUSEE D'ART MODERNE
PLACE DE L'ALMA
RUE J. GOUJON
COURS ALBERT-1ER
BATEAUX MOUCHES
BATOBUS
PONT DE L'ALMA
PLACE DE LA RESISTANCE
AMERICAN CHURCH
RUE COGNACQ-JAY
R. JEAN
L'UNIVERSITE
RUE RUDE
RUE SURCOUF
NICO
MALAR
PALAIS DE LA DECOUVERTE
PETIT PALAIS
OBELISQUE
COURS DE LA REINE
PLACE DE LA CONCORDE
PONT DES INVALIDES
GARE DE PARIS INVALIDES
TERMINAL AIR FRANCE
PONT ALEXANDRE-III
MINISTERE DES AFFAIRES ETRANGERES
PONT DE LA CONCORDE
ASSEMBLEE NATIONALE PALAIS BOURBON
PLACE DU PALAIS BOURBON
R. PELTIER
RUE DE RIVOLI
RUE DE CASTIGLIONE
RUE DU MONT THABOR
RUE ST HONORE
OFFICE DU TOURISME
PALAIS ROYAL
GALERIE NATIONALE DU JEU DE PAUME
ORANGERIE
JARDIN DES TUILERIES
QUAI DES TUILERIES
MUSEE DES ARTS DECORATIFS
COMEDIE FRANCAISE
MUSEE DU LOUVRE
ARC DE TRIOMPHE DU CARROUSEL
R. DE L'ECHELLE
PLACE MALRAUX
R. MOLIERE
QUAI ANATOLE FRANCE
PASSERELLE SOLFERINO
MUSEE D'ORSAY
PONT ROYAL
PT DU CARROUSEL
QUAI DU LOUVRE
QUAI VOLTAIRE
QUAI MALAQUAIS
SEINE
P. DES ARTS
INSTITUT DE FRANCE
RUE DE MONTESSUY
AVENUE RAPP
AVENUE BOSQUET
RUE SAINT DOMINIQUE
R. AMELIE
LA TOUR MAUBOURG
RUE FABERET
AV. DU GAL GALLAND
HOTEL DES INVALIDES
MUSÉE DE L'ARMÉE
RUE DE GRENELLE
RUE CLER
R. PISCHARI
CHAMP DE MARS
AVENUE DE LA BOURDONNAIS
AVENUE RISLER
DESCHANEL
AV. CH. FLOQUET
ECOLE MILITAIRE
MOTTE-PICQUET
RUE CHEVERT
BOULEVARD
AVENUE DE TOURVILLE
LOWENDAL
AVENUE DE SEGUR
BRETEUIL
PLACE DE FONTENOY
BD DES INVALIDES
MUSÉE RODIN
RUE BARBET DE JOUY
RUE VANEAU
RUE DE BABYLONE
RUE DE VARENNE
RUE DE BOURGOGNE
RUE LAS - CASES
RUE DE BELLECHASSE
BD ST-GERMAIN
7E
RUE DU BAC
R. DE BEAUNE
RUE DE VERNEUIL
RUE DE LILLE
RUE DE L'UNIVERSITE
RUE MONTALE
RUE DES SAINTS PERES
GUILLAUME
R. SAINT
R. ST BENOIT
RUE JACOB
R. BONAPARTE
R. DES BEAUX ARTS
HOTEL DES MONNAIES
RUE MAZARINE
RUE DE SEINE
ST GERMAIN DES PRES
BOULEVARD RASPAIL
R. CHOMEL
RUE DE SEVRES
RUE DE RENNES
R. DU DRAGON
RUE DU FOUR
BONAPARTE
RUE MABILLON
R. LOBINEAU
RUE ST SULPICE
PLACE ODEON

Século XVII

Invalides

O preço do Grande Século

Ela é um pouco tristinha, a estação Invalides. Ela nos leva aos dourados e às magnificências do Grande Século, mas através de corredores cinzentos e escuros. Não faz mal, pois logo que saímos à superfície, descobrimos os esplendores e os espaços que Luís XIV desejou para Paris.

Nessa zona da margem esquerda, bastante afastada do centro da capital, só havia outrora terrenos lamacentos e pantanosos, de propriedade da abadia de Saint-Germain-des-Prés. O nome da planície de Grenelle e o da estação de metrô Varenne, não muito longe, designam, aliás, a mesma coisa: uma *garenne*, uma terra de caça imprópria para o cultivo, o que explica por que essa vasta superfície ficou tanto tempo inculta.

Luís XIV considerou a criação do Hôtel des Invalides nesse lugar abandonado como "a grande ideia do reino"... E, no que toca à grandeza, podemos confiar no Rei Sol: ele tinha competência para isso! Compreendendo que o culto prestado à sua pessoa era um culto prestado à França, ele mesmo foi o maior investidor de monumentos construídos à própria glória.

Em 1669, Jean-Baptiste Colbert, superintendente dos edifícios reais, pôs no papel, em desordem, algumas ideias para Paris: "Em todo lugar, projetos a continuar — Arco de triunfo para as conquistas terrestres — Observatório para os céus — Grandeza e magnificência."

Entretanto, foi a municipalidade de Paris que financiou os dois arcos de triunfo dedicados ao rei, erguidos no local das duas portas suprimidas num programa geral de embelezamento da cidade e de diminuição de instalações bélicas que tinham se tornado inúteis. O arco da Porte Saint-Denis foi erguido em honra das vitórias de Flandres; o da Porte Saint-Martin, mais modesto, foi erigido em lembrança da conquista da Franche-Comté.

Porém seria injusto ver apenas nas obras da época — iniciadas pela municipalidade ou pelo rei — monumentos elevados para celebrar a grandeza do trono. Um verdadeiro esforço foi empreendido também para tornar a cidade mais segura e lhe dar melhor qualidade de vida.

Na Paris do século XVII, as mais belas residências particulares, refinamento da arte e da arquitetura, ladeavam as sórdidas biroscas, as vielas imundas, as choupanas que exalavam miséria, crimes e doenças. Ali se entrelaçavam, numa arquitetura ousada e complicada, cabanas de madeira encimadas por chaminés oscilantes. Nesses bairros em que reinava a miséria e a feiura, grupos de ladrões se afrontavam e disputavam os burgueses que se perdiam por ali. O bando dos Rougets de casaco vermelho, o bando dos Grisons vestidos de cinza, o bando dos Plumets com grandes chapéus de plumas espalhavam o terror entre o povo e impunham sua lei.

Paris formigava e se agitava entre os tonéis dos aguadeiros, os grandes cestos de vime dos vendedores de aves, as pesadas carroças carregadas de grãos que obstruíam as vielas. Para circular, era preciso abrir caminho entre carruagens de aluguel, carroças e charretes carregadas, cortejos de bois indo para os matadouros, e o pobre pedestre arriscava a todo momento ser atropelado. Um artista chamado Guerard desenhou em uma gravura as confusões das ruas de Paris e traduziu em alguns versinhos as apreensões dos passantes:

Pour marcher dans Paris, ayez les yeux alertes.
Tenez de tous côtés vos oreilles ouvertes
Pour n'être pas heurté, culbuté ou blessé,
Car si vous n'écoutez, parmi le tintamarre:
Gare! Gare! Là-bas gare! Rangez-vous, gare!
*Tout du haut ou du bas, vous serez écrasé.**

Nas margens do rio, prosseguiram e se desenvolveram então trabalhos de fôlego para uma obra que nos parece ter sempre feito parte da paisagem parisiense: os cais do Sena. Os séculos passados tinham trazido alguns melhoramentos, Henrique IV e Luís XIII tinham, em sua época, domesticado as margens, principalmente ao longo do Louvre e na Place de Grève, graças a aterros de pedra suscetíveis de permitir um passeio sem emporcalhar muito os pés e, sobretudo, capazes de conter as águas em caso de enchente.

Na margem direita, estirava-se, entre o Quai de la Grève e o de la Mégisserie, uma longa faixa de terra friável, que se transformava num campo lamacento à menor chuva: as charretes que desciam até o rio atolavam regularmente. Para acabar com essa lama repugnante, o rei pediu, em 1664, ao marquês de Gesvres que construísse um cais entre a ponte Notre-Dame e a Pont-au-Change — ele tem hoje o nome de seu construtor e a plataforma do metrô da linha 7, na estação Châtelet, foi construída a partir das arcadas que o sustentavam. Olhe essa plataforma na direção de Mairie d'Ivry-Villejuif, as abóbodas são mais baixas: são as fundações do século XVII.

---

* Para andar em Paris, tenha os olhos alertas,
E pra todos os lados ouvidos abertos,
Para não ser ferido, esmagado ou virado,
Pois se não ouvir, no meio da confusão:
Atenção! Atenção! Olha a frente, atenção!
Ou por cima ou por baixo, será atropelado. (N.T.)

Onze anos depois de sua construção, a obra foi completada por um outro cais, entre a ponte Notre-Dame e a Place d'Hôtel-de-Ville, ao qual foi dado o nome de Le Pelletier, na época preboste dos mercadores (os dois cais serão reunidos em 1868, com o nome de Gesvres). Na margem esquerda, obras semelhantes foram feitas, sobretudo para a construção do Quai Conti.

* * *

Luís XIV iniciava e acompanhava essas transformações por dever de soberano, mas sem grande entusiasmo. No fundo, ele nunca amou Paris. Em todo caso, nunca confiou nos parisienses. E não foi à toa que finalmente se afastou da capital para se estabelecer em Versalhes com seu governo e toda a sua corte. Ele se lembrava muito bem de como tinha sido humilhado em Paris durante a infância... A Fronda então fazia vacilar o trono, e ninguém acreditava que aquele garotinho de onze anos fosse reinar um dia. Sua mãe, Ana de Áustria, regente do reino, decidiu fugir de uma Paris que a ameaçava.

Na noite de 5 para 6 de janeiro de 1649, Paris celebrava a Epifania. Se as ruas estavam desertas naquele inverno frio, as janelas estavam iluminadas, em todos os lugares se festejava alegremente. No Palais-Royal, o banquete prolongou-se noite adentro. A rainha comeu a sua parte da *galette* e encontrou a fava, então a enfeitaram com uma coroa de cartolina, e todo mundo se divertiu.

Pouco depois da meia-noite a soberana se retirou para seu gabinete, como costumava, fez a toalete e oficialmente se deitou... Mas logo se levantou para acordar os dois filhos. Ana de Áustria, acompanhada por Luís e Felipe, desceu por uma escada escondida, atravessou uma porta discreta e chegou aos jardins do palácio. Nesse lugar, já os esperava a comitiva: três carruagens encarregadas de levar para longe de Paris o jovem soberano, seu irmão e sua mãe.

A notícia dessa partida precipitada não tardou a se espalhar na corte e semeou a agitação, pois cada um recebeu a ordem de seguir a rainha em fuga. Nessa mesma noite, algumas horas mais tarde, longos cortejos de veículos brasonados levaram, através dos campos, homens vestidos às pressas, mulheres desarrumadas e crianças sonolentas.

No fim de um percurso cansativo, a pesada silhueta do castelo de Saint-Germain-en-Laye surgiu na paisagem perolada de geada, escuro navio com torres ornadas de ameias emergindo de um mar paralisado de frio. No interior, nada estava pronto para os hóspedes reais: segundo o costume, os móveis tinham sido retirados para o inverno. As salas estavam nuas, geladas. Apenas o rei, seu irmão, a rainha e o cardeal Mazarino encontraram modestas camas de campanha, todos os outros foram obrigados a se deitar em colchões de palha rudimentares postos no chão.

Nos corredores atopetados por uma multidão desemparada e de muito mau humor, podia-se encontrar uma parte da nobreza do reino. Os cortesãos, vestidos com roupas amassadas, descabelados, preocupados, choravam o conforto perdido de seus alojamentos parisienses e trocavam confidencialmente as últimas notícias da capital. Lá, diziam, a notícia da fuga real provocara a estupefação. Apesar da pouca idade, Sua Majestade era considerado o pai de seus súditos, o protetor da nação, o soberano de direito divino cuja presença na sua boa cidade tranquilizava e reconfortava. Com sua ausência, instalava-se o medo, medo do desconhecido, medo das calamidades futuras. Por seu lado, o Parlamento debatia longamente que atitude tomar. Finalmente, resolveu enviar uma embaixada a Saint-Germain para implorar à regente que trouxesse de volta o rei para Paris. Mas quando esses senhores se apresentaram no castelo, a rainha recusou-se secamente a recebê-los, sem nem mesmo tentar salvar as aparências nem poupar as suscetibilidades.

Durante esse tempo, o Hôtel de Ville tinha se tornado um centro mundano onde burgueses insurrectos e nobres da Fronda vinham se exibir! Festas e farândolas animavam os salões e, ao som dos violinos, dançava uma sociedade mais ávida de prazeres que de combates. Mas também era preciso que os parisienses mostrassem sua cólera. Viraram um canhão para as pesadas muralhas de pedra da prisão da Bastilha e dispararam seis obuses, que não lhes fizeram muito mal.

Tendo realizado essa "proeza", invadiram sem dificuldade a fortaleza. E, para celebrar essa vitória fundamental, belas damas e grandes senhores vieram aos montes esvaziar as garrafas acumuladas nas adegas da prisão.

A birra da regente contra a capital durou sete meses, após os quais ela voltou para o Palais-Royal.

Dois anos mais tarde, nova humilhação em Paris. Na noite de 9 para 10 de fevereiro de 1651, os príncipes da Fronda, apavorados com a ideia de ver Ana de Áustria e seu filho deixarem novamente a capital, mandaram fechar as portas da cidade e convocaram a milícia burguesa. Naquela noite, ninguém entrou nem saiu de Paris, mas, mesmo assim, ficou uma dúvida: a rainha e o rei estariam ainda dentro da cidade? Já não teriam fugido? A fim de tranquilizar a todos, Gastão de Orléans, tio do pequeno Luís, enviou ao Palais-Royal o capitão dos guardas suíços, com a missão de ver a pessoa do rei...

É verdade, a soberana estava decidida a abandonar Paris, ela temia o retorno da Fronda, a revolta popular, o furor das multidões. Infelizmente para ela, a chegada do guarda suíço a impediu de sair do palácio. O menino-rei, já todo vestido e calçado, teve que se deitar depressa e fingir que dormia a sono solto, enterrado até o queixo nas cobertas para esconder sua roupa... Abriram as cortinas da cama, como para uma representação teatral, e o suíço, consciente do importante dever que devia executar, deu uma olhada no quarto real. Para seu profundo contentamento, viu o jovem monarca... Mas não era suficiente: diante do palácio, o povo estava na rua e pretendia ver Luís XIV com os próprios olhos. Foi preciso passar por isso... Silenciosamente, uma multidão com rostos ameaçadores, na qual se misturavam operários, carregadores, lavadeiras, passava diante do leito real, observando o menino pretensamente adormecido. Algumas boas senhoras se persignaram diante do jovem de cachos louros e murmuraram preces em sua intenção antes de voltarem para a rua, satisfeitas e tranquilizadas.

Essas afrontas não se esquecem. Podemos compreender um pouco melhor porque Luís XIV quis fazer de Paris uma cidade aberta, certamente para embelezá-la, mas, sobretudo, para enfraquecê-la. Avenidas e bulevares substituíram as muralhas, a cidade estava oferecida...

↓ Ⓜ 17 **Boulevard, uma palavra tipicamente parisiense?**

Em 1670, Luís XIV ordenou a destruição da muralha de Carlos V, tornada duplamente inútil, de um lado em razão da evolução das técnicas militares, de outro lado por causa da urbanização de bairros fora dos muros.

Na margem direita, a muralha foi substituída por um bulevar indo da Bastilha à igreja Madeleine, onde as pessoas podiam passear.

A palavra francesa boulevard *aparece nessa época para designar essa novidade. É portanto tipicamente parisiense!*

Na verdade, tem uma dupla origem. Vem primeiramente do termo holandês bolewerk, *que significa "obra de fortificação" (de* bol, *viga e* voerk, *obra). Esse termo designava, pois, a muralha. Mais tarde, quando a muralha foi demolida, deu lugar a uma avenida ou um passeio guarnecido de árvores... Os parisienses os chamavam* boules vertes, boulevert, *depois* boulevard. *E boulevard tornou-se lugar de lazer, de passeio, de sonho...*

Luís XIV reservou a Versalhes seus caprichos arquiteturais e seus entusiasmos artísticos. Fez, no entanto, uma importante exceção ao vir em socorro da multidão de soldados feridos ou mutilados no serviço de sua grandeza militar... O rei não ignorava a quem devia suas vitórias: à infantaria mobilizada para suas custosas campanhas. Então cuidou deles, desses pequenos, desses obscuros, e seu reconhecimento deveria ser lido na pedra... Ele conseguiu. Ainda hoje, vê-se de longe essa cúpula iluminada de ouro, que se ergue a quinhentos metros acima de uma esplanada deserta, campo de batalha adormecido devolvido à serenidade da paz reencontrada: os Invalides.

* * *

Quando Luís XIV, confortavelmente instalado em sua carruagem, atravessa Paris, quando ele passa a Pont-Neuf coalhada de poetas, vagabundos, vendedores de gazetas e domadores de ursos, seu coração se aperta ao ver os pernetas, manetas, os sem as pernas, os vesgos ou os cegos, esses estropiados que deixaram suas forças no campo de honra e que levam uma existência de miséria e vergonha na mendicância.

No plano humano, o rei fica um pouco abalado. No plano político, fica aniquilado. Com efeito, esse reverso da medalha militar ou esse avesso do cenário é um pouco visível demais. Ele, que ama tanto a guerra, dela só deseja conservar a imagem do penacho e da coragem, quer esquecer que os conflitos levam a homens despedaçados, a carnes feridas, a vidas acabadas. É preciso, pois, afastar esses inválidos do centro de Paris, escondê-los o melhor possível, pois são todos os sóis negros do reino, a sombra da realidade sobre a luminescência real.

Decididamente, a escolha da localização do Hôtel des Invalides nessa planície de Grenelle tão isolada não desagrada ao rei. Pelo menos esses estropiados não serão mais vistos! Essa cúpula de ouro que fascina terá outra função que a de esconder a noite daqueles que sofrem?

Em 1674, Luís XIV atribui por decreto a função dos edifícios cuja construção acaba de ser concluída: "Uma residência real de uma grandeza e espaço capazes de acolher e alojar todos os oficiais e soldados tanto estropiados quanto velhos e caducos, e de garantir fundos suficientes para seu cuidado e sua subsistência."

O rei tem razão em se preocupar com os estropiados, porque a guerra, que ainda continua de uma maneira ou de outra, numa terra ou em outra, vomita cada dia seu lote de mutilados. Em 11 de agosto daquele ano, 45 mil homens de seus exércitos, comandados pelo príncipe de Condé, venceram os 60 mil holandeses e espanhóis de Guilherme de Orange. Sete mil franceses são mortos nessa batalha que dura um dia e uma noite perto de Mons, na Bélgica, a uns cinquenta quilômetros de Bruxelas. Porém, não são os corpos deixados no campo de batalha que preocupam o soberano, mas os milhares de sobreviventes que voltam ao reino com as pernas cortadas, os olhos furados, os braços arrancados.

Entre os oito projetos monumentais apresentados para o abrigo destinado aos estropiados, o rei escolheu o de Libéral Bruant, o arquiteto que já tinha imaginado e construído o hospital de Salpêtrière. Pois aos Invalides destinados aos militares corresponde no mesmo período o hospital de Salpêtrière, aberto para os civis, um asilo para encerrar sem distinção nem grandes cuidados quase 40 mil vagabundos, mendigos ou doentes que, segundo o rei, ameaçam a segurança pública. Uma prática aterradora que, infelizmente, faz lembrar outras épocas... Eis a principal herança de Luís XIV para Paris: uma cidade arejada, livre de seus vagabundos, de seus estropiados, encerrados bem longe na periferia.

Para os Invalides, o projeto é simples, imponente, evidente: em dez hectares, um grande pátio cercado por outros pátios menores, prédios retilíneos, e, no centro, a igreja consagrada ao mesmo tempo ao rei e aos aleijados.

No mês de outubro desse ano de 1674, os primeiros sobreviventes entram em sua nova morada. Cerimônia emocionante, os tambores rufando no campo enquanto a coorte de velhos soldados é acolhida pelo próprio rei, acompanhado por François de Louvois, ministro da Guerra. Os inválidos não são rancorosos: eles aplaudem Sua Majestade, sem dúvida estão aliviados por terem agora cama e comida garantidas.

Cama e comida, certamente, mas não serenidade... Pois a disciplina é férrea no Hôtel des Invalides: os exercícios militares são obrigatórios, o vinho e o tabaco proibidos, o respeito aos ofícios religiosos exigido. Pobres deficientes, obrigados a se submeter, mesmo reformados, ao regulamento cego e obstinado dos exércitos!

Os soldados são alojados em quartos de quatro ou seis homens, enquanto os oficiais ocupam quartos de dois ou três, apenas, dispondo ainda de uma lareira. Concebido para receber 1.500 pensionistas, o hotel chega a acolher até 6 mil inválidos, apesar das severas condições de admissão e de uma ordem cada vez mais rigorosa.

Percorrendo hoje o pátio de honra, parece-nos mergulhar imediatamente no meio daqueles homens destruídos pela guerra, pois o conjunto está admiravelmente bem-conservado: as escadarias com balaústres, as vigas e os corredores estão como eram no fim do século XVII. Esse pátio compreende, no andar térreo, os refeitórios dos soldados inválidos. Os dormitórios são no primeiro andar. Hoje os refeitórios estão ocupados pelo museu do Exército, mas podemos ainda imaginar suas vastas proporções e encontrar a atmosfera geral de outrora ao admirar os afrescos que glorificam as múltiplas vitórias militares de Luís XIV.

Subindo ao primeiro andar, tem-se acesso aos antigos quartos que davam para a galeria. Os degraus das escadas que nos levam aí, muito pouco inclinados, nos lembram de que eram destinados a mutilados. Chegando ao topo, veem-se nomes e desenhos gravados nas paredes e também vestígios das numerosas pequenas ocupações exercidas pelos inválidos para passar o tempo. Dirijam-se ao noroeste, para o corredor de Quesnoy, atrás da estátua do Granadeiro: verão, traçado no parapeito da direita, um sapato com salto inclinado, lembrando a moda dos saltos vermelhos reservada à nobreza sob Luís XIV; é um grafite do *Grand Siècle.* Há um outro bem ao lado, acima do parapeito situado à direita, pegando o corredor oeste.

É no pavilhão norte que então se situam a entrada principal, as salas da administração e o alojamento do governador. E é diante dessa entrada que se ergue o cavalo de pau. Esse verdadeiro instrumento de tortura representa uma punição temida pelos pensionistas. Pois, ao menor pecadilho, ao menor erro, pune-se, humilha-se... Esse cavalo de pau é uma espécie de pelourinho, onde, durante muitas horas, o culpado é exposto às zombarias de seus camaradas e aos olhares dos visitantes. Pois há visitantes! O Hôtel des Invalides torna-se um passeio muito apreciado pelos parisienses, que aqui vêm tanto para se nutrir com a infelicidade dos outros como para ouvir os velhos soldados contarem suas campanhas e suas proezas. No fundo, encontra-se nos Invalides um livro de História sempre aberto, sempre pronto a ser folheado. Os jovens visitantes cantam o refrão da moda...

Dites-nous donc la belle
Où donc est votre mari?

Il est dans la Hollande
Les Hollandais l'ont pris[**]

E os velhos combatentes contam a sua guerra da Holanda, nos tempos em que se ia morrer nos pôlderes daquele planiço ou ser ferido pela Inglaterra, aliada da Holanda, pois coalizões foram feitas, desfeitas e refeitas.

— Mais de oitenta navios e dezesseis barcos incendiários holandeses transportando pólvora estavam engajados na batalha — conta um marinheiro sem pernas. — Os canhões avançavam sua goela nas portinholas do convés, os marinheiros dos barcos incendiários se aproximaram dos navios, ateando fogo nos cascos e fugindo em pequenas canoas depois de terem queimado as próprias embarcações! O mar tornara-se um imenso incêndio, e, nessa fornalha, os navios se enfrentavam, as bocas de fogo cuspiam, os mastros se rompiam... Ah, meu Deus!, você pode acreditar, os projéteis jorravam, havia chamas por todo canto, os arpéus se agarravam nas bordas para a abordagem, e os gritos dos feridos ressoavam em meus ouvidos...

Porém se o Hôtel des Invalides é operacional e se compreende então, além do asilo e de um hospital, uma fábrica de uniformes, ainda falta o edifício que deve completar o conjunto: a igreja Saint-Louis. Libéral Bruant, o arquiteto, hesita, tergiversa, ele não está satisfeito com seu projeto e volta perpetuamente atrás com uma construção que julga sempre imperfeita. Louvois, o ministro da Guerra, está irritado, mas espera com paciência ainda dois anos. Finalmente, envia o homenzinho de volta a suas quimeras e o substitui por um de seus alunos, um jovem de apenas trinta anos: Jules Hardouin-Mansart.

** Diga-nos, ó bela,
Onde está o seu marido?
Ele está na Holanda
Por holandeses retido. (N.T.)

Na verdade, não foi somente numa questão de estética arquitetônica que Bruant tropeçou, foi também num problema de prerrogativa e de precedência: como marcar, num único lugar de culto, a função real e a destinação popular? Como acolher, ao mesmo tempo, porém de maneira diferente, o Rei Sol e seus mais humildes servidores? Hardouin-Mansart encontra a solução. Com ele, o edifício se desdobra em um conjunto arquitetônico coerente: a nave representa a igreja reservada aos inválidos; sob a cúpula, o coro materializa a capela real.

Louvois toma a frente dos trabalhos, atribui à obra créditos cada vez mais importantes, vigia o andamento da construção. Quase todo dia ele vem para o canteiro e se desespera, pois tudo anda muito lentamente. É preciso cuidar dos mínimos detalhes, retomar os afrescos, alinhar uma lucarna, corrigir os troféus de armas gravados na pedra, acrescentar um símbolo heráldico...

— Apresse-se, se quer que eu veja a cúpula terminada — murmura o ministro ao arquiteto.

Infelizmente, ele morre em 1691, bem antes do término definitivo do edifício.

↓ (M) (17) O que resta de Louvois nos Invalides?

Luís XIV está num bom lugar, montado em seu cavalo na entrada da fachada exterior norte dos Invalides, e, se o seu rosto foi martelado na Revolução, ele foi perfeitamente reparado sob a Restauração.

Mas o marquês de Louvois convidou-se engenhosamente, incrustando seu nome, sob forma de charada, no pátio de honra. Observe os frontões dos telhados compostos de troféus de armas dedicados à glória militar: sobre a fachada leste, a da direita quando se dá as costas à estátua de Napoleão, repare no sexto frontão a partir do imperador...

A decoração da lucarna representa um lobo que observa o pátio com um olhar fixo! Você compreendeu: "Le loup voit", o lobo está vendo. O querido marquês assinou a obra à qual dedicou uma grande parte de sua vida.

A construção desse edifício dura mais de trinta anos. Depois da morte de Louvois, o rei em pessoa ocupa-se dele. Chega até a visitar o hotel incógnito. Manda parar sua carruagem à distância, e, acompanhado apenas por alguns cortesãos, atravessa a pé os últimos metros que o separam do local. Guiado por Hardouin-Mansart, Sua Majestade vem constatar o efeito de uma escultura ou o desenvolvimento de uma ogiva.

Finalmente, o domo mais alto de Paris só é terminado em 1706, quando o Rei Sol não passa de um velho desdentado, cujo rosto tomou uma tonalidade de marfim amarelado.

Mas o desejo expresso outrora pelo poderoso monarca perdurou: aqui se ergue ainda um hospital para os soldados, mesmo que o número de pensionistas tenha passado de 6 mil... a uma centena! Esse lugar desejado pelo rei permanece o sinal visível de um brilho militar que dissimula sob seus dourados o sórdido e o sinistro da guerra, a miséria e a dor dos homens sacrificados pela grandeza da nação.

↓ Ⓜ 17 Por que Napoleão nos Invalides?

Tornado templo da Vitória a partir da Revolução, a igreja conserva hoje esse papel de santuário para o exército, seus homens, sua história.

Napoleão teve, para com os Invalides, um respeito bem militar. Ele visitava regularmente os estropiados, organizou entre suas paredes as primeiras cerimônias de concessão da Legião de Honra, dotou o hotel de um orçamento importante.

Em dezembro de 1840, trazidos de Santa Helena, os despojos do imperador foram naturalmente depositados na igreja dos Invalides. Parece, entretanto que o rei Luís Felipe hesitou muito tempo sobre o último destino do célebre túmulo. Após dois anos de hesitações, Sua Majestade encomendou um monumento ao arquiteto Luís Visconti (autor também da fonte de Saint-Sulpice). Sob a cúpula, fez-se uma imensa escavação. O corpo do imperador aí foi instalado em seu uniforme verde dos caçadores da Guarda.

O túmulo, talhado em blocos de pórfiro púrpura, pedra dos imperadores, foi colocado sobre uma base de granito verde dos Vosges, cercada por uma coroa de louros e por inscrições lembrando as vitórias napoleônicas. À sua volta, na cripta, estão expostos os túmulos de alguns membros de sua família, como l'Aiglon (seu filho), ou ainda os de grandes militares que serviram a França, como Vauban, Turenne, Foch, Juin ou Leclerc.

No lado de fora da igreja, a oeste, talvez você repare, sob uma árvore, uma modesta lápide abandonada, é a pedra original do túmulo do imperador trazida de Santa Helena!

Napoleão trona também no primeiro andar do edifício, bem visível do pátio de honra. Encomendada em 1833 por Luís Felipe ao escultor Charles Émile Seurre para ser colocada no alto da coluna Vendôme, a estátua foi daí descida em 1863 por Napoleão III para ser substituída por uma imagem mais digna: Napoleão vestido com a toga de César. A estátua de Napoleão com o chapéu de dois bicos, a mão enfiada no colete, foi primeiramente exposta na rotunda de Courbevoie. Na queda do Segundo Império, esse Napoleão de bronze foi jogado no Sena. A estátua escapou assim aos prussianos em 1870, e à Comuna em 1871. Repescado em 1876, foi esquecido durante 35 anos. Em 1911, encontrou enfim seu lugar nos Invalides.

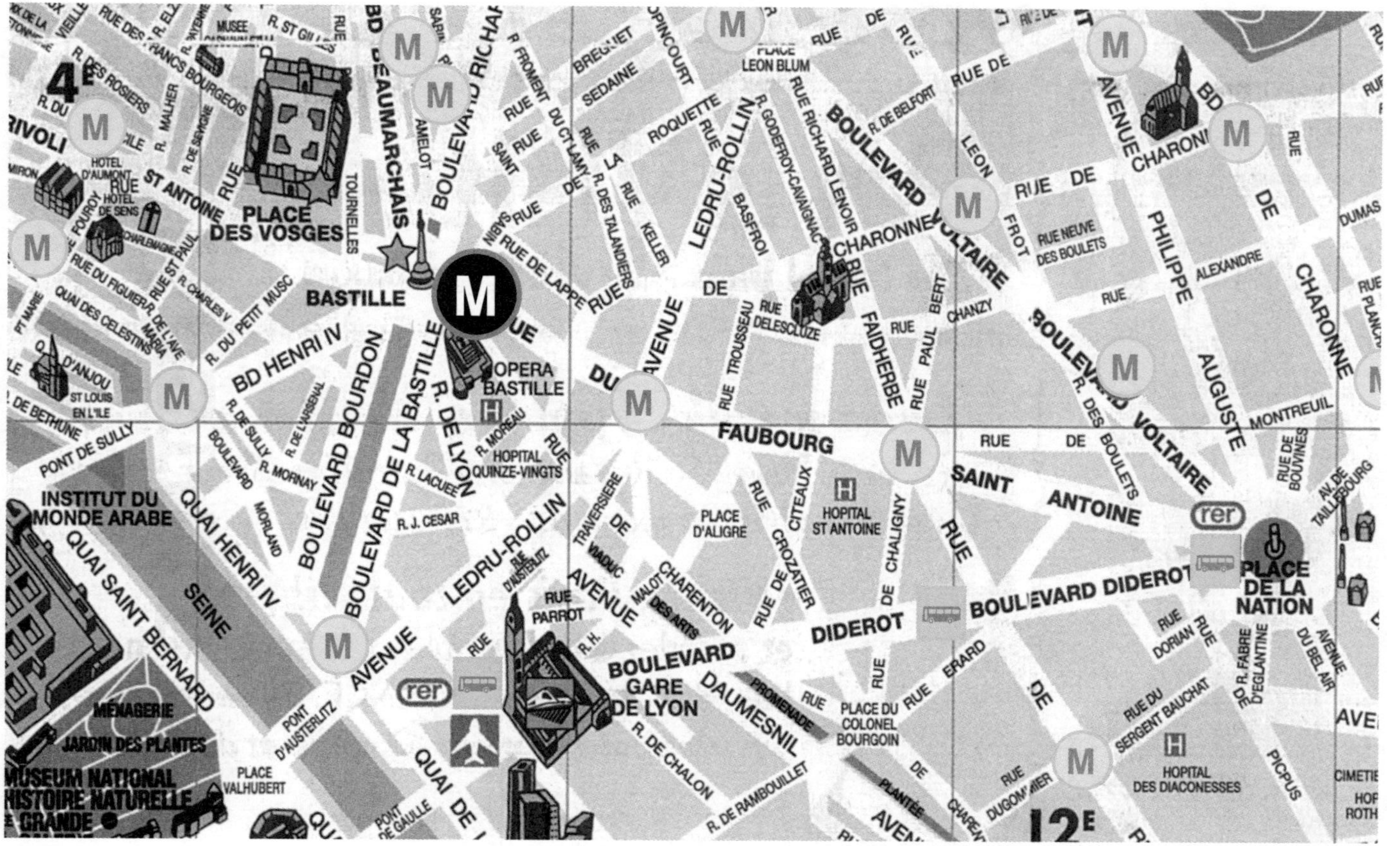

PLACE DES VOSGES
BASTILLE
OPERA BASTILLE
BD BEAUMARCHAIS
BOULEVARD RICHARD LENOIR
BD HENRI IV
BOULEVARD BOURDON
BOULEVARD DE LA BASTILLE
R. DE LYON
RUE DE LAPPE
RUE DE LA ROQUETTE
AVENUE LEDRU-ROLLIN
RUE DU FAUBOURG SAINT ANTOINE
RUE DE CHARONNE
BOULEVARD VOLTAIRE
AVENUE PHILIPPE AUGUSTE
RUE FAIDHERBE
RUE PAUL BERT
RUE CHANZY
RUE TROUSSEAU
RUE DELESCLUZE
RUE KELLER
R. DES TALANDIERS
RUE BASFROI
PLACE LEON BLUM
RUE DE BOUVINES
AV. DE TAILLEBOURG
PLACE DE LA NATION
BOULEVARD DIDEROT
RUE DE CHALIGNY
RUE DE CITEAUX
RUE DE CROZATIER
PLACE D'ALIGRE
HOPITAL ST ANTOINE
HOPITAL QUINZE-VINGTS
AVENUE DAUMESNIL
BOULEVARD GARE DE LYON
RUE DE CHARENTON
VIADUC DES ARTS
RUE TRAVERSIERE
PLACE DU COLONEL BOURGOIN
HOPITAL DES DIACONESSES
RUE PICPUS
R. DE CHALON
R. DE RAMBOUILLET
QUAI HENRI IV
QUAI SAINT BERNARD
SEINE
INSTITUT DU MONDE ARABE
PONT DE SULLY
PONT D'AUSTERLITZ
PLACE VALHUBERT
MENAGERIE
JARDIN DES PLANTES
MUSEUM NATIONAL HISTOIRE NATURELLE
ST ANTOINE
RIVOLI
HOTEL D'AUMONT
HOTEL DE SENS
QUAI DES CELESTINS
R. DU PETIT MUSC
4E
12E

Século XVIII

Bastille

A cólera das ruas

A estação de metrô Bastille faz um esforço meritório para se colocar na hora da Revolução e sacudir a nostalgia dos parisienses dispostos a se distrair: um afresco colorido retraça alguns grandes momentos tricolores e imagens antigas evocam a fortaleza que se erguia outrora aqui. Mas, sobretudo, na plataforma da linha 5, veem-se aparecer umas pedras amareladas... são as fundações de um muro da Bastilha! Elas foram descobertas em 1905, quando estava sendo cavado o túnel do metropolitano. Depois, passando pela saída do metrô que faz ângulo com o boulevard Bourdon, vê-se um outro pedaço da muralha da fortaleza.

Felizmente que nos restam esses modestos vestígios, porque, uma vez passados os degraus que levam à superfície, nada mais se encontra da grande Revolução. Hoje, a Bastilha é uma ópera! Esse pesado *bunker* de vidro e de pedras de calçamento, prematuramente envelhecido, domina a praça com sua estrutura cansada. Construído para festejar o bicentenário da tomada da Bastilha, ele se esfarela, e, sem dúvida, não será necessária outra revolução para que desapareça por si mesmo.

A fim de descobrir alguns vestígios do passado, inútil procurar por perto da Ópera, ou voltar-se para o *Génie* da Bastilha, símbolo dourado da liberdade imobilizado em sua coluna verde. É melhor ir para a esquina do boulevard Henri-IV com a rue Saint-Antoine, e olhar para o chão: um pavimento marrom indica precisamente a localização da antiga fortaleza. Na fachada do prédio número 3 da praça, um mapa nos lembra sua forma maciça. Para os lados do Sena, o porto do Arsenal evoca o fosso da muralha, e algumas dessas velhas pedras são restos do edifício militar. Enfim, na extremidade do boulevard Henri-IV, sempre em direção do Sena, a base da torre da Liberdade — uma das oito torres da Bastilha — liberada por ocasião da construção do metrô, foi reconstituída na praça Henri-Galli.

Voltemos à Bastilha, que não esperou 1789 para catalizar os ódios populares, as oposições burguesas e as ambições principescas contra o absolutismo real. Já vimos, em 1413, os parisienses se insurgirem e tomá-la.

Mais tarde, em 1652, na Fronda, quando os príncipes revoltados tentavam tomar o poder de Luís XIV, a Bastilha faz outra aparição na história. No dia 2 de julho, o príncipe de Condé, chefe da revolta aristocrática, marchou sobre Paris à frente de seu exército. Desde as primeiras horas da madrugada, um rude confronto estourou perto da Porte Saint-Antoine. As tropas do Grande Condé se viram confrontadas com o poderio de fogo da infantaria real, os corpos cobriram a rua. De todo lado, os mosquetes cuspiam, casas inteiras queimavam. Rapidamente as tropas reais, os soldados da Fronda e os burgueses se enfrentaram em um confuso *chassé-croisé*. Maria Luísa de Orléans, a *Grande Mademoiselle*, prima do rei, apresentou-se diante da Bastilha; a porta se abriu, fizeram-lhe as honras. Ela subiu a escada que levava às torres e observou os arredores com o auxílio de uma luneta.

Ao longe, na direção de Bagnolet, ela distinguiu sob o sol os uniformes azul e vermelho dos exércitos reais. Deu suas ordens, e os pesados canhões da Bastilha foram voltados para o campo e logo soltaram fogo. O barulho assustador fez tremer as muralhas da cidadela, as ameias das altas torres desapareceram por um instante sob a fumaça irritante, os projéteis assobiaram e caíram sobre as divisões reais, ceifando ao acaso toda uma fileira de cavaleiros. Os canhões da Bastilha atirando sobre os homens do rei fizeram efeito: desconcertados, os marechais fiéis a Luís XIV renunciaram momentaneamente ao ataque. Por um tempo, Paris estava nas mãos dos príncipes revoltosos...

Muito antes de um certo 14 de julho, a Bastilha já tinha se tornado um símbolo para tomar ou abater. Não se sabia muito bem o que se passava ali, mas ela representava o lugar do arbitrário e era temida.

Geralmente os prisioneiros — nunca mais de quarenta, às vezes menos — eram tratados com respeito. Evidentemente! Tratava-se com frequência de jovens delinquentes da pequena nobreza que tinham direito a um sistema carcerário mais ameno: mandavam buscar seus móveis para ter maior conforto, davam jantares e tinham às vezes licença para sair durante o dia, com a condição de voltar para dormir na prisão.

Voltaire, autor de um panfleto que tinha desagradado, foi aí encarcerado durante onze meses em 1717. Ao ser solto, recebeu de Felipe de Orléans, regente do reino, uma pensão de mil escudos...

— Agradeço a Sua Alteza Real por desejar se encarregar de minha alimentação, mas peço-lhe que não mais se encarregue de meu alojamento — respondeu ele.

Essa complacência, entretanto, não era concedida a todos. Os arquivos deixam entrever crimes abomináveis. "Eu vos envio o denominado F. É um péssimo sujeito. Vós o guardareis durante oito dias, após os quais vos livrareis dele", escreveu Antoine de Sartine, chefe da polícia, por volta de 1760, ao governador da Bastilha, Bernard de Launay. No mesmo papel, o governador, bem disciplinado, anotava: "Fazer entrar o denominado F. e, depois do tempo fixado, perguntar ao M. Sartine sob que nome ele quer que seja enterrado."

Essas sevícias eram pressentidas, adivinhadas, imaginadas pelo populoso *faubourg* Saint-Antoine. Nessas ruas onde se destacava a sombra dos altos muros cinzentos da prisão, vivia uma multidão de artesãos sempre prontos a manifestar seu descontentamento...

Se a fortaleza desapareceu há muito tempo, ainda é possível passear pelo *faubourg* Saint-Antoine, percorrer os últimos pátios ainda animados pelo trabalho manual dos homens, para respirar o cheiro do verniz e das madeiras polidas segundo a tradição do trabalho bem-feito... Entre no pátio Damoye, na altura do número 2 da praça, para ver a passagem mais típica do lugar. A casa na esquina da rue de Charenton também é um belo vestígio desse bairro fervilhante: aqui se ergueu, no tempo da Revolução de 1848, uma enorme barricada bloqueando o acesso ao *faubourg*.

Tudo muda depressa, evidentemente, e as velhas fábricas de móveis foram transformadas em cervejarias da moda, pois o bairro é muito "in" nesse início do século XXI! Não são mais os operários que vêm ocupar os apartamentos com vigas aparentes no teto, são os jovens *bobos* (burgueses-boêmios) que fazem da autenticidade citadina uma arte de viver.

* * *

No século XVIII, o *faubourg* Saint-Antoine não é exatamente um *faubourg* como os outros. Desde Luís XIV, é o lugar privilegiado dos artesãos pobres que têm o direito de trabalhar aqui livremente, longe das organizações profissionais. Ebanistas, marceneiros, sapateiros, serralheiros, chapeleiros, vivem aqui lado a lado, e as lojas, que são também oficinas, seguem a geografia sinuosa das ruas do *faubourg* e transbordam para a rue de la Roquette, para a rue de Charonne e a rue de Charenton...

Ao longo do dia, o bairro é percorrido por charretes e por mulas puxadas pelos camponeses dos arredores que vêm vender os ovos, o leite, os legumes e as frutas de suas fazendas; por mulheres que cozinham à beira do rio e vendem refeições ao ar livre; por enxames de vendedoras de peixes temidas por sua violência e sua vulgaridade... Essa população miserável, que pertence à paisagem cotidiana do *faubourg* ainda que venha de fora, se mostra sempre pronta a manifestar sua cólera! É ela que, por uma epidemia a mais, uma colheita ruim ou uma taxa adicional arrasta os artesãos para o caminho perigoso do protesto e da rebelião.

No dia 27 de abril de 1789, o *faubourg* está em ebulição. O objeto do litígio se chama Jean-Baptiste Réveillon, proprietário de uma manufatura de papéis de parede estabelecida numa imensa propriedade da rue de Montreuil. Alguns dias antes, Réveillon, que geralmente se mostra generoso para com seus 350 operários, fez à cidade de Paris uma série de propostas para lutar contra a pobreza. Esse economista improvisado acredita ter compreendido tudo sobre o destino das nações e a sina dos miseráveis, por isso seu programa pretende mudar a sorte da sociedade! O bom Réveillon, mais utopista que sábio, e mais iluminado que esclarecido, propõe a supressão da taxa paga pelas mercadorias à entrada da cidade, e, por conta disso, baratear os produtos vendidos. É bom, mas ele sugere também diminuir os salários, já que tudo ficará mais barato! O operário, que ganha vinte *sous* por dia, deveria se contentar com quinze *sous* com a reforma Réveillon...

É no *faubourg* Saint-Marcel, na margem esquerda, que explode primeiramente a cólera contra "Réveillon, que nos condena à fome".

— Morte aos ricos! — grita a multidão que se dirige para a Place de Grève.

Diante do Hôtel de Ville, botam fogo num boneco de trapos; é Réveillon que queima em efígie! E o cortejo recomeça, e chega ao *faubourg* Saint-Antoine. Trezentos e cinquenta guardas mobilizados conseguem manter a ordem durante a noite, mas, ao raiar do dia, os curtidores de Saint-Marcel e os artesãos de Saint-Antoine despencam na rue de Montreuil. Réveillon e sua família já fugiram há muito tempo, mas a fábrica de papéis de parede é saqueada metodicamente, e a adega esvaziada das boas garrafas ali depositadas.

Enfim, após várias horas, a guarda se reanimou, recebeu reforços e tenta expulsar os saqueadores. Dos telhados, revoltosos jogam pedras, explodem tiros... Contam-se já doze mortos entre os guardas da polícia e quase uma centena entre os insurrectos. Os cadáveres dos operários caídos são levados em procissão pelo *faubourg*, os gritos da revolta popular misturam-se às lágrimas. Ninguém sabe ainda, mas o mundo está mudando: a revolução está em marcha, ela já conheceu o que será seu dia mais mortífero, apesar das violências terríveis que virão.

Vê-se ainda, em frente ao número 184, rue du *faubourg* Saint-Antoine, uma pequena fonte do início do século XVII. Situada provavelmente na altura da manufatura Réveillon, ela estava no centro dessa "emoção", para falar a linguagem do Antigo Regime. Uma emoção que fez, assim mesmo, mais de cem vítimas!

Nas semanas seguintes, do sexto andar da torre da Bastilha onde está encarcerado, o Marquês de Sade incita o povo à insurreição... Preso por *lettre de cachet*, por instigação de sua sogra que reprova seus costumes dissolutos, o divino Marquês escreve *Os 120 dias de Sodoma*, manuscrito em que detalha todas as turpitudes de sua alma agitada. E quando se cansa de deixar a pena correr no papel, ele pega um longo cano de folha de flandres munido de um funil numa das extremidades, pequeno recipiente de lixo portátil destinado a jogar mais comodamente seus detritos embaixo, no fosso. Com esse instrumento, Sade improvisa um alto-falante e discursa para a multidão do *faubourg*...

— Degolam-se, assassinam-se os prisioneiros na Bastilha! Boa gente, venha nos socorrer!

Esses gritos lancinantes são levados muito a sério pelos passantes, e o povo treme imaginando os horrores perpetrados atrás das espessas muralhas... No entanto, o querido marquês vive muito bem na prisão: está confortavelmente alojado, dispõe de duas celas para colocar seus móveis e sua biblioteca pessoal, e é tão bem-alimentado que se tornou barrigudo.

M 18 O que era a Bastilha?

À leste da cidade, para proteger a Porte Saint-Antoine, foi construído, a partir de 1370, um bastião, isto é, uma bastille. *Essa porta fortificada era ao mesmo tempo um* pendant *do Louvre a leste, mas também um refúgio para o rei Carlos V, que residia geralmente no seu Hôtel Saint-Pol, ali perto. Essa* bastille Saint-Antoine *era guarnecida de oito torres ligadas entre elas por muralhas espessas com quase três metros de espessura. O conjunto era cercado por um fosso de 25 metros de largura e 8 de profundidade.*

No século XVII, o papel militar da Bastilha já se tornara obsoleto há muito tempo, e o cardeal de Richelieu transformou-a em prisão destinada a encerrar ou a fazer desaparecer os inimigos do poder. Não era preciso julgamento para ser encerrado na Bastilha! Uma ordem do rei por lettre de cachet *era amplamente suficiente.*

Em 1788, o cavaleiro de Puget, adjunto do rei na Bastilha, já preconizava o fechamento da fortaleza e avaliava em 140 mil libras a economia que seria assim realizada pelo tesouro real. Pois o rei pagava quantias consideráveis para sustentar o pessoal: salário do governador, dos oficiais, soldados, médicos, capelão... Um pessoal pletórico para uma população carcerária que diminuía de ano em ano: dezenove em 1774, nove no início de 1789, sete apenas alguns meses mais tarde.

No dia 14 de julho de 1789, de manhã bem cedo, a tomada da Bastilha começa... nos Invalides! A cólera popular persiste há quase três meses, desde o ataque à manufatura Réveillon. O cheiro de pólvora ainda flutua no ar sobre o *faubourg* Saint-Antoine. Boatos, verdadeiros e falsos, correm pelas ruas. Dizem que um complô se prepara, um complô contra quem? Contra o quê? Dizem que tropas se reúnem em torno de Paris para restabelecer a ordem. Dizem que as colheitas não foram boas e que há ameaça de fome.

Na véspera, pilharam-se as padarias, uma milícia burguesa foi mobilizada, depois os sinos dobraram durante toda a noite... A população quer se defender contra os mercenários que vão entrar na cidade; alguns operários forjam lanças, mas é preciso mais do que isso, são necessárias as armas de fogo. Há abundância de armas no arsenal dos Invalides? Então, direto aos Invalides! As portas são arrombadas e a multidão se apodera de 32 mil fuzis e de alguns velhos canhões, mas falta munição...

— Há pólvora na Bastilha! — grita alguém.

— À Bastilha! À Bastilha!

Como uma onda que se retira, os parisienses deixam os Invalides, dirigem-se para a margem direita, atravessam as pontes e marcham em direção da pesada fortaleza. Tomar a Bastilha? Ninguém pensa nisso, mas querem roubar suas reservas de cartuchos e de projéteis.

Quando o marquês de Launay, governador da fortaleza, vê essa onda humana, ele não perde a cabeça e permanece obstinado: não cederá e não abrirá seu arsenal. Uma delegação enviada pelo Hôtel de Ville se apresenta, ela exige munição para a milícia burguesa. As autoridades da municipalidade são recebidas bem civilmente pelo marquês que até as convida para almoçar, sem dúvida para ganhar tempo, esperando o socorro do exército real. Encontro afável, certamente, mas que não leva a nada: Launay mantém sua recusa, mesmo se comprometendo a não atirar contra os revoltosos, enquanto esses não tentarem penetrar na fortaleza. Uma segunda delegação, alguns minutos depois, e uma terceira, nada mais obtêm.

Às 13h30, a multidão aglomerada em torno da Bastilha se mostra cada vez mais nervosa e ameaçadora. O governador sabe que ele não está equipado para aguentar um sítio: a orgulhosa fortaleza é defendida apenas por 82 velhos soldados mutilados comandados por uns trinta guardas suíços.

É preciso, entretanto, que se mantenha a força da lei, e Launay, esse homem rígido de rosto encovado, com um semblante obstinado, pobre coitado colocado pelo destino em um lugar que é demais para ele, manda atirar sobre a multidão quando um grupo furioso se agarra às correntes da ponte levadiça... Uma centena de agressores cai na rua.

À tarde, dois destacamentos da Guarda, encarregados de velar pela segurança da capital, mudam de lado e se aliam aos revoltosos. Esses soldados aguerridos mandam buscar cinco canhões tomados naquela manhã nos Invalides e atiram sobre as portas... Isso provoca um incêndio, suficiente para desesperar os veteranos encarregados de defender a cidadela. Logo os soldados obrigam o rígido Launay a levantar a bandeira branca da capitulação. A ponte levadiça é abaixada, a multidão se precipita para dentro da Bastilha. Num delírio de alegria, ela liberta os prisioneiros, surpreendida, no entanto, ao ver que são apenas sete. Sete infelizes que nada têm dos esperados heróis da liberdade, são apenas pobres escroques e péssimos falsários, mas a força do símbolo permanece... Os libertados são levados em triunfo!

Quanto ao marquês de Launay, ele foi arrastado pela rua antes de ser decapitado com uma faca por um auxiliar de cozinha.

Sua cabeça, fixada numa lança, foi exposta em triunfo através do *faubourg*. Esse ritual macabro demonstra o ódio e o ressentimento, e cria, de algum modo, o irreparável. A partir desse momento, não há mais retorno possível...

Em Versalhes, Luís XVI é acordado no meio da noite pelo duque de La Rochefoucault-Liancourt, e os dois começam um trecho de diálogo digno de um roteiro teatral escrito por Sacha Guitry:

— Sire, tomaram a Bastilha, assassinaram o governador, exibem pelas ruas sua cabeça na ponta de uma lança.

— Mas, é uma revolta?

— Não, Sire, é uma revolução.

A demolição da Bastilha foi ordenada a partir do dia 16 de julho seguinte. Foram contratados oitocentos operários — a 25 *sous* por dia — para pôr abaixo o que continua a aparecer como "o bastião da tirania". As pedras vão servir à construção da pont de la Concorde, e algumas outras se transformam em lembranças heroicas: um artesão esperto, chamado Palloy, as talha na forma da fortaleza e as vende em todas as províncias do país.

M 18 Você quer visitar o último calabouço da Bastilha?

É unânime e todos vão confirmá-lo: salvo algumas pedras das fundações visíveis no metrô, não subsiste nada da Bastilha... Pois bem, está errado! Ainda resta uma cela, um dos calabouços sórdidos situados no subsolo da fortaleza, lá onde a autoridade real encarcerava os indisciplinados e os espíritos recalcitrantes.

Um dia, quando eu estava perto da Place de la Bastille, conversando com um amigo, o dono de um bistrô do bairro me reconheceu: ele com-

partilhava comigo a paixão por Paris e me revelou que a adega de seu estabelecimento, La Tour de la Bastille, era na verdade uma antiga cela milagrosamente poupada pelo furor revolucionário. Verificando suas informações, vi que ele tinha razão... Tudo está de acordo: a localização e a forma das paredes. Penetrei com a emoção que podem imaginar naquele local carregado de história. Entre as garrafas acumuladas pelo taberneiro, pareceu-me por um instante ouvir os gritos dos embastilhados e os sons dos canhões do 14 de Julho...

Hoje, o bistrô de antigamente foi substituído por um grill *coreano, mas o porão conserva seus mistérios e seus segredos, no número 47 do boulevard Henri-IV.*

Um ano depois da tomada da Bastilha, no dia 14 de julho de 1790, para celebrar esse aniversário e reconciliar todos os patriotas, La Fayette, comandante da Guarda nacional de Paris, organiza uma Festa da Federação no Champ-de-Mars. Sessenta mil deputados vindos de 83 departamentos celebram a união de todos os franceses, e Luís XVI, empoleirado no Altar da Pátria, jura fidelidade à nação diante dos parisienses espalhados nas elevações à sua volta.

Em 1880, quando foi preciso escolher uma data republicana para a festa nacional, foi do 14 de julho de 1790 que quiseram se lembrar, e não do 14 de julho de 1789, dia de guerra civil, de afrontamentos e de violências.

* * *

Depois da demolição da fortaleza, a história da praça é feita de encontros malsucedidos e de ocasiões perdidas, pelo menos no que diz respeito ao projeto arquitetônico. No dia 16 de junho de 1792, a Assembleia Legislativa decreta que, no terreno da antiga fortaleza, será construída uma praça, em cujo centro se erguerá uma coluna encimada por uma estátua da Liberdade. Um mês mais tarde, foi posta a primeira pedra, mas o projeto logo foi suspenso por causa de oposições estéticas. No ano seguinte, uma fonte que deveria celebrar os encantos da natureza foi instalada no lugar da coluna abandonada.

Em 1810, ainda é uma fonte que Napoleão quer mandar construir, mas uma fonte gigantesca, feita com o bronze fundido dos canhões tomados aos espanhóis revoltados... Estranhamente, esse monumento deveria representar um elefante de 24 metros de altura, e a água brotaria de sua tromba!

Foi feita a base, depois uma maquete de tamanho real, de gesso, foi fabricada em 1813... Depois da queda do império, essa figura imponente — sem dúvida a mais feia e a mais inconveniente que Paris jamais viu — ficou no lugar durante anos. O gesso esfarelou pouco a pouco, mas um velho guardião continuou morando numa das patas do animal. No seu livro *Os Miseráveis*, Victor Hugo fará do elefante o refúgio de Gavroche, o garoto das barricadas parisienses.

Felizmente, a carcaça foi destruída em 1846. Das ruínas do paquiderme escaparam milhares de ratos que aterrorizaram o *faubourg* Saint-Antoine durante várias semanas.

Em 1833, o rei Luís Felipe decreta que uma coluna será erguida no centro da praça, em honra dos heróis mortos durante os Três Dias Gloriosos, 27, 28 e 29 de julho de 1830, durante os quais o rei Carlos X foi expulso do trono em proveito de uma monarquia constitucional. O monumento de 54 metros de altura é inaugurado em 28 de abril de 1840. No alto da coluna verde, um Gênio dourado responde ao desejo que tinham formulado os deputados de 1792: ele representa "a Liberdade que levanta voo, quebrando os grilhões e semeando a luz".

Com tiros de canhão disparados do alto de Montmartre, a Comuna de 1871 tenta derrubar essa coluna que, para esses republicanos extremistas, permanece um símbolo da aliança entre um soberano e seu povo. A coluna está de pé, e a República também.

O que há sob a coluna?

A história às vezes toma caminhos estranhos. Aos 504 mártires da Revolução de 1830, misturam-se algumas múmias egípcias, com mais de 2 ou 3 milhões de anos!

Elas tinham sido trazidas por Bonaparte por ocasião da campanha do Egito, e tinham sido enfurnadas num jardim próximo à Biblioteca Nacional, na rue de Richelieu, no mesmo lugar onde, depois dos três dias de julho, os cadáveres dos revoltosos foram enterrados. Quando se quis enterrar os heróis da Revolução sob a coluna, ninguém pensou em fazer uma triagem, levaram todos os corpos, sem olhar muito. É por isso que talvez algum faraó esteja hoje sob a Place de la Bastille, perto do canal Saint-Martin que passa embaixo da praça. A barca de Osíris, o deus dos mortos egípcios, teria tomado esse caminho que vai do Sena ao Ourcq para levar príncipes e operários ao reino dos mortos?

GARE DE L'EST
10E
3E
PLACE DE LA RÉPUBLIQUE
HOPITAL FERNAND WIDAL
HOPITAL SAINT-LOUIS
CONSERVATOIRE NATIONAL DES ARTS ET METIERS
MUSÉE D'ART ET D'HISTOIRE DU JUDAÏSME
ARCHIVES NATIONALES
HÔTEL DE ROHAN
HÔTEL DE SOUBISE
MUSEE PICASSO
PLACE DU COLONEL FABIEN
PLACE DE VALENCIENNE
RUE A. PARE
RUE DE CHABROL
RUE DES PETITS HOTELS
RUE DES 2 GARES
R. D'ALSACE
RUE ST QUENTIN
RUE DE PARADIS
R. DES VINAIGRIERS
R. DES RECOLLETS
AV. DE VERDUN
BOULEVARD DE STRASBOURG
RUE DU FAUBOURG ST MARTIN
BD SAINT-MARTIN
RUE RENE BOULANGER
RUE MESLAY
BD ST-DENIS
MAGENTA
QUAI DE VALMY
QUAI DE JEMMAPES
CANAL SAINT MARTIN
RUE DE LA GRANGE AUX BELLES
R. DES ECLUSES ST MARTIN
R. VICQ D'AZIR
RUE DE SAMBRE ET MEUSE
AVENUE CLAUDE VELLEFAUX
RUE BICHAT
AV. RICHERANT
RUE ALIBERT
RUE LOUVEL TESSIER
RUE DE MEAUX
LA VILLETTE
RUE LOUIS BLANC
BD JULES FERRY
RUE BEAUREPAIRE
RUE DE LANCRY
R. DE MARSEILLE
R. A. THOMAS
RUE DU CHATEAU D'EAU
AVENUE PARMENTIER
RUE DE LA PIERRE LEVEE
R. RAMPON
BD DU TEMPLE
BOULEVARD RICHARD LENOIR
RUE OBERKAMPF
RUE DE TURBIGO
RUE REAUMUR
RUE DES GRAVILLIERS
RUE DU PETIT THOUARS
RUE BERANGER
RUE CHARLOT
RUE DE BRETAGNE
RUE DES ARCHIVES
RUE DE TURENNE
R. DE POITOU
RUE AMELOT
BD DES FILLES DU CALVAIRE
RUE ST SEBASTIEN
RUE ST CLAUDE
RUE RAMBUTEAU
RUE DES BLANCS MANTEAUX
RUE DU TEMPLE
R. M. LE COMTE
RUE BEAUBOURG
SEBASTOPOL
RUE GRENETA

Século XIX

RÉPUBLIQUE

Em cinco atos e em *coups de théâtre*

Sai-se do metrô République para chegar aos pés da pesada figura da senhora República. Com seu barrete frígio na cabeça, o ramo de oliveira na mão, a Declaração dos Direitos do Homem a seu lado, ela observa com olhar de bronze as manifestações populares das quais, há mais de um século, tornou-se o orgulhoso emblema... Espetada com bandeiras pretas ou vermelhas ou encimada por flâmulas reivindicativas, ela sempre apoia seus filhos em luta. A seus pés, sobre o pedestal de pedra, estão as três virtudes, lema da República: a Liberdade, simbolizada por uma tocha; a Igualdade, materializada pela bandeira tricolor; e a Fraternidade, representada por uma cornucópia.

Esse monumento, indispensável na paisagem política parisiense, foi implantado aqui em 14 de julho de 1884, e essa forma leiga da divindade afirma a apoteose da muito jovem Terceira República. A República aparece aqui vitoriosa, mas ela talvez ainda trema um pouco recordando os riscos que correu... A lembrança da Comuna está próxima, e se pode refrescar a memória no número 14, rue de la Corderie: foi nesse endereço que a Associação Internacional dos Trabalhadores ordenou a insurreição de Paris, em 16 de fevereiro de 1871.

No passado, a Place de la République se chamava Place du Château-d'Eau, e era um grande cruzamento onde desembocava o boulevard du Temple. Depois da Revolução, as duas grandes feiras de Paris, a feira Saint-Laurent na margem direita e a feira Saint-Germain, na margem esquerda, estavam periclitando. É então que o boulevard du Temple se torna o lugar inevitável das festas e dos espetáculos. Ainda mais porque a abertura de um teatro não estava mais sujeita à autorização do poder público... As salas explodiram então no grande arco de círculo do bulevar, centro de divertimentos que reunia toda a população, misturando o oeste aristocrático com o leste operário.

O epicentro dos *boul'* (assim se chamavam os bulevares) encontrava-se num perímetro circunscrito entre os arcos de triunfo de Saint-Denis e de Saint-Martin e a antiga rue d'Angoulême, hoje rue Jean-Pierre-Timbaud, chegando mesmo até o Cirque d'Hiver.

Esse epicentro era uma verdadeira fronteira entre o oeste e o leste. Por isso, o resto dos *boul'* — na direção da Bastilha de um lado, e da Madeleine, do outro — era menos festivo. Os aristocratas e os burgueses temiam avançar muito longe na Paris vulgar e popular; os operários, por seu lado, não ousavam penetrar na Paris elegante, com ares do Antigo Regime. Sentia-se como muito real essa separação de dois mundos, que fez Alfred de Musset, vindo do oeste e olhando para a outra extremidade dos bulevares, afirmar: "São as Índias Orientais."

O cruzamento do Château-d'Eau foi cercado por inúmeros imóveis, e acolheu uma fonte desenhada pelo engenheiro Pierre-Simon Girard, donde o nome da praça e da rua que conduzem até lá. E é naturalmente no boulevard du Temple, lugar de todos os prazeres, que passou a primeira linha de bondes puxados por cavalos, inaugurada em 1828, no circuito Bastille-Madeleine.

A fonte, então muito pequena para uma praça reformada, foi desmontada e transportada para La Villette em 1867, para servir de bebedouro para os animais que eram levados ao matadouro. Em parte transformada, ela se encontra ainda no parque de La Villette, mas agora é chamada fonte dos Leões da Núbia.

* * *

Nos anos 1830, a paisagem teatral parisiense oferece a imagem de um mundo fervilhante e inventivo. Esse universo de ilusão tem, na época, seu centro vivo, agitado e popular, o boulevard du Temple. O povo alegremente rebatizou-o boulevard du Crime, pois, toda noite, nos múltiplos teatros que aí se encontram, apunhala-se, envenena-se, estrangula-se apenas para a alegria do público. Entre a quinzena de teatros do bulevar, alguns são imensos, com mais de 3 mil lugares, como o Ambigu, o da Porte Saint-Martin, o Teatro Histórico, o Circo Olímpico; outros, menores, oferecem apenas uns quinhentos lugares, como os Funambules ou os Délassements Comiques.

Diante dos guichês, anunciantes tentam atrair o cliente, gritando o programa, anunciando os melodramas, e, quando cai a tarde, sob a fileira de árvores que escondem um pouco os edifícios, formam-se filas. As pessoas vêm pegar seu bilhete para uma ou outra sala. Logo anoitece, os cafés se iluminam, espera-se a hora do espetáculo. Ao longo do alinhamento de teatros diferentes, pequenas lojas propõem *waffles*, cocos, pão de mel, pastel folhado de maçã ou sorvetes por dois *sous*. As lanternas multicores dos comerciantes lançam sobre o calçamento uma luz vacilante e avermelhada, e suas sinetas freneticamente agitadas cobrem por um instante as vozes zombeteiras dos anunciantes. Depois, de repente, o bulevar se esvazia e os teatros se enchem. Será preciso esperar o intervalo para que renasça o boulevard du Crime.

Nas salas, sobe a cortina. O público é barulhento, assobia facilmente. Se uma cena não lhe agrada, não hesita nunca em atacar o ator.

A vedete incontestável do bulevar é Frédérick Lemaître, o comediante que triunfou no palco do Ambigu-Comique desde 1823, com a peça *L'Auberge des Adrets*, melodrama sombrio acompanhado de música e de balés, que o ator transformou graças a sua improvisação e sua ironia. Essa peça, cujas primeiras apresentações foram um fiasco, foi transfigurada pelo comediante, um gigante com uma voz de estentor, que tranformou seu personagem, Robert Macaire, em uma espécie de assassino cômico de bom coração.

— Matar alcaguetes e policiais não impede que se tenha sentimentos! — exclama ele, sob os aplausos da sala em delírio.

Em 1841, Frédérick Lemaître, incontestavelmente, é a vedete masculina do boulevard du Crime. Quanto à vedete feminina, ela se chama Clarisse Miroy. Esses dois foram feitos para se encontrar, e no entanto... Clarisse triunfa em *La Grâce de Dieu*, um drama salpicado de canções satíricas de acordo com o gosto do público do teatro da Gaîté, também no bulevar. Toda noite, o mesmo espectador ocupa a mesma poltrona da primeira fila da plateia. E toda noite, ele espera a entrada da senhorita Clarisse para deixar cair com estrondo sua bengala. Invariavelmente, o público irritado dirige seu olhar para o desajeitado e reconhece Frédérick Lemaître, impassível, lábios cerrados sob o bigodinho preto. Uma noite, a bengala não cai. Clarisse e Frédérick começaram uma relação que durará treze anos.

Finalmente, seu amor terminará segundo um roteiro digno das duas estrelas do melodrama. Depois de ter abandonado seu célebre amante, Clarisse quis voltar para ele, sem sucesso. Então, louca de amor e de ciúme, ela derrama no copo do ator uma forte dose de láudano, veneno muito em voga na época. Ele escapou, mas essa loucura não serviu à apaixonada homicida: Frédérick a perdoou, mas nunca mais quis revê-la.

* * *

Em 1848, esse mundo do bulevar, que parece feliz e despreocupado, se inflama como Paris inteira. Luís Felipe reina sobre os franceses há quase dezoito anos. Lentamente, a monarquia se deteriorou, envolta em dificuldades econômicas e em escândalos. Tudo parece conspirar contra o rei: as colheitas de cereais foram medíocres, o preço do pão subiu 60% e, para acabar de escurecer o quadro desse reinado em ruínas, uma doença vinda da Irlanda destruiu as colheitas de batatas. Paris teme a fome.

Proprietários caídos na miséria, industriais arruinados pela Bolsa, intelectuais sonhando com a República e bonapartistas nostálgicos concentram sua cólera contra o sistema eleitoral que só concede a uma minoria o direito de ser representada no Parlamento. Solitário e limitado, Luís Felipe recusa encarar uma reforma do escrutínio.

Proíbem-se as reuniões públicas de mais de vinte pessoas. Pouco importa, contorna-se a lei, não se fazem comícios, mas banquetes! O governo não pode impedir essas reuniões que, sob a proteção de uma refeição mais que frugal, dão lugar a uma sucessão de discursos revolucionários.

O mais importante desses banquetes é organizado em Paris, no dia 22 de fevereiro de 1848. Um cortejo onde se misturam estudantes, operários e artesãos deve desfilar da Place de la Concorde até os Champs-Élysées, onde haverá a refeição e serão pronunciados os habituais discursos. O leste tem um encontro com o oeste. Desde cedo, vários cortejos desfilam por Paris, a polícia e o exército retêm o fôlego...

Finalmente, o dia se passa em relativa calma, mas, na tarde do dia seguinte, ao som da *Marselhesa*, revoltosos se dirigem ao Ministério das Relações Exteriores, na época situado no boulevard des Capucines. A multidão se aproxima dos soldados que protegem o edifício. Os homens da tropa logo são cercados, um dirigente barbudo e imponente quer atingir um oficial com uma tocha acesa que ele empunha como uma arma. Ouve-se ecoar na noite um tiro de fuzil, a tocha vacila, cai e rola no calçamento. É o pânico. Os soldados atiram em todas as direções... contam-se dezesseis mortos. Seus corpos são alinhados numa carroça, exibidos por Paris e a multidão segue esse macabro cortejo:

— Vingança! Às armas!

A partir desse momento, o trono está perdido. No dia 24 de fevereiro, uma chuva gelada cai sobre a cidade. Barricadas bloqueiam todos os grandes bulevares e o povo se agrupa em torno de braseiros improvisados. Tenta-se em vão se proteger do frio, desse chuvisco que penetra nas roupas, desse céu cinzento e pesado, pálido cenário de uma revolução já vitoriosa.

Recluso no palácio das Tulherias, Luís Felipe procura um reconforto junto a alguns generais. Ele implora:

— Ainda é possível resistir?

Ninguém ousa lhe responder. Ele compreendeu. Pesadamente, senta-se à escrivaninha para assinar seu ato de abdicação.

E a República está instaurada. O governo provisório pede que os teatros retomem as representações, favorecendo assim uma rápida normalização da vida parisiense.

Mas o espetáculo não se passa somente no palco. Em plena efervescência republicana, é a moda dos clubes — que se pronuncia *clioubs*. Em todos os bairros de Paris, anarquistas, socialistas e babovistas se afrontam e confraternizam sucessivamente em longas diatribes antiburguesas.

Uma noite, em um dos clubes mais importantes, e dos mais extremistas também — o que se reunia na grande sala do Conservatório, na rue Bergère, sob a direção do terrível Augusto Blanqui, conspirador profissional —, os conferencistas descrevem longamente como a burguesia se nutre exclusivamente do suor do povo. Estamos numa espécie de teatro, e é Eugène Labiche, o jovem autor de vaudeviles, que sobe à tribuna. Diante da mesa coberta pelo pano verde à qual se sentam, severos, os membros da assembleia, sob a bandeira tricolor e a eterna divisa: "Liberdade, Igualdade, Fraternidade", ele dirige esse discurso a uma plateia de operários:

— Cidadãos, eu pertenço, pelo acaso de meu nascimento, do qual sou inocente, a essa casta odiosa que deveria ser amaldiçoada. Penso, entretanto, que há certo exagero em acreditar que ela bebe por predileção e com prazer o suor de nossos irmãos do proletariado. Permitam-me citar um exemplo pessoal que retificará, espero, sua opinião. Pois, se amam a justiça, ó cidadãos, não amam menos a verdade. Moro num apartamento no quarto andar, e, ultimamente, encomendei lenha. O virtuoso cidadão que, ao preço de um salário combinado, dignou-se a subir as escadas para levar as achas até a minha casa estava com muito calor e o suor inundava seu rosto animado por uma resolução viril; em outras palavras, ele estava ensopado. Pois bem, eu experimentei, e devo confessar que tinha um gosto detestável!

Um murmúrio de reprovação acompanhou as últimas palavras dessa burlesca declaração. Enquanto Labiche, orgulhoso e digno, desce lentamente os degraus do estrado, os mais furiosos se precipitam sobre esse reacionário metido a engraçado, dão-lhe golpes, vão lhe ensinar que não é hora para brincadeiras. Por sorte, o escritor Maxime du Camp está na sala. Ele intervém e consegue, com muita dificuldade, fazer sair seu colega mais ou menos são e salvo.

Alguns meses mais tarde, em dezembro de 1848, a eleição para presidente da República do príncipe Luís Napoleão acalma os espíritos. Instalado no palácio do Élysée, o novo chefe do executivo não decepciona os que desejam um retorno à paz civil: ele suprime os clubes e se apoia no exército para prevenir qualquer movimento insurrecional.

O mandato dado ao príncipe é de quatro anos não renováveis. Por um golpe de estado, ele se mantém no poder. Na manhã de 3 de dezembro de 1851, um cartaz colado durante a noite nas ruas de Paris lança um apelo ao povo, assinado por Luís Napoleão: "Se vocês confiam em mim, deem-me os meios de realizar a grande missão que vocês me confiaram..."

Os meios, o príncipe já tem: o exército está ocupando a capital, a Assembleia foi dissolvida e uma parte dos deputados foi presa. A rapidez das operações impede qualquer reação imediata.

Somente no dia seguinte a cidade sacode seu torpor, elevando mais de setenta barricadas. O exército responde espalhando o terror... Nos bulevares, soldados bêbados, amedrontados por uma multidão ameaçadora, abrem fogo. Dez minutos de um tiroteio intenso, que abate ao acaso revoltosos e transeuntes, velhos e crianças. Corpos cobrem o chão, feridos se arrastam, a multidão urra... Contam-se 215 mortos. Bastaram alguns instantes, o horror se impôs nesse bairro de Paris, e, como uma onda, amordaçará a França inteira.

Passa-se um ano. Tornado o imperador Napoleão III, o antigo presidente da República põe na cabeça a ideia de remodelar Paris. Quer fazer da capital uma cidade moderna, arejada, higiênica, erradicar as zonas de pobreza e suprimir as passagens perigosas que poderiam se converter em centros revolucionários. O barão Eugène Haussmann, prefeito do Sena, vai ajudá-lo nisso. Abrindo vastos bulevares, ele dificulta a criação de barricadas e permite uma passagem mais fácil para as tropas imperiais em caso de insurreição.

Nesse espírito de ordem e de disciplina, o boulevard du Crime preocupa o imperador. Ele quer acabar com a animação e a agitação permanentes que o sacodem. O bulevar será destruído. Em 1854, Napoleão III manda construir o quartel militar do príncipe Eugênio. É atualmente o quartel Vérines dos Guardas Republicanos, homenagem a um tenente-coronel fuzilado na Alemanha durante a Segunda Guerra Mundial.

A dura ofensiva do barão Haussmann transforma a cidade em um imenso canteiro de obras e faz surgir dali uma capital com largas avenidas. Um decreto expande os limites da cidade até às fortificações: Auteuil, Passy, Montmartre, Belleville se integram e elevam a vinte o número dos *arrondissements*. A Place du Château d'Eau ainda não fora batizada Place de la République, mas é aumentada em 1862. A quase totalidade das salas de espetáculos do boulevard du Crime desaparece nessa operação.

Os teatros mais importantes, recusando morrer, se transferem para outros lugares. O teatro Historique torna-se o teatro do Châtelet, o Cirque Olympique se transforma no Théâtre de la Ville, também na Place du Châtelet. O Gaîté se muda para a rue Papin para se tornar o Gaîté-Lyrique. As Folies-Dramatiques se transportam para a rue René-Boulanger, depois abrigam um cinema nos anos 1830. O Ambigu foi poupado, mas destruído em 1966 para ser substituído por um banco... A permissão de destruí-lo foi assinada por André Malraux!

↓ (M) (19) E se fôssemos passear no boulevard du Crime?

Primeiramente, resta-nos o filme de Marcel Carné realizado em 1945, O boulevard do crime, *obra-prima que recria com realismo e poesia o local, seus artistas, seu público, seus cafetões...*

Mas encontramos também vestígios mais diretos. Situado no número 41 do boulevard du Temple, o teatro Déjazet, construído em 1851, escapou das obras de demolição do barão Haussmann. Chamado sucessivamente Folies-Mayer, Folies-Concertantes, Folies-Nouvelles, a sala foi comprada em 1859, por Virginie Déjazet, célebre atriz da época. Fechado em 1939, transformado em cinema, esse teatro poderia ter se tornado um supermercado em 1976, se o mundo das artes e do espetáculo não se tivesse mobilizado.

Mais para o leste, o Cirque d'Hiver, rue Amelot, é um outro sobrevivente. Edificado em 1852, ele se situava na extremidade do boulevard du Crime. Igualmente transformado em cinema no início do desenvolvimento da Sétima Arte, ele voltou a ser um circo, em 1923, e viu desfilar grandes nomes do picadeiro: Bouglione, Fratellini, Zavatta...

A oeste, o teatro da Porte Saint-Martin também é um dos raros descendentes do boulevard du Crime. Primeiramente, ópera desejada por Maria Antonieta, depois teatro, onde se lutou durante a Comuna! Enfim, o teatro atual foi reconstruído em 1873.

Durante dezoito anos, o Segundo Império fez da capital uma festa burguesa. As guerras se passam ao longe, na Crimeia ou no México, a especulação feliz e a Bolsa bem de saúde tranquilizam o investidor intrépido, fabricam-se fortunas, indústrias se desenvolvem, agora se dança no *faubourg* Saint-Germain, tornado a artéria central da cidade luxuosa.

O grande momento dessa França do progresso é a Exposição Universal de 1867. Para essa ocasião excepcional, um gigantesco palácio circular, todo de ferro, vidro e tijolos cobre o Champ-de-Mars. Esse conjunto efêmero, de formas audaciosas e modernistas, é o coração de uma nova Paris. No dia 1º de abril, importante celebração comercial foi inaugurada pelo imperador, o tempo está belíssimo, raios de sol brincam nos vidros e, desde as primeiras horas da manhã, uma multidão imensa se aglomera perto das entradas. Reuniram-se aqui todas as artes e técnicas de todas as civilizações, veem-se os últimos modelos de locomotivas, tendas de índios americanos, surpreendentes aplicações da eletricidade e casas japonesas de papel. Quarenta e dois mil expositores vieram mostrar suas invenções ou suas criações. Cada país quis marcar seu poderio: o estande inglês toma a forma de uma alta pirâmide dourada materializando o volume de ouro extraído das jazidas da Austrália, e, mais preocupante, a Prússia exibe o enorme canhão Krupp; ninguém quer compreender o desafio e a ameaça, o tom é de festa.

Os becos sórdidos e as escuras ruas sem saída cederam sob as picaretas dos demolidores. A cidade é agora cortada por avenidas largas e arejadas, vias gloriosas ladeadas por prédios com fachadas de pedra coroadas por cúpulas de ardósia. À noite, a iluminação a gás clareia Paris e a transforma em um perpétuo divertimento. O novo lugar noturno da moda é o grande bulevar, esse espaço de charme que parte da Madeleine e serpenteia tão longe que se pode prolongá-lo até o Château-d'Eau, passando pelo magnífico bairro da Ópera, último símbolo das ambições haussmanianas para Paris. Um passeio semeado de cafés com salas confortáveis e estofadas, onde se encontram todas as celebridades e os elegantes.

Em um transbordamento de alegria, a cidade se constela de bailes e de jantares rivalizando em grandiosidade. Não se tem mais tempo de dormir, o Segundo Império se embriaga com pontualidade, sob o olhar divertido do colunista social Henri de Pène: "Instituíram-se o jantar às 19h30, o espetáculo às 21h, o início dos bailes à meia-noite, a ceia às três ou quatro horas da manhã e o sono depois, se for possível e se houver tempo para ele."

Imperadores, reis, príncipes, industriais acorrem a essa Paris endiabrada. Não se sabe mais a quem chamar alteza, o czar da Rússia cruza com o sultão dos turcos, a rainha da Holanda encontra o rei da Itália, o rei da Prússia ladeia o quediva do Egito, e todos fingem acreditar que o universo reconciliado na euforia marcha para a paz universal.

Três anos mais tarde, em 1870, o despreocupado Segundo Império desmorona na guerra franco-prussiana, engendrada pelos sonhos de uma grande Alemanha desejada por Bismarck. No mês de julho, na capital, essa guerra se prepara, entretanto, com entusiasmo. Nos grandes bulevares, aclamam-se loucamente os soldados mobilizados, as mulheres celebram os heróis de amanhã, e os cozinheiros patriotas servem vinho gratuitamente aos homens de uniforme.

Infelizmente, a derrota já está programada. Os exércitos franceses são vencidos, o imperador é feito prisioneiro em Sedan. Na manhã do domingo, 4 de setembro, o sol quente de um verão que está no fim confere a Paris esse brilho radiante que faz a cidade vibrar sob um céu infinitamente azul. Ao ouvir a notícia do desastre, uma multidão encolerizada se reúne na Place de la Concorde e ataca os símbolos do regime.

A imperatriz deve fugir, tendo como últimos fiéis os embaixadores da Áustria e da Itália. O pequeno grupo atravessa a galeria de Diana até o pavilhão de Flore, penetra no Louvre e se precipita na grande galeria do museu. Logo a imperatriz se encontra diante dos corpos retorcidos do *Radeau de la Méduse*,*** o quadro de Géricault...

— Como é estranho — diz ela, enquanto as lágrimas rolam pelo rosto.

Ela sai pela portinha que dá para a Place de Saint-Germain-l'Auxerrois. Eles veem uma carruagem de aluguel, a imperatriz destronada embarca, e o veículo se afasta trotando devagar... Num primeiro momento, Eugénie se refugia na casa de seu dentista americano, que mora perto do Bois de Boulogne, depois ela se exilará na Inglaterra.

A República é proclamada, mas não se consegue acabar a guerra. A capital é bombardeada. A morte ataca ao acaso, enterrando famílias inteiras sob os escombros de suas casas. Os telhados dos Invalides, do Panthéon e da Sorbonne voam aos pedaços. Reina a confusão na cidade inteira, e os prussianos apertam o cerco. Logo isolam a cidade e começam a sitiá-la. Ainda se sai, pois Paris continua Paris, convida-se para simulacros de jantares nos quais é servido um delicioso rato cozido no vapor, bem vermelhinho no seu prato fundo, com o rabo levantado como uma trombeta e, detalhe delicado, salsa em torno do focinho.

No mês de fevereiro, os prussianos descem os Champs-Élysées desertos. Paris se vestiu de luto e o crepe negro flutua nos balcões das prefeituras dos *arrondissements*. As tropas vitoriosas

*** *A jangada da Medusa*, em tradução livre. (N. T.)

dão uma voltinha e depois rapidinho vão embora, deixando em seu lugar um povo enfurecido.

Desde o mês de março, a insurreição da Comuna ganha todos os bairros. As bandeiras vermelhas são içadas sob um céu de chumbo. Soldados fatigados, desmoralizados, desnorteados rendem-se e rompem as fileiras. Militares e civis confraternizam numa alegre festa ao ar livre.

Porém, as tropas que ficaram fiéis à autoridade invadem a capital num excesso de carnificina. Em Montmartre, no jardim de Luxemburgo, em muitos lugares, rouba-se, fuzila-se, às vezes com metralhadora, para ceifar de uma só vez uma fileira de prisioneiros. Diante do Panthéon, os corpos se amontoam em camadas sucessivas. Na noite de 28 de maio, os últimos revoltosos entrincheirados no cemitério do Père-Lachaise são executados um a um diante do grande muro do fundo. No fim do mês de maio, a ordem é restabelecida, ao preço de 20 mil mortos! E os sobreviventes da Comuna são deportados às centenas.

Adolphe Thiers disse: "A República será conservadora ou não existirá." E é assim que, em 30 de janeiro de 1875, sob a presidência do marechal Mac-Mahon, são adotadas pela Assembleia as leis fundamentais da Terceira República, por 353 votos contra 352!

* * *

Durante esse tempo, o teatro sobrevive ao desaparecimento do boulevard du Crime. Na porta Saint-Martin, estão na moda as grandes *féeries*.

Nesse ano de 1875, *A volta ao mundo em 80 dias*, de Jules Verne e Adolphe d'Ennery, faz um sucesso estrondoso. O público se precipita para ver, no palco, um elefante de verdade, grandes jiboias articuladas, uma locomotiva de papelão soltando penachos de fumaça, um navio navegando nas águas, um ataque de peles-vermelhas, uma cerimônia religiosa indu, danças javanesas e uma multidão de figurantes animando quadros exóticos.

Outros bairros atraem um novo público. Em Montmartre, na rue Victor-Massé, o cabaré do Chat Noir apresenta, desde 1886, um teatro de sombras que atrai Paris inteira...

L'Éléphant ficará para todo sempre o levantar do pano célebre e esperado dos espetáculos do Chat Noir: a tela branca se ilumina e um negro caricatural se adianta, puxa uma corda, puxa, puxa e desaparece, a corda se alonga indefinidamente, um nó, ainda a corda, enfim aparece um elefante que vem depositar o que o anunciante, no seu comentário, chama de "uma pérola cheirosa". E dessa pérola bem especial surge uma flor que se abre sob os olhos dos espectadores. Cortina!

Diante do sucesso inesperado desse teatro em miniatura, emerge uma nova arte; uma sala inteira é logo reservada para essa atração única. Henri Rivière, o inventor do gênero, cria todo um mundo de silhuetas e imagina sem cessar novos métodos para animar sua trupe de sombras. Uma noite no Chat Noir passa a fazer parte do périplo parisiense. Reis balcânicos, nobres britânicos, industriais provincianos imolam sacrifícios a esse rito, e, inevitavelmente, os visitantes mais ilustres pedem para ver os bastidores do pequeno teatro de sombras depois da apresentação. Para a grande irritação de Rivière, que previu com os maquinistas uma resposta e uma vingança: uma pretensa falsa manobra solta do telão uma nuvem de poeira que vem sujar o redingote do indesejável, e um pedaço do cenário sabiamente manejado vem jogar sua cartola entre os detritos... Na maior parte das vezes, o hóspede demasiadamente curioso não insiste e bate rapidamente em retirada.

* * *

Quando o boulevard du Crime desaparece sob as picaretas dos promotores em nome do progresso e da modernidade, é um outro gênero de crime — mais real — que emerge nos arredores da futura Place de la République. Desde o fim do século XIX, o baile popular desse lado torna-se lugar de perdição. Baila-se nos *dancings* da République, perde-se a cabeça numa quadrilha que faz enrubescer o rosto das moças. Um mundo estranho, suspeito, misturado, se confunde com a música encantadora e embriaga a todos. Encontram-se aí operários com suas roupas domingueiras, burgueses acanalhados, cocotes apavoradas, provincianas ingênuas e raparigas provocantes.

É aqui o reino da prostituição clandestina. Vestida com trapos sujos, vulgar, cansada de ir e vir em seu pedaço de calçada, a prostituta do bulevar se vende por alguns francos. Mas, atenção, o perigo ronda sempre o cliente inofensivo: sob os trapos da *fille de joie* pode se esconder uma mulher de apache. Então ela roubará seu cliente, e, se ele tentar se defender, ela furará, sem hesitar, seu ventre com uma faca!

Os apaches... assim se chamam em Paris esses pequenos malfeitores barulhentos e violentos, escroques, ladrões ou proxenetas. Com boné posto de lado, bíceps tatuados e cigarro no canto da boca, eles aterrorizam os burgueses e se afrontam entre si por minuciosas questões de honra. Pois eles se agrupam em bandos perfeitamente estruturados que se odeiam e se invejam, se provocam e se desafiam.

"Nós temos a vantagem de possuir em Paris uma tribo de apaches cujas Montanhas Rochosas ficam em Belleville e Ménilmontant", afirma em 1900 um jornalista do *Matin*. Não se poderia ser mais claro. Os jovens bandidos da capital são comparados a selvagens, a bárbaros que recusam, como os índios da América na época, os benefícios da revolução industrial e do progresso.

Com efeito, os bairros pobres da capital empoleiram-se a leste, sobre as famosas elevações de Belleville e Ménilmontant, e a Place de la République é sua saída natural para o centro da cidade.

Se esses pobres recusam às vezes se inscrever na nova ordem social, é porque sabem que continuarão a ser as vítimas exploradas, usadas e destruídas pelos senhores do novo regime.

O mundo dos apaches logo terá sua lenda e seus heróis. Em 1902, os jornais abrem largamente suas páginas para um caso que apaixona Paris e cuja figura central é uma prostituta de boca sensual, olhos amendoados, rosto redondo emoldurado por grandes cachos de um louro acinzentado que lhe valem o apelido eloquente de Casque d'Or.

Amélie Hélie — pois é esse o verdadeiro nome de Casque d'Or — tem 22 anos em 1900, quando, dançando a java num baile popular lá para as bandas da République, encontra, pela primeira vez, Marius Pleigneur, um jovem operário. Entre Marius e Amélie, é o grande amor! Uma ternura de crianças perdidas nascidas no lodo. Logo Marius se revela ciumento, exclusivo, possessivo. Para conservar Casque d'Or é preciso entrar em seu mundo; por amor à bela, o cliente se torna cafetão. Marius abandona suas roupas de modesto trabalhador e se transforma em Manda, o terror dos bulevares! Ei-lo agora chefe do bando dos Orteaux. Infelizmente, a inconstante Casque d'Or desespera seu pobre gigolô: ela se joga nos braços de um belo corso, Dominique Leca, o chefe dos Popincourt, o bando adversário. Traição! Está declarada a guerra nos bulevares exteriores. Como numa trágedia grega, tudo se passa muito depressa: no dia 9 de janeiro de 1902, Leca é ferido com dois tiros de revólver, mas é salvo pelos médicos. Alguns dias mais tarde, de braços com Casque d'Or, ele sai do hospital Tenon, no 20º *arrondissement*. Manda está lá, à espreita. Precipita-se sobre o rival, com a faca na mão, e o fere mais uma vez. O corso, delirando, dá o nome de seu agressor... Vítima e atacante são condenados aos trabalhos forçados na Guiana.

Os apaches desaparecerão no sangue da Primeira Guerra Mundial, juntamente com os operários e os lavradores que constituíram o grosso do contingente.

↓ Ⓜ ⑲ O que aconteceu com Casque d'Or?

Amélie Hélie posou para fotografias vendidas a amadores, arranjou amantes milionários, foi domadora de leões num circo para terminar, mais obscuramente, como vendedora de artigos de malharia em Bagnolet. Durante esse tempo, tinha casado com um operário que, sem dúvida, ela divertiu contando, depois do jantar, suas proezas de antanho. Morreu pobre e esquecida, aos 55 anos, em 1933.

Manda e Leca, nenhum dos dois voltou da Guiana. Manda morreu na prisão. Quanto a Leca, depois de purgar sua pena, exerceu até morrer a profissão de pedreiro em Caiena.

Casque d'Or introduziu os apaches na lenda: um melodrama intitulado Casque d'Or ou os apaches do amor *triunfou durante muito tempo nos palcos do bulevar. No que diz respeito ao cinema, será preciso lembrar que, em 1952, Jacques Becker realizou um imortal* Casque d'Or *com Simone Signoret e Serge Reggiani?*

Casque d'Or, Manda e Leca amaram-se em torno da Place de la République. Com efeito, em 1879, ano que viu finalmente o triunfo de monarquistas e bonapartistas nas eleições municipais e senatoriais, a Place du Château-d'Eau mudou de nome, antes de acolher a imponente estátua que nós conhecemos.

A República tremeu um pouco, porém agora está solidamente implantada. Ela vai, dentro em pouco, desenhar em Paris a geografia de suas instituições...

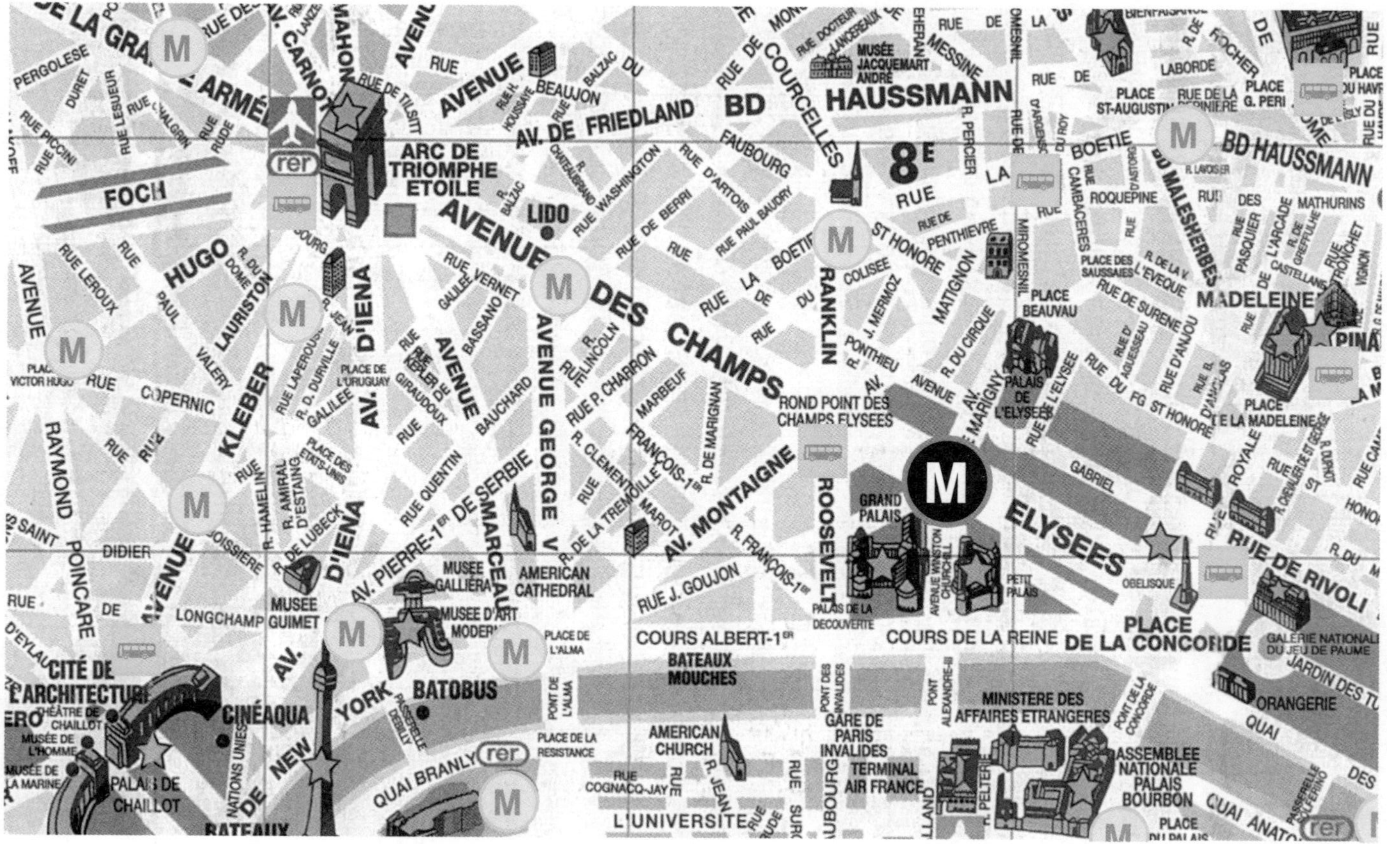

PERGOLESE
DURET
RUE LESUEUR
RUE PICCINI
FOCH
AV. CARNOT
MAHON
RUE DE TILSITT
ARC DE TRIOMPHE ETOILE
AVENUE
RUE H. HOUSSAYE
BEAUJON
BALZAC
AV. DE FRIEDLAND
BD HAUSSMANN
RUE DE COURCELLES
MUSÉE JACQUEMART ANDRÉ
MESSINE
LABORDE
ROCHER
PLACE ST-AUGUSTIN
PLACE G. PERI
BD HAUSSMANN
BD MALESHERBES
8E
FAUBOURG
RUE D'ARTOIS
RUE WASHINGTON
RUE DE BERRI
RUE PAUL BAUDRY
LIDO
R. BALZAC
AVENUE DES CHAMPS ELYSEES
HUGO
LAURISTON
RUE LEROUX
PAUL VALERY
KLEBER
AV. D'IENA
RUE VERNET
GALILEE
BASSANO
RUE LA BOETIE
ST HONORE
PENTHIEVRE
MATIGNON
MIROMESNIL
PLACE BEAUVAU
ROQUEPINE
CAMBACERES
PLACE DES SAUSSAIES
RUE DE SURENE
RUE D'ANJOU
MADELEINE
PASQUIER
RUE DE L'ARCADE
MATHURINS
TRONCHET
VIGNON
COLISEE
RANKLIN
J. MERMOZ
PONTHIEU
R. DU CIRQUE
AVENUE MARIGNY
PALAIS DE L'ELYSEE
RUE DE L'ELYSEE
RUE DU FG ST HONORE
PLACE DE LA MADELEINE
ROYALE
GABRIEL
ROND POINT DES CHAMPS ELYSEES
AVENUE GEORGE V
RUE P. CHARRON
R. LINCOLN
MARBEUF
R. CLEMENT MAROT
RUE FRANÇOIS-1ER
R. DE MARIGNAN
AV. MONTAIGNE
R. DE LA TREMOILLE
BAUCHARD
PLACE VICTOR HUGO
RUE COPERNIC
RAYMOND POINCARE
RUE DIDIER
PLACE DE L'URUGUAY
RUE LAPEROUSE
R. D. DURVILLE
PLACE DES ETATS-UNIS
R. AMIRAL D'ESTAING
R. HAMELIN
R. DE LUBECK
AV. D'IENA
RUE QUENTIN
AV. PIERRE-1ER DE SERBIE
AVENUE MARCEAU
AMERICAN CATHEDRAL
MUSEE GALLIERA
MUSEE D'ART MODERNE
MUSEE GUIMET
LONGCHAMP
AVENUE
D'EYLAU
CITÉ DE L'ARCHITECTURE
THÉATRE DE CHAILLOT
MUSÉE DE L'HOMME
MUSÉE DE LA MARINE
PALAIS DE CHAILLOT
CINÉAQUA
NATIONS UNIES
AV. DE NEW YORK
BATOBUS
PASSERELLE DEBILLY
QUAI BRANLY
rer
PLACE DE L'ALMA
PONT DE L'ALMA
PLACE DE LA RESISTANCE
GRAND PALAIS
PALAIS DE LA DECOUVERTE
AVENUE WINSTON CHURCHILL
PETIT PALAIS
ROOSEVELT
RUE J. GOUJON
R. FRANÇOIS-1ER
COURS ALBERT-1ER
BATEAUX MOUCHES
COURS DE LA REINE
PLACE DE LA CONCORDE
OBELISQUE
RUE DE RIVOLI
GALERIE NATIONALE DU JEU DE PAUME
JARDIN DES TU
ORANGERIE
QUAI
AMERICAN CHURCH
RUE COGNACQ-JAY
R. JEAN
L'UNIVERSITE
PONT DES INVALIDES
GARE DE PARIS INVALIDES
TERMINAL AIR FRANCE
PONT ALEXANDRE-III
MINISTERE DES AFFAIRES ETRANGERES
PONT DE LA CONCORDE
ASSEMBLEE NATIONALE PALAIS BOURBON
PLACE DU PALAIS
QUAI ANATOLE
PASSERELLE SOLFERINO
R. PELTERIE

Século XX

Champs-Élysées–Clemenceau

Os caminhos do poder

Estação Champs-Élysées–Clemenceau... Poder-se-ia acrescentar De Gaulle e Churchill, já que as estátuas dessas duas ilustres figuras da Segunda Guerra Mundial vieram encontrar aqui o Tigre, personagem quase alegórico da Primeira Guerra. Pensar que este cruzamento do início dos Champs-Élysées é destinado aos conflitos mais sangrentos, quando poderia ter sido o do entendimento e da concórdia... O Grand Palais e o Petit Palais lá estão como testemunhas. Não foram eles erguidos para a Exposição Universal de 1900, símbolo de trocas e de aproximações entre os homens?

No alto da avenida, sem mesmo falar do Arco do Triunfo de Napoleão, é ainda pela guerra, a Grande, a de 1914, que os Champs-Élysées entraram na história do século XX.

Em 1920, quando surgiu a ideia de render homenagem aos despojos de um soldado desconhecido morto no campo de honra, a Câmara dos Deputados propôs colocar o túmulo no Panthéon... O governo e o presidente da República, Alexandre Millerand, se mostraram contrariados com esse projeto. Na realidade, eles haviam elaborado um plano diferente: celebrar o 11 de novembro daquele ano levando solenemente para o Panthéon o coração de Léon Gambetta, artesão da defesa nacional depois da queda do Segundo Império. Era uma maneira de comemorar ao mesmo tempo o segundo aniversário do Armistício e o cinquentenário da República nascida em 1870.

Os dois projetos, o defendido pelo executivo e o elaborado pela Câmara, resultavam de uma divergência política: a esquerda desejava glorificar Gambetta, a direita queria venerar os *poilus*. Para evitar um confronto aberto, o presidente Millerand encontrou um acordo: o coração de Gambetta no Panthéon e o soldado desconhecido sob o Arco do Triunfo da Étoile. No mesmo dia. No fundo, ninguém ficou contente. A esquerda mais dura recusava participar de "uma festa militar", a direita mais reacionária gritava contra a homenagem prestada ao "incréu" Gambetta.

Oito corpos de soldados franceses não identificados, exumados de todos os *fronts* da Grande Guerra, foram transportados para a cidadela de Verdun, e entre eles, um foi escolhido ao acaso. Os despojos do soldado desconhecido foram então transferidos para Paris, para uma vigília fúnebre na Place Denfert-Rochereau.

Na manhã do dia 11 de novembro de 1920, um cortejo solene composto de mutilados, de uma viúva, uma mãe e um órfão, todos vítimas do conflito, acompanharam pela cidade o caixão colocado sobre o suporte de um canhão. A procissão parou simbolicamente no Panthéon onde se realizava, no mesmo momento, a transferência do coração de Gambetta. Depois continuou seu caminho até o Arco do Triunfo, onde foi depositado o caixão.

Real e simbólico ao mesmo tempo, esse túmulo do soldado desconhecido reconciliava os franceses no luto coletivo e permitia que as famílias chorassem o desaparecimento de corpo e alma de um pai, um filho ou um irmão, em algum lugar na grande loucura das trincheiras, dos gases e dos bombardeios.

Os sobressaltos da politicagem impuseram o Arco do Triunfo como lugar de sepultura, mas pode-se ver também nisso um símbolo forte: o túmulo do soldado desconhecido vem fechá-lo para sempre. Nenhum desfile poderá jamais passar sob esse monumento. Na época, pensava-se ter vivido a *der des ders*, a última das últimas guerras.

Em setembro de 1940, as tropas alemãs desfilando nos Champs-Élysées infligiram um cruel desmentido a essa esperança acariciada cedo demais.

E depois, no dia 26 de agosto de 1944, o general De Gaulle, do qual os parisienses reconheciam num delírio de alegria o porte e o rosto, descia esse mesmo Champs-Élysées até à Concorde.

— Ah! É um mar! — murmurou ele vendo a multidão humana vindo assistir ao desfile da Vitória.

Nas janelas, nos balcões, nos telhados, encarapitados em escadas, pendurados nos postes de luz, os parisienses queriam participar desse momento histórico, e, sob o sol, flutuavam as três cores da bandeira recuperada. A fuzilada que explodiu na Concorde, eco dos últimos combates, fez soprar um breve vento de pânico, logo dominado antes de se dirigir para a catedral de Notre-Dame, onde foi disparado um último tiro.

Em 1970, acrescentando à Place de l'Étoile o nome de Charles de Gaulle, que acabava de morrer, o governo misturou numa mesma lembrança o soldado anônimo da Primeira Guerra Mundial e o fundador da França Livre.

Hoje, quando os derradeiros *poilus* já se foram, todas as vítimas de todas as guerras recebem toda noite a homenagem da chama renovada para que a memória jamais se acabe.

Ao longo dos Champs-Élysées, a República tem um encontro marcado com a pátria, a honra e o exército no desfile das tropas do 14 de Julho. Será que é por isso que ocorreram aqui algumas das manifestações públicas mais importantes da história da França? Uma imensa multidão para festejar De Gaulle e a libertação de Paris em 1944, uma outra para exprimir a fidelidade ao general em 30 de maio de 1968, uma outra ainda para celebrar Zidane e a vitória da equipe nacional de futebol em 1998. As épocas mudam; não muda a majestade do lugar.

Porém, os Champs-Élysées, enquadrados na Étoile e na rotunda pela lembrança das guerras, se abrem para muitas outras evocações nas quais se misturam a política republicana e as grandes marcas do comércio de luxo. Então, sigamos os passos de Sacha Guitry, e como ele, num filme célebre, subamos os Champs-Élysées...

* * *

Diante da Place de la Concorde, do outro lado do Sena, o Palais-Bourbon, sede da Assembleia Nacional, alinha suas doze colunas coríntias, que deveriam corresponder às colunas da igreja da Madeleine num longínquo face a face.

O palácio foi construído em 1722 para Louise de Bourbon, filha legitimada de Luís XIV e da Montespan. Quase meio século mais tarde, o príncipe de Condé aumenta a luxuosa residência e lhe dá um estilo inspirado no Grand Trianon de Versalhes.

Em 1795, a Revolução apodera-se do palácio que, dotado de um hemiciclo novinho, é destinado ao Conselho dos Quinhentos, isto é, à Assembleia Legislativa. O "poleiro", estrado onde senta o presidente da seção, é um sobrevivente desse período revolucionário. Quanto ao resto, o palácio sofreu muitas reformas e modificações antes de acolher nossos 570 deputados atuais.

Sua fachada norte, de estilo neoclássico, data de Napoleão I. Com o imperador, as jovens instituições estão submetidas a um poder sem partilha. Reinando no Palácio das Tulherias, cujos jardins confinam com a Place de la Concorde, Napoleão retoca Paris para celebrar sua glória. Para exaltar as vitórias da *Grande Armée*, lança a construção do Arco do Triunfo da Étoile e, para render homenagem aos soldados, manda construir o templo da Madeleine. Finalmente, para equilibrar o conjunto, remodela o Palais-Bourbon, à esquerda.

A História nos dirige, às vezes, curiosas piscadelas: esse edifício, emblemático de nossas instituições republicanas, tem o nome mais monarquista possível! Mas é como símbolo da República que ele foi o alvo preferido dos manifestantes num tempo em que o regime parlamentar sofria ainda a condenação daqueles que sonhavam com um poder forte...

No dia 6 de fevereiro de 1934, na Place de la Concorde, em frente à Câmara dos Deputados, 30 mil pessoas se reúnem e ameaçam tomar de assalto o Palais-Bourbon, a fim de derrubar uma república marcada por escândalos. "Contra os ladrões, contra o regime abjeto", os militantes de extrema direita, monarquistas, nacionalistas ou fascistas estão mobilizados. A Action Française, os Camelots du Roi, as Jeunesses Patriotes, a Solidarité Française têm claramente como objetivo derrubar *la gueuse*, a miserável. Os Croix de Feu, sem dúvida majoritários, reúnem antigos combatentes encolerizados, mas sem uma linha política verdadeiramente determinada. Aliás, sob as ordens do tenente-coronel François de La Roque, eles se dispersam rapidamente, deixando lugar para os elementos mais violentos.

Ao cair da noite, milhares de manifestantes tentam marchar contra o Palais-Bourbon, num movimento que exprime a cólera popular e uma tentativa de golpe de estado. Logo a guarda móvel parece assoberbada. Ela atira sobre a multidão e os afrontamentos se prolongam durante a noite. Dezesseis manifestantes e um policial são mortos, mais de mil pessoas feridas.

Do alto da tribuna da Câmara dos Deputados, Maurice Thorez, secretário-geral do Partido Comunista, galvaniza suas forças:

— Lanço um apelo a todos os proletários e a nossos irmãos operários socialistas, para que venham para a rua expulsar esses bandos de fascistas!

Três dias depois, em 9 de fevereiro, na Place de la République, a contramanifestação comunista se choca também com as forças da polícia. Entre os manifestantes vindos se opor a todas as direitas, contam-se seis mortos e sessenta feridos.

↓ Ⓜ ⑳ **Como passar da Revolução à Concórdia?**

Em 1934, a praça foi chamada, ironicamente, "praça da Discórdia", mas ela teve oficialmente outros nomes... Em 1789, chamou-se praça da Revolução, e aqui se erguia a sinistra forma da guilhotina. A conta foi feita: 1.119 cabeças rolaram nesse lugar e entre elas a de Luís XVI e de Maria Antonieta. A estátua de Luís XV, que estava na praça desde meados do século XVIII, foi substituída por uma evocação em gesso da Liberdade com o barrete frígio. Em 1795, findo o Terror, o governo, preocupado com a paz civil, deu a esse espaço o nome de Place de la Concorde.

Em 1800, suprimiu-se a estátua da Liberdade. Um quarto de século depois, Luís XVIII quis mandar erguer um monumento à memória de seu irmão guilhotinado. Desde que se colocou a primeira pedra, a praça mudou de nome e passou a se chamar praça Luís XVI, mas as obras foram interrompidas pela Revolução de 1830. A praça retomou definitivamente seu nome de Place de la Concorde.

Mas olhem para a esquina do Hôtel de Crillon... em frente da embaixada dos Estados Unidos, descobrirão ainda uma placa escura datando de Luís XVIII. Lê-se nela ainda essa inscrição: "Place Louis XVI". A alguns passos dali, entre o Obelisco e a estátua da cidade de Brest, o rei foi decapitado.

Em 1836, Luís Felipe mandou erigir, no centro da praça, o obelisco oferecido à França pelo vice-rei do Egito, Méhémet Ali.

Subindo os Champs-Élysées, deixando atrás de nós a Place de la Concorde, encontramos, logo à direita, uma grade encimada por um galo dourado. É aqui a entrada dos jardins do palácio Élysée. Desde a eleição do príncipe Luís Napoleão à presidência da República, a segunda, em 1848, essa antiga residência da marquesa de Pompadour, amante de Luís XV, tornou-se a residência do chefe do Estado.

De Gaulle detestou cordialmente essa residência, que parecia delicada demais para o soldado que ele era. Além disso, tinha então muitos erros de concepção e os pratos já chegavam frios na sala de jantar, vindos das longínquas cozinhas. Acima de tudo, a ideia de seguir os passos de uma favorita real irritava o austero general.

Seus sucessores não eram todos da mesma opinião. Georges Pompidou, que ostentava seu interesse pela arte moderna, mandou decorar os apartamentos particulares com cores luminosas e cambiantes pelo artista israelense Agam. Porém, sua esposa Claude tinha horror dessa casa gelada, que se transformou, para ela, em "casa da infelicidade" após a morte do presidente. Aliás, ela nunca mais aceitou pôr os pés nesse lugar, nem mesmo para uma breve visita aos hóspedes seguintes.

Valéry Giscard d'Estaing instalou-se sozinho no Élysée, pois sua esposa Anne-Aymone julgava os apartamentos privados exíguos e mal divididos para alojá-la com seus quatro filhos. O que deu livre curso à vida alegre do jovem presidente... No dia 2 de outubro de 1974, quando voltava para o Élysée de madrugada em companhia de uma bela atriz, sua Ferrari bateu violentamente na camionete do leiteiro. Para grande gáudio dos jornalistas da época.

Para François Mitterrand, o Élysée era um lugar de trabalho. Partilhado entre sua vida "oficial", na rue de Bièvre, ao lado de sua esposa Danielle, e sua vida "oficiosa" com a mãe de Mazarine, nascida seis anos antes de sua eleição, ele não tinha verdadeiramente tempo de habitar o palácio residencial.

Jacques Chirac foi, sem dúvida, o chefe de Estado que mais apreciou o lugar. Em todo caso, entrou com volúpia nos apartamentos. "Chirac sempre habitou onde trabalhava e trabalhou onde habitava", insistia um de seus antigos conselheiros. Foi verdade na Prefeitura de Paris como no Élysée. Bernadette Chirac, por sua vez, não esconde a nostalgia que lhe inspira o tempo passado, quando cuidava a seu gosto dos jardins floridos do palácio.

Quanto a Nicolas Sarkozy, ele parece admirar de tal forma os faustos da residência que aí se casou com Carla Bruni, em 2 de fevereiro de 2008. Cerimônia íntima que se realizou no primeiro andar, em presença de apenas umas vinte pessoas, a família próxima e um punhado de amigos.

— Eu não calculei nada, não previ nada. Nunca me casei antes. Sou de cultura italiana e não gostaria de me divorciar... Serei portanto a primeira dama até o fim do mandato de meu marido, e sua esposa até a morte... Minha viagem de núpcias foi um passeio de vinte minutos pelos jardins do castelo de Versalhes. Maravilhosa viagem de núpcias assim mesmo — declarou à imprensa estupefata a nova locatária do palácio.

Mas o casamento de Sarkozy não foi propriamente o primeiro: no dia 1º de junho de 1931, o presidente Gaston Doumergue, solteiro durante todo o tempo de seu mandato, também se casou no Élysée, doze dias antes de abandonar suas funções.

* * *

Prosseguindo nossa subida da mais bela avenida do mundo, como não se afastar um pouquinho na avenue Montaigne diante da fachada *art déco* do teatro do Champs-Élysées?

Em 1920, sob a direção de Jacques Hébertot, a sala tornou-se a vanguarda da criação artística: óperas, balés, peças de teatro se sucedem. Os balés suecos subjugam os franceses com as músicas de Ravel, Debussy, Milhaud, Satie... O século XX da invenção, da inteligência, da beleza explode aqui.

Vê-se até mesmo Pablo Picasso desenhar os cenários. O pintor, nascido em Málaga, que já obtém bastante sucesso, desposou Olga, uma bailarina russa que conheceu em Roma, e os dois foram morar não longe do Champs, no número 23 da rue La Boétie, num grande apartamento luxuoso que tranquiliza o artista...

Quinze anos antes, em 1905, decidido a viver definitivamente em Paris, Picasso só achou lugar para morar em Montmartre, numa casa oscilante e torta batizada Le Bateau-Lavoir. Por um modesto aluguel de quinze francos por mês, ele ocupava um ateliê no segundo andar, dando para o pátio interno...

Uma noite de tempestade, uma jovem mulher, com a roupa encharcada, apressa-se em voltar para casa. Ela mora aqui há pouco tempo e começa na *Butte* uma carreira de modelo e de pintora, posando para os mais célebres artistas acadêmicos da época. Fernande Olivier reparou em Pablo, esse espanhol espadaúdo e tímido, de olhos ardentes e com uma mecha negra de cabelos na testa. Com o balde na mão, eles muitas vezes se encontram na pia comum próxima da entrada, trocando algumas frases sem consequência.

Nessa noite, Picasso acolhe Fernande no estreito corredor; ele tem 24 anos, ela, alguns meses mais do que ele. O porte arrogante, carnuda, encantadora com suas mechas louras que escapam do chapéu de babados, ela é ligeiramente mais alta que ele... Ao lado dessa criatura sedutora, o espanhol pareceria insignificante se não fosse seu olhar profundo, como devorado por uma chama interior. Pablo lhe barra o caminho, e, rindo, lhe oferece um gatinho recolhido no bairro. Fernande a princípio faz charme, tenta se esquivar, e aceita depressa visitar o ateliê de seu ousado vizinho.

Pela primeira vez, ela entra nos domínios de Picasso... Surpreende-se com a dor exprimida em suas telas. Ela, um alegre passarinho da *Butte*, fica chocada com essa desesperança exposta, apenas vê, nessa obra ainda esboçada, seu lado mórbido. Mas o que retém sua atenção de mulher arrumada é a desordem das telas espalhadas, dos tubos de tinta e dos pincéis abandonados no chão, e, cúmulo do horror, um camundongo branco domesticado que se aninha na gaveta da mesa.

Entrando nesse estranho bricabraque, Fernande, com seus olhos risonhos e seu rostinho cheio de desejo, lança um raio de luz sobre esse triste refúgio. Picasso está apaixonado, e os tons róseos, cor da esperança e da alegria, vão invadir suas telas.

Na primavera de 1906, o museu do Louvre organiza uma exposição de bronzes ibéricos dos séculos IV e V, descobertos em Andaluzia. Picasso descobre aí toda uma parte do passado artístico de sua pátria: ele é cativado pelo despojamento das formas, a expressão poderosa dessas estátuas. Apto a assimilar múltiplas influências, o pintor vai fazer uma descoberta capital alguns meses mais tarde, em novembro... Nesta noite, Picasso está jantando no Quai Saint-Michel em casa de Henri Matisse, o mestre *fauve*. Fala-se de arte, é claro, e Matisse pega uma estatueta em cima de um móvel e a entrega a Picasso: é uma madeira negra, a primeira que o espanhol vê. Picasso não diz nada, mas não larga a estatueta a noite toda; seus olhos negros interrogam a madeira escura e seus dedos acariciam as formas despojadas. Ele sente novamente aquela emoção estética que já o tinha atingido no Louvre diante das antiguidades ibéricas.

No dia seguinte de manhã, o assoalho de seu ateliê no Bateau-Lavoir está coberto de folhas de papel. Em cada uma, um grande desenho traçado nervosamente com *fusain*, sempre o mesmo, reproduzido indefinidamente: um rosto de mulher com um olho só e um nariz interminável acabando em uma boca.

Durante mais de seis meses, Picasso vai brigar com seu quadro. Os esboços, os ensaios, as tentativas são inumeráveis: a arte negra, a estatuária ibérica, a lembrança de Cézanne se misturam para fazer surgir uma obra emocionante, nova, surpreendente.

Naquele ano de 1907, seus amigos sobem ao Bateau-Lavoir para ver a imensa tela extravagante batizada *Les Demoiselles d'Avignon*. Diante dessas curvas retorcidas, dessa estética deformada, desses tons de rosa indo para o mais escuro, os espectadores balançam a cabeça... Ninguém sabe ainda, mas essa tela vai fazer a arte entrar no século XX. Por ora, a revolução começada só concerne às alturas de Montmartre, mas ela vai atingir mais tarde o teatro dos Champs-Élysées e se espalhar pelo mundo inteiro...

↓ (M) (20) **Qual foi o destino do Bateau-Lavoir?**

Em 12 de maio de 1970, mais ou menos às 14h30, o quartel central da brigada dos bombeiros foi alertado por uma avalanche de chamados telefônicos. Acabava-se de saber de um incêndio no Bateau-Lavoir...

Quando se dissipou a nuvem de fumaça, a vasta construção era apenas um monte de cinzas fumegantes em volta de ossaturas calcinadas. O pintor André Patureau, um dos locatários, estupefato com a rapidez do drama, repetia em uma ladainha essas palavras desesperadas:

— É terrível, eu perdi tudo... minhas telas, meu trabalho, toda minha vida... Estava trabalhando uma tela, no meu ateliê no andar térreo, quando uma espessa fumaça negra invadiu o cômodo...

Cinco anos após o incêndio, o Bateau-Lavoir foi reconstruído sem que se tocasse muito na fachada, que nada sofrera. Vinte e cinco ateliês funcionais e alguns apartamentos elegantes substituem hoje os alojamentos de outrora. Rue Ravignan, uma porta constantemente fechada e um interfone glacial param o visitante em sua busca melancólica de um passado quando o pardieiro estava aberto aos quatro ventos.

* * *

Voltemos aos Champs-Élysées. Passando a rotunda, diante da avenida que vai direto ao Arco do Triunfo, na calçada do lado esquerdo, no número 25, eis a antiga mansão da marquesa de Païva, aventureira russa de alto coturno. Você tem diante de si um dos raros vestígios dos Champs sob o Segundo Império, bairro elegante onde os restaurantes e os caminhos sombreados atraíam uma multidão elegante. Na virada do século XX, descer os Champs-Élysées para os cavaleiros, as caleças, as carruagens de aluguel, depois os primeiros automóveis, representava o suprassumo do luxo e da distinção!

Sem dúvida é justo e esperado que esse palácio magnífico, terminado em 1865, seja hoje consagrado ao mundo das finanças. Pois, subindo mais um pouco a avenida, o passante se vê envolto num balé atordoante de placas de lojas, as das grandes marcas empunhadas como antigos brasões feudais. Os homens de Estado com quem cruzamos, os artistas que admiramos, foram substituídos pelos financistas. Os poderosos de hoje não estão nem no Élysée nem no Palais-Bourbon, mas nessa sucessão de butiques... Os poderosos de hoje são apenas grandes grupos da indústria do luxo, os que detêm os cordões da Bolsa. Em busca de lembranças arquitetônicas do século XX, guardemos a fachada *art nouveau* do Claridge, nos números 74-76; a do antigo Élysée-Palace, que se tornou um banco, no 103, ou ainda o prédio *art déco* do Virgin Megastore, nos números 56-60.

Dito isso, a instalação do RER que para na Étoile desde 1970 mudou vagamente a situação no que diz respeito aos Champs. Há quarenta anos, é fácil vir dos subúrbios passear nesse lugar. Resultado, o *glamour* chique e exclusivista da avenida perdeu um pouco sua distinção para se vulgarizar nas liquidações de moda e no fast-food.

Mas, enfim, eles estão todos aí, os Lancel, Lacoste, Hugo Boss, Omega, Cartier, Guerlain, Montblanc... Brilham no firmamento dos Champs-Élysées como uma ocupação triunfal de novos potentados.

Em 2006, Louis Vuitton abriu no número 101 da avenida seu espaço repensado, objeto de todas as críticas pela decoração de suas vitrinas malucas. Mas, com crise ou sem ela, expõem-se aí os originais das bolsas e valises mais imitadas no mundo inteiro. E o que dizer do novo Drugstore Publicis, no 133, verdadeira instituição há mais de cinquenta anos? Sua nova arquitetura, toda em transparências e curvas, típica da arquitetura do fim do século XX, e do novo milênio, deixa-nos pelo menos perplexos...

Entre todos esses poderosos, será para aquele que melhor se destacar em surpreender esse novo Versalhes, cuja corte está reunida bem à nossa frente, na Défense, em torno do Grande Arco, esse arco de triunfo dos tempos modernos, eco pretensioso do Arco do Triunfo de Napoleão.

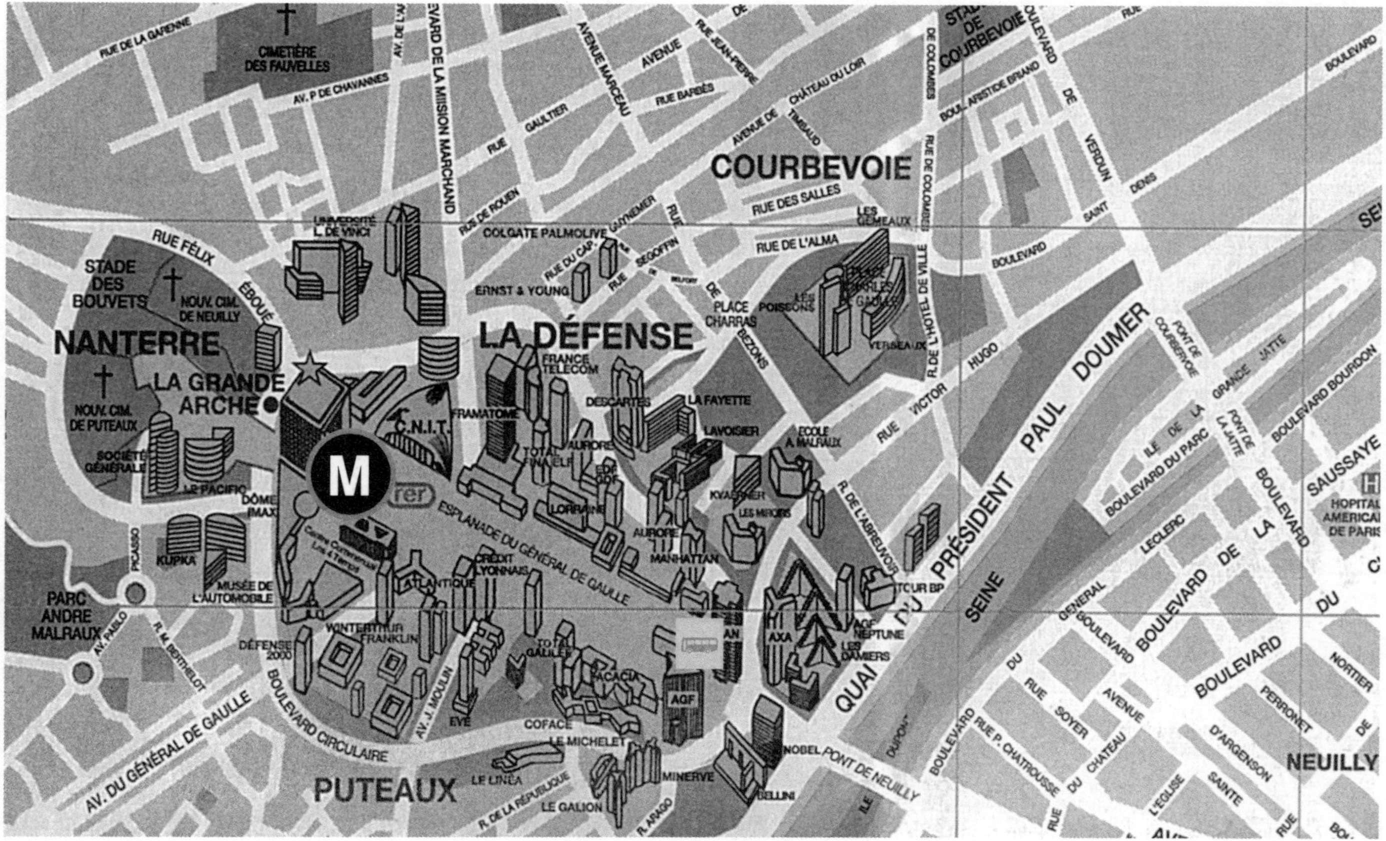
LA DÉFENSE
NANTERRE
COURBEVOIE
PUTEAUX
NEUILLY
LA GRANDE ARCHE
CIMETIÈRE DES FAUVELLES
STADE DES BOUVETS
NOUV. CIM. DE NEUILLY
NOUV. CIM. DE PUTEAUX
SOCIÉTÉ GÉNÉRALE
LE PACIFIC
DÔME IMAX
KUPKA
MUSÉE DE L'AUTOMOBILE
PARC ANDRE MALRAUX
UNIVERSITÉ L. DE VINCI
C.N.I.T.
FRAMATOME
FRANCE TELECOM
DESCARTES
LA FAYETTE
LAVOISIER
AURORE
TOTAL FINA ELF
EDF GDF
LORRAINE
KVAERNER
LES MIROIRS
MANHATTAN
CRÉDIT LYONNAIS
ATLANTIQUE
WINTERTHUR
FRANKLIN
DÉFENSE 2000
EVE
TOTAL GALILÉE
ACACIA
COFACE
LE MICHELET
LE LINÉA
LE GALION
MINERVE
AGF
AXA
NEPTUNE
LES DAMIERS
NOBEL
BELLINI
ECOLE A. MALRAUX
LES GÉMEAUX
VERSEAUX
ERNST & YOUNG
COLGATE PALMOLIVE
ESPLANADE DU GÉNÉRAL DE GAULLE
BOULEVARD CIRCULAIRE
AV. DU GÉNÉRAL DE GAULLE
AV. J. MOULIN
AV. PABLO
PICASSO
R. M. BERTHELOT
R. DE LA RÉPUBLIQUE
R. ARAGO
RUE FÉLIX
ÉBOUÉ
RUE DE LA GARENNE
AV. P DE CHAVANNES
BOULEVARD DE LA MISSION MARCHAND
RUE DE ROUEN
RUE GAULTIER
AVENUE MARCEAU
RUE BARBÈS
RUE JEAN-PIERRE
AVENUE DE CHÂTEAU DU LOIR
TIMBAUD
RUE DE COLOMBES
BOUL. ARISTIDE BRIAND
BOULEVARD DE VERDUN
SAINT DENIS
STADE DE COURBEVOIE
RUE DES SALLES
RUE DE L'ALMA
RUE DU CAP.
GUYNEMER
RUE SEGOFFIN
BELFORT
PLACE CHARRAS
BEZONS
POISSONS
R. DE L'HOTEL DE VILLE
RUE VICTOR HUGO
R. DE L'ABREUVOIR
QUAI DU PRÉSIDENT PAUL DOUMER
SEINE
PONT DE COURBEVOIE
PONT DE NEUILLY
PONT DE LA JATTE
ILE DE LA GRANDE JATTE
BOULEVARD DU PARC
BOULEVARD BOURDON
BOULEVARD DE LA SAUSSAYE
HOPITAL AMERICAIN DE PARIS
BOULEVARD DU GENERAL LECLERC
RUE P. CHATROUSSE
RUE SOYER
AVENUE DU CHATEAU
D'ARGENSON
PERRONET
NORTIER
L'EGLISE
SAINTE
ILE DU PONT

Século XXI

La Défense

A volta às origens

Descendo no fim da linha 1, estação Défense, você o verá, o Grande Arco imaculado, moldura de um vazio sideral, que impõe sua arquitetura pretensiosa. Eu sei, o século XX não foi carinhoso com Paris: torre de Montparnasse, fórum Les Halles, vias nas margens do rio, Front-de-Seine, centro Pompidou, Opéra-Bastille, biblioteca François-Mitterrand... As verrugas infligidas à capital são numerosas e impressionantes. O Grande Arco, concluído em 1989, vem prolongar esse mau gosto, impondo sua forma na perspectiva do Arco do Triunfo.

Meu julgamento talvez seja severo. Quem sabe, daqui a cem anos, se há de vir em peregrinação à Défense para admirar, como se admira o *art nouveau* e o *art déco*, esses símbolos da arquitetura da segunda metade do século XX? Talvez se recolham aqui diante do arco do triunfo dos negócios e das finanças... É verdade, a Défense só tem cinquenta anos, foi o general De Gaulle quem decidiu sua construção a partir de 1958, abrangendo as comunas de Puteaux, Courbevoie e Nanterre, para fazer dela o polo econômico e financeiro da França das Trinta Gloriosas. Olhando para o Arco do Triunfo, você verá, no fim da esplanada, um pouco perdida entre as novas construções, a antiga estátua da Défense, erguida em 1883, em homenagem à resistência dos parisienses por ocasião da invasão alemã de 1870. O bairro lhe deve seu nome.

No fundo, em vez de ficar num conservantismo um tanto ridículo, prefiro aceitar não os ultrajes, mas as audácias arquitetônicas de minha época. Além disso, bem o sabemos, o tempo fará sua obra, a história julgará, sem dúvida melhor do que eu! Pois, definitivamente, são esses os últimos vestígios, os testemunhos do século em que vivo, e são indispensáveis a Paris. Aliás, o magnífico museu do Quai de Branly, de Jean Nouvel, perto da Torre Eiffel, na minha opinião, já encontrou o seu lugar.

Agora, mais amplamente, pode-se fazer a seguinte pergunta fundamental: que herança o século XXI transmitirá às gerações futuras?

Por enquanto, tenho a impressão de que, com vergonha de si mesmas, essas novas superestruturas surpreendentes são construídas em materiais efêmeros ou descartáveis, chamados a desaparecer bem depressa. Numerosos arqueólogos e arquitetos se preocupam aliás abertamente com a curta esperança de vida dos edifícios modernos...

Aconteça o que acontecer, nosso século será para Paris o século da expansão vertiginosa. Será o século da Grande Paris, o triunfo de uma aglomeração tentacular que ultrapassará o Périphérique para devorar todo o seu subúrbio, ou parte dele, suprimindo alguns departamentos na passagem.

Os eixos a serem redesenhados aparecem claramente: a avenue Charles-de-Gaulle que vai da Étoile à Défense e atravessa Neuilly como uma autoestrada, será um dia remanejada. Já existem projetos. Esse deveria ser um rio de vegetação que correria naturalmente em direção de uma esplanada da Défense, cujo aspecto desordenado, fruto do acaso e do descaso teria sido apagado.

Desenvolvendo-se para oeste, Paris, a Grande Paris de amanhã, terá feito desse bairro de negócios cheio de torres agressivas uma parte de si mesma, uma testemunha de seu passado, uma janela aberta sobre o futuro. E a capital continuará naturalmente prolongando-se a oeste para englobar Nanterre, logo atrás da Défense.

Assim, a cidade volta lentamente às suas origens... Lembremo-nos de que a Lutécia dos gauleses se situava à margem do Sena, na localização da Nanterre atual. O século XXI talvez veja Paris voltar à Lutécia e encontrar, mais de 2 mil anos depois, a curva do rio onde nasceu a cidade gaulesa.

Coordenação editorial
Izabel Aleixo

Produção editorial
Mariana Elia

Revisão de tradução
Cecília Setúbal

Revisão
Eni Valentim Torres

Projeto gráfico
Priscila Cardoso

Diagramação
Filigrana

Este livro foi impresso em junho de 2012, pela RR Donnelley, para a Editora Paz e Terra. A fonte usada no miolo é Dante 11,5/15,5. O papel do miolo é Lux cream 70g/m², e o da capa é cartão 250g/m².